电子商务类专业·创新型人才培养系列教材

慕|课|版

电子商务概论
学电商 用电商

U0742598

刘锦锋 ◉编著

人民邮电出版社

北 京

图书在版编目（CIP）数据

电子商务概论：学电商 用电商：慕课版 / 刘锦
锋编著. -- 北京：人民邮电出版社，2020.9（2023.7重印）
电子商务类专业创新型人才培养系列教材
ISBN 978-7-115-54486-5

Ⅰ．①电… Ⅱ．①刘… Ⅲ．①电子商务－高等学校－
教材 Ⅳ．①F713.36

中国版本图书馆CIP数据核字(2020)第127283号

内 容 提 要

　　当今是"人人电商"的时代，也是"人人学电商"的时代。为让更多的人了解电商新现象、弄懂新模式、掌握新技术，本书设计了遇见电商、揭秘电商、玩转电商、透视电商和畅想电商5个"主题"，分成22个"话题"，探讨"行业热门、业内关注、大家困惑"的60多个"问题"，完成22个"学习任务"。本书对电子商务支付、安全、营销、客服、物流等传统内容，以及新零售、新媒体、5G、AR等行业热点都进行了全面的讲解。

　　本书既可作为本科院校、职业院校财经商贸类相关专业基础课的教材，也可供广大电子商务创业人员学习和参考。

◆ 编　　著　刘锦锋
　　责任编辑　侯潇雨
　　责任印制　王　郁　焦志炜

◆ 人民邮电出版社出版发行　　北京市丰台区成寿寺路 11 号
　　邮编　100164　电子邮件　315@ptpress.com.cn
　　网址　https://www.ptpress.com.cn
　　大厂回族自治县聚鑫印刷有限责任公司印刷

◆ 开本：787×1092　1/16
　　印张：14.25　　　　　　　　2020 年 9 月第 1 版
　　字数：329 千字　　　　　　2023 年 7 月河北第 8 次印刷

定价：48.00 元

读者服务热线：(010)81055256　印装质量热线：(010)81055316
反盗版热线：(010)81055315
广告经营许可证：京东市监广登字 20170147 号

前　言

党的二十大报告指出："加快发展数字经济，促进数字经济和实体经济深度融合，打造具有国际竞争力的数字产业集群。"表明未来经济中数字经济、电子商务、网络经济、新媒体等新业态的重要地位和作用。互联网时代下的电子商务让我们的生活和工作变得更加方便快捷、灵活自如：要么电子商务，要么无商可务。因此，每个人都有必要对电子商务的有关知识和基础技能进行一个全面的了解。

编者在本书的编写过程中，从学生的学习特点和院校的教学需求出发，遵循国家相关的专业教学标准，力求做到全书概念清楚、内容精练。同时，为拓宽学生的知识面，本书增加了体现科技发展和时代特征的热点内容，以强化对学生的创新精神、实践能力和综合能力的培养。

全书共设计了5个"主题"，每个"主题"划分为2~6个"话题"，每个"话题"设计了"学习任务""学习目标""关键问题""在线测试"和"拓展问题"，以"讲故事"的形式讲解问题，以"做任务"的形式提升学生的能力，让学生获得成就感，兴趣盎然地进行学习，在不经意中改变思维结构、开阔视野、激发创业欲望。

本书编写特色

- 内容突出前沿性和先进性。本书框架清晰、结构完整、体例新颖，融入电子商务行业的新技术、新应用，保证了教材内容的前沿性和先进性。
- 任务突出实用性和可行性。每个话题中"学习任务"的设计以实际工作需求为导向，突出实用性和可行性，强调对思维方式和基本技能的训练。
- 资源突出丰富性和体验性。全书为很多知识点和技能点配置了视频，并附赠大量的图文资源，支持学生开阔视野、快乐学习。

现将本书与人邮学院配套课程的使用方法介绍如下。

1．读者购买本书后，刮开粘贴在书封底上的刮刮卡，获取激活码（见图1）。

2．登录人邮学院网站（www.rymooc.com），使用手机号码完成网站注册（见图2）。

图1　激活码

图2　人邮学院首页

3．注册完成后，返回网站首页，单击页面右上角的"学习卡"选项（见图3）进入"学习卡"页面（见图4），即可获得慕课课程的学习权限。

图3　单击"学习卡"选项

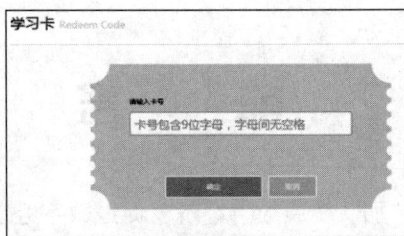

图 4　在"学习卡"页面输入激活码

4．获取权限后，读者可随时随地使用计算机、平板电脑及手机进行学习，还能根据自身情况自主安排学习进度。

5．书中配套的教学资源，读者也可在该课程的首页找到相应的下载链接。关于人邮学院平台使用上的任何疑问，可登录人邮学院咨询在线客服，或致电：010-81055236。

本书的编写组织

本书由湖南外贸职业学院刘锦锋编写，张兰、黄璇、周婧等老师参与了资源的开发，长沙强野信息科技有限公司、长沙爱巴森网络科技有限公司等企业的专家参与了前期调研和任务设计的工作，彭铁光教授、贺鑫教授等人在编写体例方面给予了指导，在此一并表示感谢。同时，本书参考了大量资料，在此对相关作者表示诚挚的谢意！

编者

2023 年 6 月

目　录

主题 1
遇见电商——电子商务概述

本主题结构图见图 1-1。

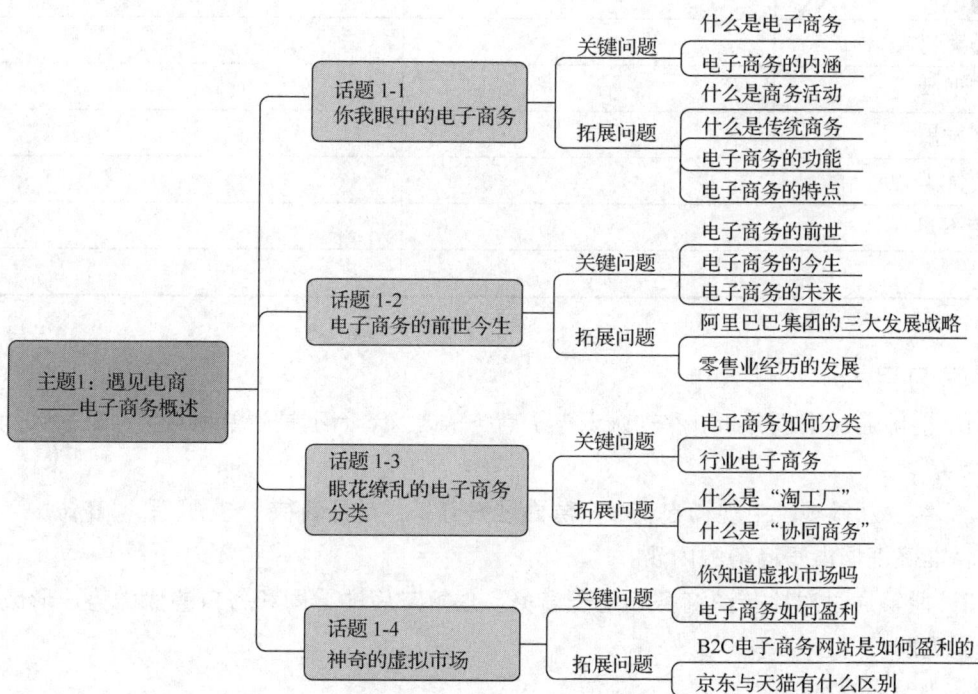

图 1-1　主题 1 结构图

结构图内容：

- 主题1：遇见电商——电子商务概述
  - 话题 1-1 你我眼中的电子商务
    - 关键问题
      - 什么是电子商务
      - 电子商务的内涵
      - 什么是商务活动
    - 拓展问题
      - 什么是传统商务
      - 电子商务的功能
      - 电子商务的特点
  - 话题 1-2 电子商务的前世今生
    - 关键问题
      - 电子商务的前世
      - 电子商务的今生
      - 电子商务的未来
    - 拓展问题
      - 阿里巴巴集团的三大发展战略
      - 零售业经历的发展
  - 话题 1-3 眼花缭乱的电子商务分类
    - 关键问题
      - 电子商务如何分类
      - 行业电子商务
    - 拓展问题
      - 什么是"淘工厂"
      - 什么是"协同商务"
  - 话题 1-4 神奇的虚拟市场
    - 关键问题
      - 你知道虚拟市场吗
      - 电子商务如何盈利
    - 拓展问题
      - B2C电子商务网站是如何盈利的
      - 京东与天猫有什么区别

话题 1-1　你我眼中的电子商务

学习任务

　　学习电子商务的定义、特点和内涵；主动搜索和查阅相关信息，加深对电子商务的理解，形成自己的认识；对比传统商务和电子商务，分析其异同和各自的优缺点，撰写对比分析报告，对比分析的内容和报告格式不限，可以参考表 1-1 进行对比分析，并通过学习平台或其他渠道分享。

表 1-1 传统商务与电子商务对比分析样表

比较项目	传统商务	电子商务
交易范围		
交易时间		
交易地点		
流通渠道		
销售方式		
信息提供		
交易准备		
交易磋商		
交易执行		
交易支付		
当前现状		
未来发展		
主要优点		
存在不足		
……		

学习目标

1．能够通过案例分析，深刻认识电子商务的含义，而不是简单地从字面上解读为"电子+商务"。

2．能够从微观、中观和宏观三个层面展开分析，辩证看待"电子"和"商务"之间的关系，准确把握电子商务的内涵。

3．能够通过对比传统商务和电子商务，理解二者的异同和各自的优劣势，形成自己的独到见解。

关键问题

一、什么是电子商务

电子商务是新兴产业之一，目前国内与该产业直接或间接相关的从业人员已经超过了5000万人。但是，很少有人能够精准清晰地界定电子商务的定义，大多数人认为电子商务就是网上购物。同样，对于电子商务企业，很多人认为就是互联网公司，或是带有商务色彩的互联网公司。

实际上，虽然信息技术对于电子商务非常重要，但是绝不是有技术就能做好电子商务，否则就不会有那么多融资开展电子商务创业的 IT 界人士折戟沉沙了。除此之外，还有很多传统企业，品牌经营了多年，在开展电子商务时简单地使用电子商务技术、套用电子商务模式，最终结果非常不好。

因此，电子商务不能简单地从字面上解读为"电子+商务"。下面分析 7 个典型的电子商务平台，从其业务内容解读电子商务。

（一）亚马逊网上商城

亚马逊网上商城由杰夫·贝佐斯（Jeff Bezos）创办于 1995 年，当时是一个网上书店。杰夫·贝佐斯想到做网上书店，是源于一次偶然。他在华尔街担任基金经理时，发现互联网用户每年以 1300% 的速度增长，他敏锐地感到这里边肯定有机会，但是苦于没有想到能够做什么。

有一次，杰夫·贝佐斯在书店里突然来了灵感，决定在网上卖书，就创办了网上书店，命名为"亚马逊"（见图 1-2）。1997 年 5 月 15 日，亚马逊上市；两年后，杰夫·贝佐斯就成为《时代》杂志的年度人物，被称为"电子商务之父"。

（a）亚马逊总部　　　　　　　　　　　　（b）亚马逊网上商城

图 1-2　亚马逊

（二）eBay

eBay 创办于 1995 年，创始人皮埃尔·奥米迪亚是一名计算机工程师。有一次他的女朋友抱怨说："我喜欢收藏糖果盒，但是不知道怎么找到这些志同道合的人在一起交换。"

于是，奥米迪亚创建了一个网站，让女朋友把要交换的收藏品放上去，结果这个网站非常受欢迎，不仅有糖果盒的收藏人，还有其他人在该网站上交换收藏品。这个网站就是eBay，如图 1-3 所示。

图 1-3　eBay 网站

（三）阿里巴巴

1999 年年初，马云从北京返回杭州，创办了阿里巴巴。在此之前，马云曾在国家相关部门从事国际电子商务工作。在工作过程中，他发现很多外贸企业，特别是中小企业做外贸很难，没有渠道来宣传自己的商品。马云打造了阿里巴巴国际站（见图 1-4），在该网站上，供应商可以发布商品，采购商可以发布需求，双方进行交易。阿里巴巴的定位是服务于中小企业，理念是"让天下没有难做的生意"。

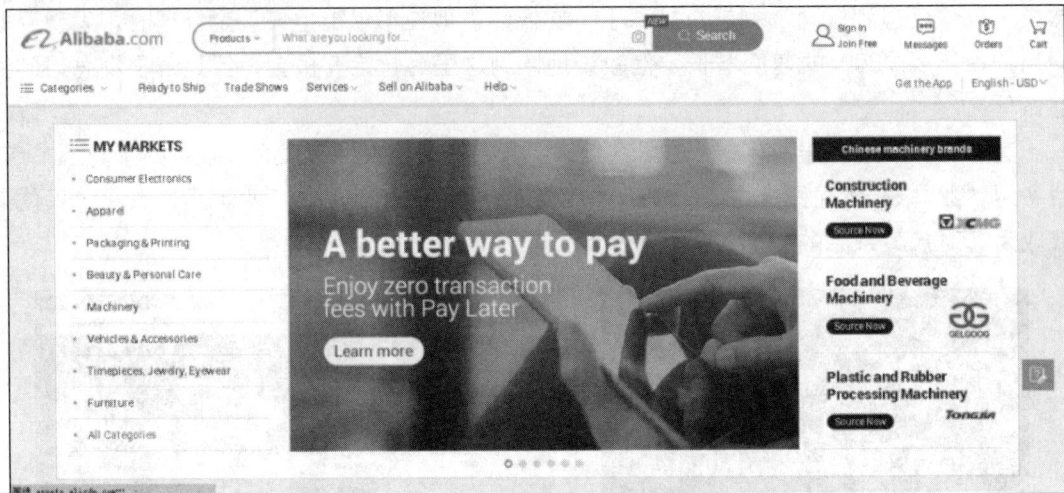

图 1-4　阿里巴巴国际站

（四）携程旅行网

1999 年 5 月，梁建章与季琦、沈南鹏、范敏共同创建了定位为在线票务服务的携程旅行网（见图 1-5），目前其在国内外已经有 60 多万会员酒店，9000 多万会员。携程的定位是向会员提供酒店预订、机票预订、度假预订、旅游资讯等服务。

图 1-5　携程旅行网

（五）美团

王兴于 2010 年 3 月 4 日创立美团（见图 1-6），美团最初定位为团购网站，通过为买家找到超低折扣的优质服务，为卖家找到合适的买家，实现盈利。当然，现在的美团不仅做团购，还提供外卖、订票等其他服务。

图 1-6　美团网站

（六）滴滴出行

程维于 2012 年 9 月创立滴滴出行（见图 1-7），并在北京上线。之前人们打车可能等了许久都看不到出租车，出租车司机也空驶许久看不到乘客。滴滴出行为出租车司机和乘客提供了一个平台，让乘客很快就知道周围有出租车司机，出租车司机也能很快就知道哪里有乘客，解决了司机与乘客信息不对称的问题。

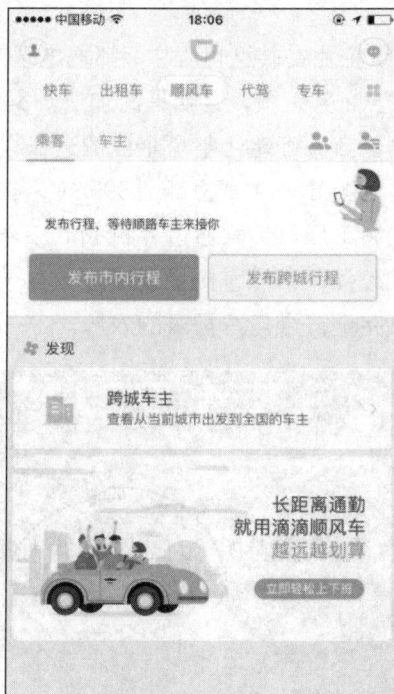

图 1-7　滴滴出行 App

（七）微商

微商是基于移动互联网的空间，以社交软件为工具，以人为中心，以社交为纽带的新商业模式。以微信为例，目前其活跃用户数已经超过 10 亿，拥有庞大的用户基数和突出的交流互动性，越来越多的卖家青睐微信营销。

上述 7 个案例，亚马逊是网上书店，eBay 是做二手商品的交易，阿里巴巴是做外贸的，携程是做在线旅游，美团是做团购，滴滴出行是做信息服务，微商主要是在朋友圈里卖商品，这些都是电子商务。电子商务已经不只是通常人们认识的"买买买、卖卖卖"，其领域越来越广泛。不管哪个领域的电子商务，都具备以下两个鲜明的特征。

（1）都利用了互联网，有的是固定网络，有的是移动网络。

（2）都开展了交易活动，如在网上销售图书、餐饮、二手商品、旅行服务等。

通过分析，可以发现，"网络买卖"是电子商务的狭义定义。

狭义的电子商务是指人们利用电子化手段进行以商品交换为中心的各种商务活动，也可称作电子交易。广义的电子商务是指交易当事人或参与人利用计算机和网络等现代信息技术所进行的各类商务活动，包括货物贸易、服务贸易和知识产权贸易，也包括各行各业，包括政府机构、企业和事业单位各种业务的电子化、网络化；也可称作电子业务。

▶▶▶ 二、电子商务的内涵

电子商务的主要特征是利用互联网开展交易活动，但是其内涵远不是"电子+商务"，需要从微观、中观和宏观三个方面，辩证地看待"电子"和"商务"之间的关系。

（一）微观层面

从微观层面来看，很多传统企业在转型过程中，都把电子商务理解为提升效率的工具，也就是在"传统"之上增加电子商务手段，这就是做加法。实际上，电子商务远不是加法，可能是乘法，甚至幂次方，电子商务可能让整个企业的运作模式都发生彻底的变化。

例如，某西服制造企业（见图 1-8）成立于 1995 年，在互联网来临之初，该企业就逐步升级为信息化的大规模定制工厂，买家通过手机 App 下单，提出需求，大到式样、面料、花色，小到纽扣、针脚、线头，都能直接呈现在工人面前的终端屏幕上，工人只需按照指令完成，就能精准生产出完全符合用户需求的衣服。

图 1-8　大规模定制化服装企业

从这个案例可以看出，电子商务不是简单地通过"电子"渠道销售商品，电子商务会颠覆企业的生存、经营和管理。这样颠覆性的例子很多，如家具行业的尚品宅配（见图 1-9）、化妆品行业的小红书（见图 1-10）等。

图 1-9　尚品宅配首页

图 1-10　小红书首页

（二）中观层面

从中观层面来看，电子商务的发展导致行业之间的边界模糊化，有时甚至呈现出"我消灭你，与你无关"的现象。例如，传统金融业主要包括银行、证券和保险等，但余额宝作为一个电子商务产品，飞速成长到 1.8 万亿元的规模，给整个金融业带来一定的影响；车载导航仪行业，竞争不只存在于导航仪生产企业之间，整个行业都被百度、谷歌、高德地图颠覆；出租车行业的危机，不是专车带来的，是滴滴出行造成的；快餐行业格局的变化，不是由于行业本身的冲击，而是美团带来的。

（三）宏观层面

从宏观层面来说，不能把"电子"工具理解为几种零散的新技术。互联网技术的成熟和发展标志着一个全新时代——信息经济时代的到来，电子商务不是简单的"电子+商务"，而是对原有商业模式的颠覆性改变，它会使行业边界变得模糊，企业不仅要面对行业内的竞争，还要面对来自行业外的挑战。

◆ 在线测试 ●●●●

一、单选题

1. 滴滴出行主要解决了（　　　）。

　　A．不用等车的问题　　　　　　　　　　B．司机和乘客信息不对称的问题

C．出租车价格太高的问题　　　　　D．出租车太多的问题

2．定制生产的特点不包括（　　　）。

A．买家在线下单　　　　　　　　B．企业精准生产

C．企业开展大规模的批量生产　　D．企业库存增加

3．电子商务发展不会带来（　　　）影响。

A．消费者的消费习惯改变　　　　B．整个社会消费能力明显降低

C．行业之间的边界模糊化　　　　D．购物越来越便捷

二、判断题

1．电子商务就是商品的买卖活动。（　　　　）

2．电子商务能够改变企业商品研发、设计、制造和销售的全流程。（　　　　）

3．电子商务不是简单的"电子+商务"，而是对原有商业模式的颠覆性改变。（　　　　）

4．狭义的电子商务是指人们利用电子化手段进行以商品交换为中心的各种商务活动，也可称作电子交易。（　　　　）

5．电子商务的主要特征是利用互联网开展交易活动。（　　　　）

三、讨论题

你觉得目前电子商务涉及较少的领域有哪些？

▼ 拓展问题 ••••

一、什么是商务活动

商务活动是指商品从生产领域向消费领域运动过程中的经济活动的总和。商业企业在订货、销售和储存等经营活动中，与生产厂商和消费者发生的贸易、交易与服务行为以及在此过程中的信息传递均属商务活动的范畴。

二、什么是传统商务

传统的商务活动往往采取面对面直接交易或纸面单证往来传递的方式进行。在传统的商务活动运作中，无论是柜台售货、开架自选，还是召开订货会进行商贸谈判，或借助纸质单证往来传递的方式询价与报价等，都是以直接或间接的物理交换或物理接触来完成业务交易的。例如，人们在商场试穿一件衣服，试坐一把按摩椅，付现金购买；按照样品订购货物，签订合同，按合同规定交货、付款结算；填写保险单购买保险，等等。无论是面对面直接交易，还是通过信函等纸面方式交易，都是物理接触方式，这是传统商务的运作特点。

三、电子商务的功能

通过互联网，电子商务可提供网上交易和管理的全过程服务，它具有广告宣传、咨询洽谈、网上订购、网上支付、电子账户、物流服务、意见征询、交易管理等各项功能。

（1）广告宣传。在电子商务过程中，客户可借助网上的检索工具迅速地找到所需的商品信息，而卖家可利用网上主页和电子邮件（E-mail）在全球范围内做广告宣传。

（2）咨询洽谈。在电子商务过程中，交易双方可借助非实时的电子邮件、新闻组

和实时的讨论组来了解市场与商品信息，洽谈交易事务。网上的咨询和洽谈能超越人们面对面洽谈的限制，提供多种方便的异地交谈形式。

（3）网上订购。在电子商务过程中，可借助 Web 中的邮件交互实现网上的订购。当客户填完订购单后，网上订购系统会回复确认信息单来保证订购信息收悉的准确。

（4）网上支付。客户可使用信用卡进行支付。在网上直接采用电子支付手段可以减少交易中很多人员的开销。

（5）电子账户。信用卡号或银行账号是电子账户的一种标志，而其交易可信度需配以必要的技术措施来保证，如数字证书、数字签名、加密等手段的应用保证了电子账户操作的安全性。

（6）物流服务。在电子商务过程中，买家已付款的商品可能在异地，卖家需要通过物流调配尽快将其送达买家手中（软件、电子读物、信息服务等商品能直接从电子仓库中将货物发到用户端）。

（7）意见征询。电子商务使用户反馈意见变得十分方便，使得企业能够迅速掌握市场运营状况，从而提高售后服务水平、改进商品、发现商业机会。

（8）交易管理。电子商务提供良好的交易管理的网络环境及多种多样的应用服务系统，包括企业和企业、企业和客户及企业内部等各方面的协调与管理，从而保障电子商务获得更广泛的应用。

四、电子商务的特点

电子商务是在传统商务的基础上发展起来的，由于信息技术的支撑，电子商务活动的方式呈现出新的特点。

（1）交易电子化。电子商务是通过互联网进行的商务活动，交易双方无须当面接触，从搜集信息、贸易洽谈、签订合同、货款支付到电子报关等事项均可通过网络、运用电子化手段进行。

（2）贸易全球化。互联网打破了时空的界限，把全球市场联结为一个整体，任何企业都可以面向全世界销售自己的商品。

（3）运作高效化。电子商务克服了传统贸易方式费用高、易出错、处理速度慢等缺点，极大地缩短了交易时间，提高了商务活动的运作效率。

（4）交易透明化。通过互联网，买方可以对众多的企业商品进行比较，这使得买方的购买行为更加理性，对商品的选择余地也更大，一些建立在传统市场分隔基础上、依靠信息不对称制定的价格策略也将会失去作用。

（5）操作方便化。在电子商务环境中，人们不再受时间和地点的限制，客户能以非常简便的方式完成过去手续繁杂的商务活动，可以随时上网查询信息，通过网上银行全天候划拨资金，足不出户订购商品，跨越关境进行贸易洽谈。

（6）部门协作化。电子商务是协作经济，网络技术的发展使得企业间的合作完全可以如同企业内部各部门间的合作一样紧密。

（7）服务个性化。电子商务阶段，企业可以对市场进行细分，针对特定的市场生产不同的商品，为客户提供个性化的信息、个性化的商品、个性化的服务。

话题 1-2 电子商务的前世今生

学习任务

请从全球电子商务或我国电子商务的发展中，任选一个阶段"刨根问底"，找到那个阶段的故事，整理成一个简单的文档（可以是 PPT、可以是 Word、也可以是语音），通过学习平台或其他渠道分享。

学习目标

1．认识全球电子商务发展的几个阶段，分析不同阶段的技术应用，能理解技术对电子商务的重要支撑作用。

2．分析电子商务发展的时间历程，批判性思考其必然性和影响因素，为未来把握创业机遇奠定思维基础。

3．在对电子商务未来趋势分析的基础上，进一步综合相关因素，参与讨论并发表个人对电子商务未来发展趋势的判断。

关键问题

▶▶▶ 一、电子商务的前世

电子商务的发展基本上可以分为三个阶段：基于电子数据处理系统的电子商务、基于 EDI 的电子商务、基于互联网的电子商务。

1．基于电子数据处理系统的电子商务

电子数据处理系统（Electronic Data Processing System，EDPS），是把计算机技术、数据库技术、网络通信技术集成起来形成的解决商务问题的信息系统。

早期 EDPS 电子商务应用的范围相对比较狭窄，比较典型的是美国航空公司的订票系统——萨布瑞（SABRE）。20 世纪 60 年代，美国航空公司的经济效益比较差，其原因是飞机上的座位坐不满。因为当时的售票是根据概率来分配的，整个公司设置了若干个售票点，每个售票点投放的票数是依据以往的销售情况分配的，比如某一趟航班，某一个售票点以往销售的机票数量是 10 张，那么就分配 10 张指标，这导致机票有时会卖不完，有时会不够。

美国航空公司为了解决这个问题，与 IBM 公司合作，开发了基于电子数据处理技术的销售点之间的信息共享系统，通过电话线和终端把每个销售点连接起来，开展票务信息共享，每一个售票点都能够通过共享的信息系统看到航班座位的销售情况，从而大大提升了经济效益。后来，这个航空订票系统不断发展，不仅针对一个航段共享，还针对多个航段共享。

2．基于 EDI 的电子商务

电子数据交换（Electric Data Interchange，EDI）是 20 世纪 70 年代发展起来的。20

世纪 70 年代，全球经济增长速度快，经济贸易越来越发达，带来了国际贸易的繁荣。然而，国际贸易涉及商检、海关、货运代理等烦琐手续，效率较低。为此，1978 年瑞典斯德哥尔摩会议提出：通过专用的网线建立一个 EDI 中心，制定 EDI 标准，把各地的海关、商检、货代等通过网络连接起来，利用电子邮件进行交流，实施电子报关。在填写海关报关单的时候，通过 EDI 中心统一海关报关语言，传到相应地区后翻译成本地的文字，从而减少贸易的纠纷和语言表达的歧义，提高国际贸易效率。这就是基于 EDI 的电子商务，准确地说是基于 EDI 的跨境电商。

3. 基于互联网的电子商务

基于互联网的电子商务是正在使用和发展的电子商务。1964 年，美国科学家保罗·巴兰提出分布式通信网络的概念，就是互联网的基础。其核心思想是"最好的中心就是没有中心"，也就是建立去中心化的网络，这样就不会因为中心遭到破坏而带来危机。1991 年，美国政府宣布互联网向全世界开放，开始了互联网私有化的进程，促进了网络在全世界的普及和发展。

▶▶▶ 二、电子商务的今生

（一）全球电子商务

1969–1995 年为电子商务的起源阶段，也就是"电子商务的前世"。1995 年之后，互联网产业化运营和商业化应用的大幕正式拉开。近 20 多年被认为是"电子商务的今生"，通常又被细分为快速发展期、放缓洗盘期和稳步发展期三个阶段。

1. 快速发展期（1995—2000 年）

在这一时期，基于互联网的电子商务受到了高度重视，单纯依赖 EDI 技术的局面逐步改变。1995 年，出现了世界上第一个互联网购物中心，英国威斯敏斯特国民银行、米德兰银行和英国电信公司实现了网上支付。雅虎和亚马逊 1995 年成立，谷歌 1997 年成立，电子商务开始成为各国经济活动的热点，大量的资金流入电子商务行业，2000 年世界电子商务的交易额高达 3 549 亿美元。

2. 放缓洗牌期（2000—2003 年）

伴随着飞速发展，电子商务的问题逐渐暴露出来。2000 年，在纳斯达克市场上市的企业共有 5 500 家左右，包括微软、戴尔、雅虎、亚马逊等世界级高科技企业。2000 年 3 月 20 日，投资的不断增长导致相关企业规模增长过快，网络泡沫问题越来越突出，商品的生产能力大大超过了市场的实际需求，导致库存增加，利润降低，纳克达斯市场崩盘，超过 1/3 的网站销声匿迹。

3. 稳步发展期（2003 年至今）

在这个阶段，大批网民接受了网络购物方式，B2B 模式高速发展，大型企业全面采用电子商务，许多中小型企业也从中分到了一杯羹。在这一基础上，电子商务稳步发展的环境也不断成熟，配套的物流、支付等问题也基本得到了解决，全球范围内的电子商务异彩纷呈。预计 2021 年，全球网络零售额将突破 5 万亿美元，占全球零售总额的比例将达到

18%以上。预计到 2022 年，全球网购买家的规模将达到 23.8 亿人，网购渗透率将提高至 30%以上。

（二）中国电子商务

中国电子商务与全球电子商务的发展基本上同步，从 1995 年开始，我国电子商务经历了从工具、渠道、基础设施到经济体的演进，这不是简单的新旧替代，而是不断进化、扩展和丰富的生态演进过程。

1．工具阶段（1995—2003 年）

这个阶段，是中国对互联网的探索期和启蒙期，中国电子商务以企业间电子商务模式的探索和发展为主。1995 年，马云创办中国黄页，其成为最早为企业提供网页创建服务的互联网公司；1997 年，垂直网站中国化工网成立；1999 年，8848、携程网、易趣网、阿里巴巴、当当网等电子商务网站先后创立；到 2000 年，电子商务网站达到了 700 家。但随着互联网泡沫的破灭，8848 等电子商务企业倒闭，随后电子商务经历了一个比较漫长的"冰河时期"。

2．渠道阶段（2003—2008 年）

这个阶段，我国电子商务的应用由企业向个人延伸。2003 年，非典的肆虐让我国的电子商务迎来大发展，经历了一系列的重大事件：2003 年 5 月，阿里巴巴集团成立淘宝网，进军 C2C 市场；2003 年 12 月，慧聪网上市，成为国内 B2B 电子商务首家上市公司；2004 年 1 月，京东涉足电子商务领域；2007 年 11 月，阿里巴巴成功上市。据 2007 年 12 月统计，我国当年网络零售交易规模达 561 亿元，网络销售不断扩张，并延伸至供应链环节，促进了物流快递和网上支付等支撑服务行业的兴起。

3．基础设施阶段（2008—2013 年）

电子商务引发的经济变革，促使信息技术广泛运用于经济活动，越来越多的企业和个人通过新商业基础设施降低交易成本、共享商业资源、创新商业服务，极大地促进了电子商务的迅猛发展。2008 年 7 月，我国网民数量达到了 2.53 亿，成为全球"互联网人口"第一大国；2010 年，国家明确提出大力扶持电子商务；2011 年，团购网站迅猛发展，上演千团大战局面，中国团购用户数超 4 220 万；2012 年度淘宝和天猫的交易额突破 10 000 亿元，"双 11"当天交易规模达 362 亿元；2013 年，阿里巴巴和一批物流企业组建了"菜鸟网络"，计划在 8～10 年内建立智能物流骨干网络。

4．经济体阶段（2013 年至今）

2013 年，我国电子商务交易规模突破 10 万亿元大关，网络零售交易规模达 1.85 万亿元，超越美国成为全球第一大网络零售市场。2014 年 6 月，我国网络购物用户规模达到 3.32 亿，我国网民使用网络购物的比例为 52.5%。2014 年，我国快递业务量接近 140 亿件，跃居世界第一。2019 年，《中华人民共和国电子商务法》正式实施。2019 年上半年，我国网络零售额达 195 209.7 亿元，占社会消费品零售总额的 24.7%。移动电子商务用户规模超过 7 亿人，移动终端和支付技术的进步使电子商务在网民中的渗透率进一步提升，电子商务体系在中国已发展成熟，用户规模逐渐触达网民规模的"天花板"。

从全球和我国电子商务的发展可以看出，电子商务加快了信息在商业、工业和农业中的渗透速度，极大地改变了消费行为、企业形态和社会创造价值的方式，有效地降低了社会交易成本，促进了社会分工协作，引爆了社会创新，提高了社会资源的配置效率，深刻地影响着零售业、制造业和物流业等传统行业，成为信息经济的重要基础。

▶▶▶ 三、电子商务的未来

电子商务解决了时间和空间的局限性问题，人们可以随时随地进行经济交流和事务处理。从目前的发展趋势看，电子商务将更加深入世界的各个领域，世界的运行格局将受到电子商务的极大影响。专家们预测，电子商务将呈现九大发展趋势。

1. 速度更加迅速

随着技术的发展，未来网络传输速度会更快，另外，当前网络主要使用的是 IPv4，也就是四个字节，IP 地址只有 32 位，未来网络会普遍使用 IPv6 地址，将有 128 位 IP 地址，大概每一平方米有一千个 IP 地址以满足使用。

2. 满足个性化需要

随着柔性化生产程度的提高，定制生产将可以满足人们的个性化需要。例如，用户通过网络订购一台笔记本电脑，就可以通过电子商务平台组装订购自己所需的笔记本电脑；用户可以在网上订购服装，扫描自己的体型数据，传输到服装厂，就可以购买到量体裁衣的衣服。

3. 电子商务商品和服务类别越来越多

随着电子商务用户量增长见顶，电子商务将由横向向纵深发展，电子商务商品和服务类别越来越多，用户也越来越多。网上销售的商品主要有服装鞋帽、家电 3C、美妆个护三大类，这三类的销售占了电子商务销售市场的 80%，未来剩下的 20% 将成为更广阔的市场，如图 1-11 所示。

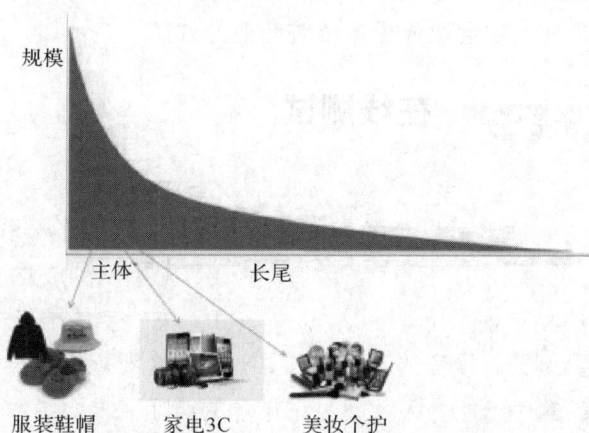

图 1-11　网上销售的商品分布

4. 支持企业运作的全过程

未来，企业从商品需求调研，到研制新商品，到新商品的生产，到商品销售，再到新一轮用户调查，整个过程都将由信息技术来管理完成。

5. 移动电子商务成为主流

目前，移动端所产生的购物订单已经超过了 PC 端，据预测，未来移动电子商务的发展会更快，其占比会超过 90%。

6. 跨境电商发展迅速

跨境电商可以降低企业成本、简化交易流程、节省供应链周期时间，从而提升商品在境外的竞争力。我国从 2012 年就开始努力发展跨境电商。未来全球的商品都可通过跨境电商迈向全世界，全球面临新一轮的出口竞争。

7. 农村电子商务获得大发展

近年来，我国投入了大量的人力物力支持农村电子商务发展，现在，农村电子商务已经呈现井喷式的发展，给农民增收带来了巨大的利益，预计这一增长将会持续下去。

8. 共享经济蓬勃发展

共享单车是共享经济的一个典范，类似的形态还有共享汽车、共享充电宝、共享雨伞、共享办公室等，甚至还有共享家庭主妇厨艺的"回家吃饭"。这一商业模式是未来的重要发展趋势，前景被广泛看好。

9. 产业互联网格局初立

产业互联网是互联网从消费端向产业端渗透的过程，其目的是在大数据、云计算、人工智能等新一代技术渗透传统产业链各环节并进行改造重塑的基础上，将生产流程有效打通，建立供给侧与需求侧的相互联结，实现生产的快速响应与协同。中国的产业互联网进程刚刚开始，未来产业互联网的最大机会将存在于那些产业规模足够大、链条较长、毛利高、周转快、商品标品化、上下游环节参与者分散的行业中，它们能够用新的模式对产业结构进行重构创新，对产业进行数字化、信息化、智能化的改造。

以上九个趋势肯定不够全面，因为技术发展将全面支撑电子商务的发展。马云在 2018 年冬季达沃斯年会"推动电子商务发展"分论坛的演讲中认为："即使目前还有数字鸿沟亟待解决，但电子商务未来一定会取代很多传统商业方式。"

▼ 📍 在线测试 ●●●

一、单选题

1. 2003 年，（ ）让我国电子商务迎来大发展，经历了一系列的重大事件。

    A．"非典"的肆虐   B．淘宝网的成立

    C．京东的成立   D．支付宝的推出

2. 2000 年 3 月 20 日，投资的不断增长导致相关企业规模增长过快，网络泡沫问题越来越突出，商品的生产能力大大超过了市场的实际需求，导致（ ）。

    A．库存增加   B．利润降低

    C．纳斯达克市场崩盘   D．1/3 的网站销声匿迹

二、多选题

1. 1969-1995 年，电子商务的发展基本上可以分为（ ）等阶段。

    A．基于电子数据处理系统的电子商务   B．基于 EDI 的电子商务

C．基于互联网的电子商务　　　　　　　D．基于产业的电子商务

2．1995 年以后，互联网产业化运营和商业化应用的大幕正式拉开，全球电子商务的发展通常被划分为（　　　）等阶段。

A．快速发展期（1995-2000 年）　　　B．放缓洗盘期（2003-2008 年）

C．稳步发展期（2003 年至今）　　　　D．爆炸性增长期（2003 年至今）

3．中国电子商务与全球电子商务的发展基本同步，从 1995 年开始，我国电子商务的发展经历了（　　　）等阶段。

A．工具阶段（1995-2003 年）　　　　B．渠道阶段（2003-2008 年）

C．基础设施阶段（2008-2013 年）　　D．经济体阶段（2013 年至今）

4．1999 年，（　　　）等电子商务网站先后创立。

A．携程网　　　　B．当当网　　　　C．阿里巴巴　　　　D．京东

三、判断题

1．电子数据处理系统是把计算机技术、数据库技术、网络通信技术集成起来形成的解决商务问题的信息系统。（　　　）

2．1991 年，美国政府宣布互联网向全世界开放，开始了互联网私有化的进程，促进了网络在全世界的普及和发展。（　　　）

3．电子商务深刻地影响着零售业、制造业和物流业等传统行业。（　　　）

4．电子商务解决了时间和空间的局限性问题，人们可以随时随地进行经济交流和事务处理。（　　　）

5．电子商务将更加深入世界的各个领域，世界的运行格局将受到电子商务的极大影响。（　　　）

四、讨论题

1．为什么中国第一家电子商务公司 8848 很快成长又很快倒闭？

2．全球互联网泡沫破灭、"非典"肆虐，很多电子商务企业很快倒下，为什么马云能够挺过电子商务漫长的"冰河时期"？

▼ 拓展问题 ●●●

一、阿里巴巴集团的三大发展战略

阿里巴巴集团经营多项业务，另外也从关联公司的业务和服务中获得了经营商业生态系统上的支援。业务和关联公司的业务包括：淘宝网、天猫、聚划算、全球速卖通、阿里巴巴国际站、1688、阿里妈妈、阿里云、蚂蚁金服、菜鸟网络等。2014 年，阿里巴巴在纽约证券交易所正式挂牌上市，2018 年位居世界 500 强排行榜第 300 位。阿里巴巴集团的成就，与其三个重大发展战略密切相关。

（一）布局 B2B 模式（1999-2002 年）

1999 年阿里巴巴成立后，定位于"中国中小企业贸易服务商"，为中小企业提供"网站设计+推广"服务。受到风险投资商的青睐，阿里巴巴从 2000 年开始进行海外扩张，知名度迅速提高。但好景不长，受全球互联网泡沫破灭的影响，阿里巴巴经历

之后，阿里巴巴陆续推出了"中国供应商"和"诚信通"等开流项目，向供应商提供额外的线上和线下服务，并收取会员费用，探索盈利模式。2002年，阿里巴巴又推出"关键词"服务，同年首次实现盈利。此后，阿里巴巴的"会员费+增值服务"模式的B2B道路开始清晰。

（二）布局C2C与在线支付(2003—2004年)

2003年年初，马云开始寻找新的增长点，5月推出淘宝，11月推出网上实时通信软件贸易通（阿里旺旺）。此后，阿里巴巴陆续向淘宝投资10多亿元人民币，使其通过免费模式迅速积累人气，市场份额迅速攀升。

（三）从大淘宝到大阿里战略(2010年至今)

2008年9月，阿里巴巴启动"大淘宝"战略，做电子商务的基础服务商，让用户在大淘宝平台上的支付、营销、物流以及其他技术问题都能够得到很好的解决。之后不久，阿里妈妈并入淘宝，打通B2B与淘宝平台，形成B2B2C电子商务生态链条。

2011年6月，"大淘宝"战略升级至"大阿里"战略，与所有电子商务的参与者充分分享阿里集团的所有资源，包括所服务的消费者群体、商户、制造产业链，整合信息流、物流、支付及以提供数据分享为中心的云计算服务等，为中国电子商务的发展提供更好、更全面的基础服务。

二、零售业经历的发展

零售业的发展紧跟时代的节拍。正处在变革中的零售业，每天都是"新"的。人们对零售的发展与演进有不同的论点，大致来讲其走过了四个时代。

（一）"有什么买什么"时代

在很长一段时间里，较为正规的零售商用三尺柜台隔开买家与营业人员，双方有距离地交流，营业人员不冷不热，买家也没有太大的热情，完成简单的交易后，零售商的使命基本结束。商品短缺让零售成为毋庸置疑的卖方市场，买家的需求得不到根本满足。到1995年，零售市场才随着经济的发展发生改变，买家逐渐获得了主动权。

（二）"连锁扩张"时代

1995年以后，商品不再供不应求，而是供大于求，零售商开始以新姿态示人，最令人印象深刻的是柜台的消失，买家可以自由进出品牌区、超市，不再受遮挡物的干扰；营业人员也变得热情，他们不再对买家不冷不热、冷眼相对，而是想尽办法"讨好"买家。同时，零售商不再单枪匹马，而是树立了集团化战略策略，零售的发展呈现连锁化的态势。零售商凭借自身的资源优势，迅速掌握了渠道的话语权。渠道为王，生产商除了传统渠道之外并没有另外的渠道可以销售，必须完全仰仗于零售渠道的分销。这是传统零售商的"黄金时代"。但是好景不长，剧情很快就发生了逆转，传统零售商不再是"唯一"。

（三）"电子商务发展"时代

2003年，淘宝上线，同一年，京东商城因为"非典"的影响由线下转向线上发展。两大电子商务平台的上线，初时并没有引起过多的关注，也未引起实体零售商的警惕。

但是其影响力很快就显现出来，渐渐地，线上开始抢占线下的市场，双方虽未呈势均力敌之势，但电子商务的威力已让人不能小觑。电子商务的兴起，让传统零售商不再是零售市场中的一枝独秀。

（四）"开放与包容"时代

2009 年起，一开始线上线下泾渭分明，线上零售的发展让人不敢小觑，而线下的市场份额一步步被蚕食。"双 11"是电子商务发展的一个缩影，成交额呈几何级数的增长、移动支付的兴起，是电子商务质的飞跃，买家成为真正意义上的中心。这个阶段是一个开放和包容的时代，零售商不再拘泥于线上或线下，线上与线下正在快速融合；零售也不再拘泥于某种形式，大到购物中心，小到一个人的微店，零售的舞台更加多元，也更加精彩。

（五）"好零售"时代

从近乎原始的第一阶段，到开放包容的第四阶段，再到当下"新零售"的提出，电子商务拥有了新的机遇点，同样也会面临新的挑战。

话题 1-3 眼花缭乱的电子商务分类

学习任务

请你从 B2B、B2C、C2C、C2B、O2O 这五种电子商务类型中任选一种，说说它的特点，并举例说明。比如，淘宝是 C2C 模式，那么什么是 C2C 模式，淘宝有什么特点；其网站界面布局有怎样的特点；主要商品品类有哪些；主要有哪些促销手段；如何进行支付；如何盈利；物流有什么特点。整理成一个简单文档（可以是 PPT、可以是 Word、也可以是语音），通过学习平台或其他渠道分享。

学习目标

1．掌握电子商务的一般分类方法，能够对常见的电子商务模式进行分类判断。
2．认识 B2B、B2C、C2C 等不同的交易类型，为今后创业的选择做好准备。
3．分析新的电子商务类型，拓宽思维，对未知领域产生创新意识和判断。

关键问题

▶▶▶ 一、电子商务如何分类

电子商务应用范围很广，通常按照交易主体的性质、交易的数字化程度、交易所使用的网络、交易的地域范围等四种标准对电子商务进行分类。

（一）按照交易主体的性质分类

电子商务是交易主体之间进行的交易，按信息在交易主体之间的流向，可以分为以下六种类型。

1. 企业与企业之间的电子商务

企业与企业之间（Business to Business，B2B）的电子商务是一种企业与企业之间通过互联网开展商务活动的电子商务模式。利用专用增值网络（Value Added Network，VAN）进行电子数据交换（Electronic Data Interchange，EDI）是 B2B 电子商务产生、发展的基础。其通过网络交换信息，传递各类电子单证（如订单、合同、付款通知等），从而使交易全过程实现电子化和无纸化。一些大企业建有电子商务平台，如海尔建有电子招标信息系统（见图 1-12），通过这个平台与供应商、销售商进行交流和交换。中小企业没有电子商务平台，可以通过阿里巴巴等第三方平台开展 B2B 交易活动。

图 1-12 海尔电子招标信息系统

2. 企业与个人之间的电子商务

企业与个人买家之间（Business to Consumer，B2C）的电子商务是一种企业与个人买家之间进行商品或服务交易的电子商务模式，例如企业在网上向买家销售商品或提供服务。使用 B2C 模式时企业可以自己建立平台，例如亚马逊、京东商城的自营等，也可以使用第三方平台，例如入驻天猫开展 B2C 商务活动。

3. 个人与企业之间的电子商务

个人买家与企业之间（Consumer to Business，C2B）的电子商务是一种先由买家提出需求，后由生产或商贸企业按需求组织生产或提供货源的电子商务模式，如天猫"双11"期间的节前预售，其流程是提前交定金抢占"双11"优惠价名额，然后在"双11"当天交尾款。阿里巴巴创始人马云 2015 年在一次 IT 博览会上表示：未来的生意将会由 C2B 主导，而不是 B2C，是用户改变企业，而不是企业向用户出售；制造商必须满足买家的个性化需求，否则将很难得到发展。以定制家具为例，每位买家都可以根据户型、尺寸、风格和功能进行个性化定制，从而最大限度地利用空间，满足个性化的核心需求。

4. 个人与个人之间的电子商务

个人买家与个人买家之间（Consumer to Consumer，C2C）的电子商务是一种个人买家之间通过网络商务平台实现交易的电子商务模式，例如个人物品可以在 eBay、淘宝等电子商务平台上卖。该模式不仅能够让买家出售所持有的闲置物品，而且能够促使个人买家在网络商务平台上开网店创业，如物品持有者可通过淘宝网发布物品信息，物品需求者可在淘宝网上购买或出价拍下所需要的物品。

5. B2B2C 电子商务模式

企业-企业-个人买家之间（Business to Business to Consumer，B2B2C）的电子商务模式包括两种形式：第一种形式是生产厂商对卖家、卖家对买家的交易链条，如出版社在图书出版后，直接将出版的图书交给销售商，销售商在网上销售，买家可以在网上购买这一商品；第二种形式是生产厂商同时面对供应商和买家，如海尔通过海尔招标网采购原材料（B2B），通过海尔商城销售海尔系列商品（B2C）。

6. O2O 模式

线上到线下（Online to Offline，O2O）模式是指将线下商务与互联网结合在一起，让互联网成为线下交易的前台。这样，卖家可以线上揽客，线下提供商品或服务；买家可以在线上搜索商品或服务，然后到线下完成交易。O2O 模式和 B2C、C2C、团购既有联系，又有区别。B2C 和 C2C 模式下，在线支付购买的商品会通过物流公司送到买家手中；而 O2O 模式下，买家在线支付购买线下的商品和服务，然后到线下去自提商品或享受服务；团购与 O2O 相比，O2O 是线上线下结合的销售模式，而团购是低折扣的临时性促销。

（二）按照交易的数字化程度分类

网上交易有商品、交易、配送三个主要要素。根据这三个要素条件，电子商务可以分为完全电子商务和不完全电子商务两大类。如果商品、交易过程、配送都是通过网络完成，就是完全电子商务；如果其中的一个环节没有通过网络，就是不完全电子商务。

买家在小区门口的超市购物，没有任何要素涉及数字化，因此这种购物方式不是电子商务，而是传统商务；买家通过京东购买一本书，登录京东商城，选好书，放进购物车，然后付款，快递把书送过来，因为书籍不是数字化的商品，配送也要通过快递公司，只有下订单这个环节是通过数字化完成的，因此属于不完全电子商务；如果买家购买的是电子书，就是完全电子商务，因为商品是数字化、交易是数字化、配送也是数字化的。

（三）按照交易所使用的网络分类

网络包括有线网络和无线网络两大类，按照使用的网络，可将电子商务分为传统电子商务和移动电子商务。通过有线网络开展的电子商务叫传统电子商务，通过手机等移动终端开展的电子商务叫移动电子商务。

（四）按照交易的地域范围分类

按开展交易的地域范围，电子商务可分为本地电子商务、境内电子商务和全球电子商务三类。本地电子商务通常是指在本城市或本地区内开展的电子商务；境内电子商务是指在本国范围内开展的电子交易活动；全球电子商务也称为"跨境电商"，是指在全世界范围内开展的电子商务活动，涉及有关交易各方的相关系统，如国家进出口公司系统、海关系统、银行金融系统、税务系统、运输系统、保险系统等。

▶▶▶ 二、行业电子商务

我国电子商务发展迅速，成效卓著，但一些服务行业的电子商务发展不快。近两年，这些行业的制约和限制不断被解决，发展成效非常明显，这里以教育和旅游为例介绍行业电子商务。

（一）在线教育

在线教育（e-Learning），也称远程教育、网络教育，是为了教育、培训和知识管理而进行的在线信息传递。在线教育的教与学可以不受时间、空间和地点等条件的限制，知识获取渠道灵活多样。近年来，我国在线教育市场的规模快速发展，既有传统教育与互联网的结合，也有互联网巨头布局的在线教育，逐渐演化出多种不同形式的在线教育商业模式。从电子商务模式的角度，在线教育一般可分为以下几种类型。

1. B2C 在线教育模式

B2C 模式在在线教育行业占比约为 47%，为在线教育的主流模式，如猿题库（见图1-13）、51Talk（见图1-14）、91外教（见图1-15）等。B2C 的授课形式也在不断演变，从录播课程到直播，从大班授课到一对一模式，各大平台都通过掌握买家心理、充分满足其需求来留住买家。B2C 模式的在线教育公司，担任着教育自营主体的角色，其课程商品一般以相对垂直的教育领域为主，如语言培训、职业培训、技能培训等。以 51Talk 为例，该平台利用互联网思维从大量试听课程用户中筛选出小部分付费用户，进行一对一培训服务，利用在线教育平台压缩成本后，迅速地以低价策略扩大了市场份额。

图 1-13　猿题库

图 1-14　51Talk

图 1-15　91 外教

2．C2C 在线教育模式

C2C 模式是通识类课程的教学平台经常采用的，集众人之力，为平台提供更全面的内容支持。比如，面向白领人群的"荔枝微课"（见图 1-16）采用的就是学习与分享的 C2C 模式。荔枝微课的 C2C 模式为：讲师（C 端）通过视频（包括录播和直播）、语音、文字、PPT 课件等形式，将"微型"的课程讲授给学习者（C 端），该课程具有时间短（通常 20～40 分钟）、内容精练（突出某个知识点）等特点，用户可以通过该平台达到知识分享和学习的目的。

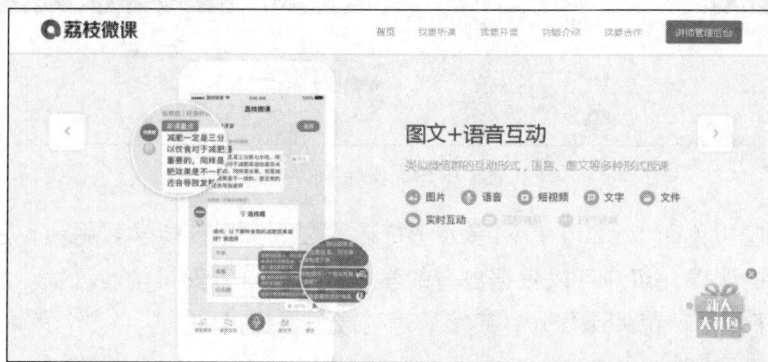

图 1-16　荔枝微课

互联网巨头百度、阿里巴巴和腾讯面对在线教育市场，也都布局了 C2C 平台以抢占资源，谁先抢占了机构、讲师、用户，谁就抢占了市场先机。腾讯打造了授课平台——腾讯课堂（见图 1-17）；百度打造了搜索平台——百度传课（见图 1-18）；淘宝打造了交易平台——淘宝同学（见图 1-19），各自与自己的核心业务保持一致。

图 1-17　腾讯课堂

图 1-18　百度传课

图 1-19　淘宝同学

网易云课堂（见图 1-20）是网易公司打造的在线实用技能学习平台，主要为学习者提供大量优质的课程，用户可以根据自身的学习需求，自主安排学习进度。网易云课堂买家（C 端）除了能学习相关课程外，还能通过"成为课程提供方"—"个人讲师入驻申请"成为个人讲师（C 端）。

图 1-20　网易云课堂首页

当然，无论是在线教育的初创公司还是在线教育行业巨头，都会面临讲师（C 端）的素质不一、内容输出周期无法得到保障的问题，名师资源的争夺是各个 C2C 在线教育平台需要面对的重要问题。

3. O2O 在线教育模式

O2O 模式主要是通过"线上"将用户和流量引导到"线下"，学习放在线下场景进行。O2O 教育平台更多的是将机构和讲师的信息集中起来，然后分发给用户，它能够在一定程度上提升用户的筛选效率和选择空间，并且能为中小机构带来流量。O2O 模式对企业运营和商品本身要求较高，商品必须匹配用户需求，直击用户痛点，能够给用户带来实际的收获。如家教 O2O 模式，就是通过免费内容的运营，在线上平台获取用户和流量，再将用户吸引到线下参加学习，或者让学员到加盟的线下机构参加学习。家教 O2O 的迅猛发展挤占了机构一对一培训服务的生存空间，并导致大量讲师脱离机构入驻平台而成为独立讲师。

4. B2B 在线教育模式

B2B 在线教育模式最早的原型是由早期门户网站（如百度、搜狐、新浪）为教育培训机构提供信息浏览，并通过用户倒流，帮助教育培训机构将普通用户转化成付费用户。转型期的 B2B 在线教育模式更像在线教育整体解决方案。比较常见的包括为 B 端企业用户提供在线教育平台以及相关服务工具，向学校和社会培训机构提供多媒体学习内容和平台，如 2015 年新东方发布的"新东方教育云"（见图 1-21）。

图 1-21　新东方教育云

中小学教育行业的"校宝在线"（见图 1-22）采用的也是 B2B 在线教育模式，除了为学校和教育培训机构提供"软件即服务"（Software as a Service，SaaS）的信息化服务外，还提供金融服务、内容服务和营销服务等增值服务，助力全日制学校与培训机构的成长与发展。

图 1-22　校宝在线

（二）在线旅游

在线旅游电子商务（后文简称"在线旅游"）通过互联网、移动互联网及电话呼叫中心等方式为消费者提供与旅游相关的信息、商品和服务。在线旅游包括在线机票/火车票预订、在线客房预订和为游客提供其他旅游商品及服务（如保险、Wi-Fi等）。按照交易类型划分，在线旅游可分为B2B交易模式、B2C交易模式和C2B交易模式。

1. B2B 交易模式

旅游业是一个由众多子行业构成、需要各子行业协调配合的综合性产业，食、宿、行、游、购、娱各类旅游企业之间存在复杂的代理、交易、合作关系。在线旅游B2B交易模式一般分为以下几种类型。

（1）旅游企业之间的商品代理，如旅行社代订机票与客房，旅游代理商代售旅游批发商组织的旅游线路商品等。

（2）组团社（游客签订合同的旅行社）之间相互拼团，也就是当两家或多家组团旅行社经营同一条旅游线路，并且出团时间相近，而每家旅行社只拉到为数较少的客人时，旅行社征得游客同意后可将客源合并，交给其中一家旅行社运作，以实现规模运作，从而使经营成本降低。

（3）地接社（旅游地负责接待、服务的旅行社）批量订购当地客房、景区门票等。

（4）客源地组团社与目的地地接社之间进行的委托、支付等。

2. B2C 交易模式

B2C交易的B端一般是B2C在线旅游网站或App，旅游散客可在上面获取旅游目的地的信息、自主设计旅游活动日程表、预订客房和车船机票等；也可报名参加旅行团，通过在线旅游网站或App订房、订票。B2C交易模式是当今世界应用较为广泛的电子商务形式之一。

3. C2B 交易模式

C2B交易模式由客户提出需求，然后由企业通过竞争满足客户的需求。在线旅游的C2B主要通过在线旅游中间商（专业旅游网站、门户网站旅游频道等）进行。这类在线旅游中间商提供一个虚拟开放的网上中介市场和信息交互平台。在线旅游C2B是一种由需求方主导的交易模式，它体现了客户在市场交易中的主体地位，可以帮助旅游企业更加准确和及时地了解客户需求，促进旅游业向为客户提供丰富的商品和满足客户个性化需求的方向发展。

在线测试

一、单选题

1. 下列哪一项不属于按照交易的数字化程度的分类？（　　　）。
   A. 完全电子商务　　　　　　　　　　B. 不完全电子商务
   C. 个人与个人之间的电子商务

2. 下列哪一项不属于电子商务分类的标准？（　　　）。
   A. 按照交易主体的性质　　　　　　　B. 按照交易的数字化程度
   C. 按照交易所使用的网络类型　　　　D. 按照交易货物的体积大小

3．下列哪一项不属于按照交易主体的性质的分类？（　　）。

    A．A2A   B．B2B   C．B2C   D．C2C

4．（　　）是通过"线上"将用户和流量引导到"线下"。

    A．B2B   B．B2C   C．C2C   D．O2O

5．（　　）不属于在线旅游的常见模式。

    A．B2B 交易模式   B．B2C 交易模式

    C．C2B 交易模式   D．P2P 交易模式

二、判断题

1．B2B 是两个企业之间开展电子商务。（　　）

2．组织和个人之间不能进行网络交易活动。（　　）

3．入驻天猫属于开展 B2C 商务活动。（　　）

4．C2C 是消费者之间的网上交易。（　　）

5．你有一些不用的物品，放在电子商务平台上卖，就是 C2C。（　　）

6．个人物品转让，可以选用 eBay、淘宝这样的第三方平台。（　　）

7．在网上购买纸质书和电子书，都属于完全电子商务。（　　）

8．通过手机和平板电脑等移动终端开展的电子商务叫作移动电子商务。（　　）

9．跨境电商的交易双方可以在同一个关境。（　　）

10．在线教育、互联网医疗、在线旅游不属于电子商务。（　　）

三、讨论题

说说 B2C 模式和 C2B 模式、B2C 模式和 O2O 模式、B2C 模式和 B2B 模式的区别。

拓展问题

一、什么是"淘工厂"

"淘工厂"是指阿里巴巴布局的"新制造"，是连接淘宝卖家与工厂的平台，是阿里巴巴旗下 1688 事业部的一个平台，于 2013 年 12 月中旬正式上线。

阿里巴巴的"淘工厂"将淘宝卖家的生产需求（如订单件数、工期等），与工厂有能力接单的商品类型、剩余产量等信息同时发布在网络平台上，让供需双方双向选择。这一方面解决了卖家找工厂难的问题，另一方面通过分享闲置的生产线产能，提升了工厂的生产效率。"淘工厂"后台根据近 90 天的历史数据分析，给企业匹配相应的订单与资源，实现精准的买卖匹配和精准的订单匹配。"淘工厂"不直接生产商品，它只是为订单提供合适的制造者。"淘工厂"把零售端数据和生产端数据打通，通过互联网平台整合分散、闲置的资源，进而刺激新的消费需求，在改变生产方式的同时为经济发展注入新的活力。

二、什么是"协同商务"

协同商务（Collaborative Commerce，CC）是将具有共同商业利益的供应链中的合作伙伴整合起来，主要通过对整个商业周期中的信息进行共享，满足不断增长的客户需求。协同商务不仅管理企业内部的资源，还可建立统一的平台，以便与合作伙伴共

同使用企业信息管理系统。协同商务被誉为下一代的电子商务系统。"协同"有两层含义：一层含义是企业内部资源的协同，包括各部门之间的业务协同、不同的业务指标和目标之间的协同以及各种资源约束的协同，如库存、生产、销售、财务间的协同；另一层含义是指企业内外资源的协同，即整个供应链的协同，如利用信息技术使企业与企业之间协同完成需求分析、商品计划、设计、采购、生产、管理、服务以及电子商务创新等工作。

沃尔玛（零售商）与宝洁（供应商）之间达成了协同商务战略合作。沃尔玛销售任何一件宝洁公司的商品，宝洁公司都可以很快得到商品的销售信息。宝洁公司通过信息管理系统时刻监控沃尔玛在售的每种宝洁公司商品的库存量，宝洁公司能够及时了解哪种商品的库存量达到了临界值，然后就会启动自动订购和配送程序，而所有的事情都是系统自动检测进行的。这种做法使宝洁公司能够获得精确的需求信息，而沃尔玛也能够保证充足的库存。宝洁公司与其他主要零售商、沃尔玛与其他主要供应商也保持着这样的合作关系。

话题 1-4　神奇的虚拟市场

学习任务

请查阅相关资料，了解中国网络零售业的格局、竞争与生态。了解阿里巴巴、京东、腾讯、唯品会或苏宁易购这些中国电子商务巨头是如何在看不见硝烟的互联网战场上抢占网络零售市场的。看懂这些电子商务巨头迅猛发展背后的逻辑，可为今后可能从事电子商务创业打下基础。请任意选择一个企业进行说明，整理成一个简单文档（可以是 PPT、可以是 Word、也可以是语音），通过学习平台或其他渠道分享。

学习目标

1．分析虚拟市场的特点，深刻认识电子商务给人们生活带来变化的原因。

2．探讨商业模式的基本要素，能够用结构化思维分析京东、天猫等网上商城的模式特点。

3．通过分析常见的电子商务盈利模式，了解典型电子商务企业盈利的内在特点，能具备思考商业模式和盈利模式的意识。

关键问题

▶▶▶ 一、你知道虚拟市场吗

在人们的生活中存在各种各样的市场。与此相对应的，还有虚拟市场（Electronic Marketplace）。虚拟市场是供商务活动中的生产者、中间商和消费者在某种程度上以数字方式进行交互式商业活动的市场。虚拟市场是传统实物市场的虚拟形态，是电子商务发展的必然结果，最大程度上体现了电子商务技术的先进性与有效性，其不仅具有实体市场的所有功能，而且还具有实体市场不可比拟的强大威力。例如，苏宁易购（见图 1-23）的前身即苏宁电器（见图 1-24），创办于 1990 年，在不足 200 平方米的门面房做专业零售，经过 28 年的发展，到 2018 年已有上万家自营门店和网点，全渠道销售规模达 2 433 亿元。

图 1-23　苏宁易购

图 1-24　苏宁电器

2019 年，淘宝天猫"双 11"成交额为 2 684 亿元（见图 1-25），超过苏宁云商 2018年整年的销售额。所以说虚拟市场的威力是巨大的。

图 1-25　2019 年淘宝天猫"双 11"成交额 2 684 亿元

虚拟市场为什么会发生这么大的变化？可以从 6 个方面分析。

1. 商品和服务的信息更加丰富

虚拟市场中的信息种类丰富，包括文字、图片、声音、视频，甚至虚拟现实（Virtual Reality, VR），如图 1-26 所示，能更好地展示商品或者服务。

图 1-26　VR 虚拟现实

2. 对于买方而言，搜索成本低

买方传统的搜索方式是逛街、参加展销会，现在只需要通过搜索引擎就能找到商品和服务，大大降低了时间成本。

3. 一定程度上消除了信息不对称

在虚拟市场上，买方能看到别人对商品或者服务的评价，货比三家很简单。这可以有效帮助消费者进行决策。

4. 大大扩展了商务活动的范围

虚拟市场实现了跨地区、跨关境的交易，大大提高了不同地区、不同地点的买方和卖方交易的机会。

5. 购物和收货在时空上可以分离

我们以前常说"一手交钱，一手交货"，而在虚拟市场，消费者购买商品时，下订单的时间、位置和拥有这个商品的时间、位置可以是分离的。

6. 数字化商品销售零时差

以前要安装一个软件，可能要买一张光盘，现在直接买个权限，下载就行了，购买和获得商品没有时间差。

虚拟市场凭借其优势，越发展现出其卓越的一面，它的"低成本，高利润，高效率"吸引着无数人的眼球。未来，随着技术的不断更新和发展，虚拟市场将发挥出更多的潜能。

▶▶▶ 二、电子商务如何盈利

很多大学生创业，都是找到电子商务这个"风口"。网络连接着买家和卖家，屏幕聚集着智慧和财富，不少人在这个风口真的"起飞"了，掘到了人生的"第一桶金"。开展电子商务创业，首先需要了解其商业模式和盈利模式。

（一）商业模式

要通过电子商务盈利，首先要解决商业模式的问题，也就是企业开展商务活动的方法，即企业如何盈利维持生存和发展。商业模式的要素一般包括客户、商品、流程、资源、供应链等。

1. 客户

商业模式中一定要有明确的客户。以亚马逊为例，亚马逊创办之初是网上书店，喜欢读书的人就是他的客户。

2. 商品和服务

卖家需要明确商品和服务是什么。例如，亚马逊的商品和服务包括纸质书和电子书，现在还包括云计算服务等。

3. 生产或商业流程

卖家要明确如何开展业务，也就是生产或商业流程。例如，网上卖书就需要到出版社或者批发商那里去采购书，然后把书放到网站上，产生订单以后，要打包送出去，这就是主要的业务流程，除此之外还包括营销活动等业务流程。

4. 资源

开展商务活动需要场地、资金、人员等资源，有时还会需要一些专门资格。例如，卖药品需要许可证。

5. 供应链

供应链就是指需要有哪些合作伙伴完成这个业务。例如，亚马逊需要有出版社或者批发商供应图书，还有银行或者信息化公司为支付提供支持，还需要快递公司把货送出去等。

（二）收益模式

当商业要素齐全了，就要考虑收益模式，即如何盈利，或是说客户为什么付钱，通常有六种收益模式。

（1）销售差价。卖家通过低价批发采购，加价后零售，赚取差价。

（2）交易费。交易费是指提供交易平台，收交易佣金。

（3）广告费。最早的一些新闻网站、门户网站，每天有几千万的浏览量，其他卖家就可以在其上放置广告，网站则可以收取一定的广告费。

（4）引流费。网站有很多人浏览，其他卖家可以布置链接，把客户引向其网站，不管最终是否达成交易，都需要交纳一定的引流费，如果产生交易还可以收取交易佣金。

（5）收取会员费和增值服务费。卖家采取吸收会员的营销策略，收取会员费，给予价格优惠、特殊服务等优惠。例如，视频网站对会员免广告，京东白条给客户提供一些网上贷款，淘宝旺铺是交会费后可享受不同的展示功能。

（6）诚信调查费。有些卖家专业为客户企业做诚信调查。这种调查费既可以面向境内电子商务，也可以面向跨境电商，通过为不同企业提供不同的认证，或者提供分析报告，收取相应的费用。

电子商务收益模式还有很多种，并且不断创新出新模式，一个企业采用的模式可以是一种，也可以是多种，只要是符合消费者需要、企业能够提供的就可以做。一个企业在创办之初，就要考虑商业模式，特别是收益模式。

在线测试

一、多选题

1．电子商业模式一般来说包括下列哪些要素？（　　　）。
　　A．商品　　　　　　B．流程　　　　　　C．资源　　　　　　D．供应链

2．电子商务收益模式通常有哪些类型？（　　　）。
　　A．销售差价和交易佣金　　　　　　B．广告费和引流费
　　C．会员费和增值服务费　　　　　　D．诚信调查费

二、判断题

1．相比传统商务，电子商务的商品和服务的信息更加丰富。（　　　）

2．在虚拟市场上，对于买方，货比三家很简单。（　　　）

3．虚拟市场可以实现跨地区、跨关境的交易，大大扩展了商务活动范围。（　　　）

4．在虚拟市场里，不一定要"一手交钱，一手交货"，购物和收货在时空上可以分离。（　　　）

5．在虚拟市场里，购买数字化商品，能够实现销售零时差。（　　　）

6．电子商务最大的优势就是商品和服务不需要特别明确，可以模糊化。（　　　）

7．供应链涉及完成这个业务的各合作伙伴。（　　　）

三、讨论题

虚拟市场做得非常好的阿里巴巴、腾讯、京东等，为什么都开始投资线下实体，并在线下新开实体店？淘宝投资三江购物、百联集团等线下实体，并自营银泰购物、盒马鲜生、天猫小店等线下实体；腾讯投资了步步高、家乐福、永辉超市等；京东开设了 7FRESH、京东便利店等线下实体，请谈谈你的看法。

拓展问题

一、B2C 电子商务网站是如何盈利的

B2C 电子商务网站一般有以下几种盈利模式。

1．网络广告收益模式

大多数 B2C 网站都把收取广告费作为主要的盈利模式。网络广告盈利是互联网经济的常规收益模式，也是很多电子商务网站的主要利润来源。这种模式成功的关键是其网页能吸引大量的访客，网络广告能受到关注，如京东商城的"快车"广告就是京东的一大利润来源。

2．商品销售营业收入模式

一些 B2C 网站通过网上销售商品，赚取采购价与销售价之间的差价和交易费，从

而获取更大的利润。有形商品和服务电子商务网站的盈利模式大都属于这种，如亚马逊、京东商城、唯品会和海尔商城等。

3．出租虚拟店铺和提供服务收费模式

有些B2C电子化交易平台的主要收入来源是出租虚拟店铺，如天猫商城。一部分B2C网站在销售自营商品的同时，也通过出租虚拟店铺来赚取中介费，如京东商城、当当网等B2C平台会收取入驻卖家一定的费用，并根据提供服务级别的不同收取不同的服务费和保证金。

4．网站的间接收益模式

除了将自身创造的价值变为现实的利润外，企业还可以通过价值链的其他环节实现盈利。当B2C网上支付拥有足够的用户时，就可以开始考虑通过其他方式获取收入了。以淘宝、天猫为例，有近90%的淘宝、天猫用户会通过支付宝付款，这为淘宝、天猫带来了巨大的利润。淘宝、天猫不仅可以通过支付宝收取签约商户一定的交易服务费用，而且可以充分利用用户存款和支付时间差形成的巨额资金进行其他投资而盈利。

二、京东与天猫有什么区别

天猫和京东作为国内最大的两个网上购物商城，在技术和模式上存在一定的差异。

1．领域区别

天猫是一个为买卖双方搭建的第三方平台；京东商城是以自营模式为主的平台。

2．入驻区别

（1）天猫分为旗舰店、专卖店、专营店。旗舰店是卖家以自有品牌（商标为R或TM状态）入驻天猫开设的店铺。专卖店是卖家持品牌授权文件在天猫开设的店铺。专营店是经营天猫同一招商大类两个及以上品牌商品的店铺。天猫旗舰店、专卖店、专营店又有多种细分模式。

（2）京东商城主要分为自营和第三方店铺。京东的第三方店铺类型也分为旗舰店、专卖店、专营店，但京东对这三种类型的店铺没有再做细分。相比而言，天猫入驻门槛高，成本高，京东开店成本低，也相对容易。

3．盈利模式

（1）天猫的收入来源如下：

① 保证金、技术服务年费和实时划扣的技术服务费（佣金）；

② 广告收入和关键词竞价收费；

③ 软件和服务收费；

④ 间接收益，如天猫不仅可以通过支付宝收取签约商户一定的交易服务费用，而且可以充分利用用户存款和支付时间差形成的巨额资金进行其他投资而盈利。

（2）京东商城的收入来源如下：

① 店铺出租费、商品登录费；

② 广告费；

③ 靠厂商返点和其他补贴获利；

④ 以低价的方式获得大规模销量，赚取采购价与销售价之间的差价和交易费；

⑤ 间接收益，如京东金融收益等。

4．物流区别

天猫没有自己的物流系统，其物流靠第三方物流商和菜鸟物流体系，主要是"四通一达"以及 EMS，卖家如果不在本省，客户收到货需 3 天左右，偏远地区则耗时更长。京东的物流是自建的，它在全国多个城市都设有物流配送中心，基本能当日送达，在物流配送上，京东自营可以说优势巨大。

5．搜索规则不同

京东商城与淘宝天猫的搜索规则是两套不同的体系。在京东商城，店铺的概念较弱，主要按商品搜索的规则来判断哪些商品能排在前面。天猫拥有较强的店铺概念，如店铺搜索、店铺评分，店铺相关指标对天猫商品的排序有较大影响。

主题 2
揭秘电商——电子商务的关键点

本主题结构图见图 2-1。

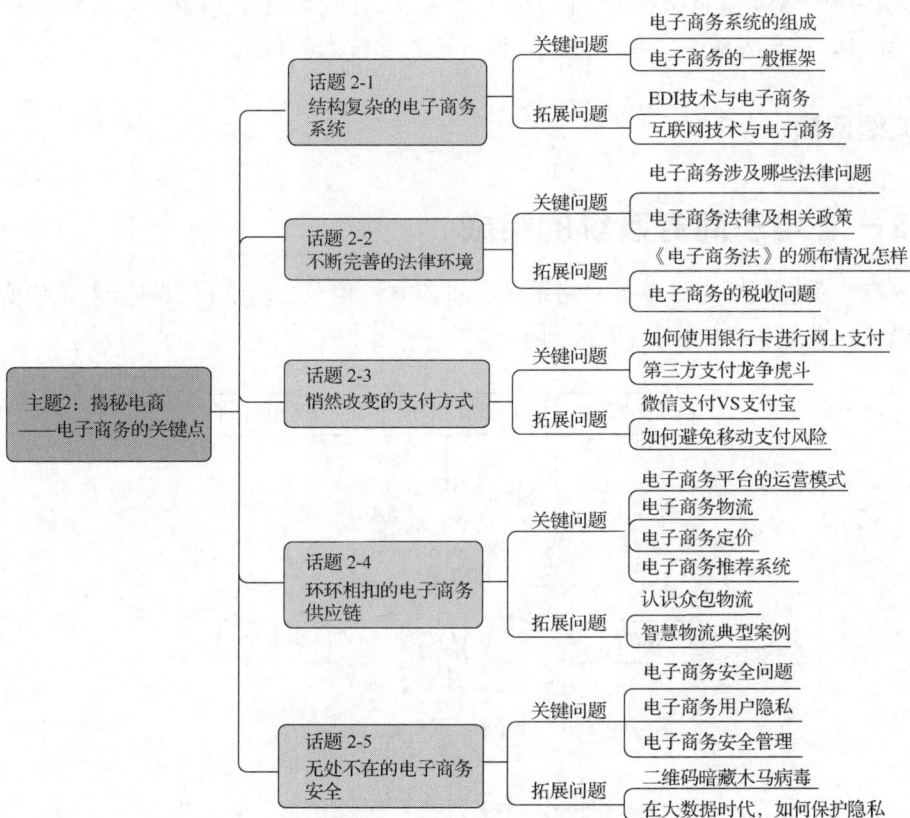

图 2-1　主题 2 结构图

主题2：揭秘电商——电子商务的关键点

话题 2-1
结构复杂的电子商务系统
- 关键问题
  - 电子商务系统的组成
  - 电子商务的一般框架
- 拓展问题
  - EDI技术与电子商务
  - 互联网技术与电子商务

话题 2-2
不断完善的法律环境
- 关键问题
  - 电子商务涉及哪些法律问题
  - 电子商务法律及相关政策
- 拓展问题
  - 《电子商务法》的颁布情况怎样
  - 电子商务的税收问题

话题 2-3
悄然改变的支付方式
- 关键问题
  - 如何使用银行卡进行网上支付
  - 第三方支付龙争虎斗
- 拓展问题
  - 微信支付VS支付宝
  - 如何避免移动支付风险

话题 2-4
环环相扣的电子商务供应链
- 关键问题
  - 电子商务平台的运营模式
  - 电子商务物流
  - 电子商务定价
  - 电子商务推荐系统
- 拓展问题
  - 认识众包物流
  - 智慧物流典型案例

话题 2-5
无处不在的电子商务安全
- 关键问题
  - 电子商务安全问题
  - 电子商务用户隐私
  - 电子商务安全管理
- 拓展问题
  - 二维码暗藏木马病毒
  - 在大数据时代，如何保护隐私

话题 2-1　结构复杂的电子商务系统

学习任务

电子商务服务商主要有互联网服务提供商、互联网内容服务商、应用服务供应商三种类型，请你认真分析典型电子商务企业的所属类型并填入表 2-1 中，每个类型填写不少于 3 个企业（越多越好），并通过学习平台或其他渠道分享。

表 2-1　电子商务企业类型

序号	类型	典型企业名称
1	互联网服务提供商	
2	互联网内容服务商	
3	应用服务供应商	

学习目标

1. 理解电子商务系统的组成要素，能准确分析组成要素之间的主要作用，以及相关之间的关系。

2. 学习电子商务的框架结构，能分析四个层次之间的关系，以及三大支柱的主要作用。

3. 学习电子商务系统的有关技术，能分析主要技术的特点。

关键问题

▶▶▶ 一、电子商务系统的组成

电子商务系统包括电子商务网络系统、供应方、需求方、认证机构、物流中心、网上银行、电子商务服务商等，如图 2-2 所示。

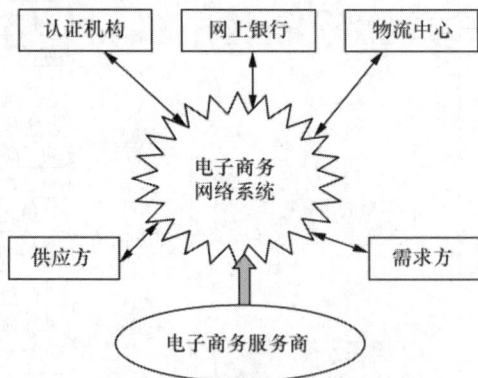

图 2-2　电子商务系统的组成

（1）电子商务网络系统主要是指远程通信网、有线电视网、无线电通信网和互联网等信息传输系统，这些网络都提供了电子商务信息传输的线路。但是，目前大部分的电子商务应用都构建在互联网上，其主要连接设备有集线器、路由器、数字交换机等。

（2）供应方和需求方统称为电子商务用户，包括个人用户和企业用户。个人用户使用个人计算机、个人数字助理等接入互联网；企业用户通过建立企业内联网、外联网和企业管理信息系统，可对人力、财力、物力、供应、销售、储存等进行科学管理。

（3）认证机构（Certificate Authority，CA）是法律承认的权威机构，负责发放和管理数字证书，以使网上交易各方能够相互确认身份。数字证书是一个包含证书持有人个人信息、公开密钥、证书序列号、有效期、发证单位的电子签名等内容的数字凭证文件。

（4）网上银行可在互联网上开展传统的银行业务，并为用户提供 24 小时实时服务。通过网上银行，用户可以进行在线支付、在线转账等。

（5）物流中心接受卖家的送货要求，组织运送无法从网上直接发送的商品，跟踪商品的运输进度，将商品送到消费者手中。

（6）电子商务服务商在这里专指提供网络接入服务、信息服务及应用服务的信息技术厂商，如互联网服务提供商（Internet Service Provider，ISP）、互联网内容服务商（Internet Content Provider，ICP）、应用服务供应商（Application Service Provider，ASP）等。

▶▶▶ 二、电子商务的一般框架

电子商务的一般框架可分为四个层次（网络层、技术支持层、服务支持层、应用层）和三大支柱（国家政策及法律规范、技术标准和网络协议、物流体系构建），电子商务的一般框架如图 2-3 所示。

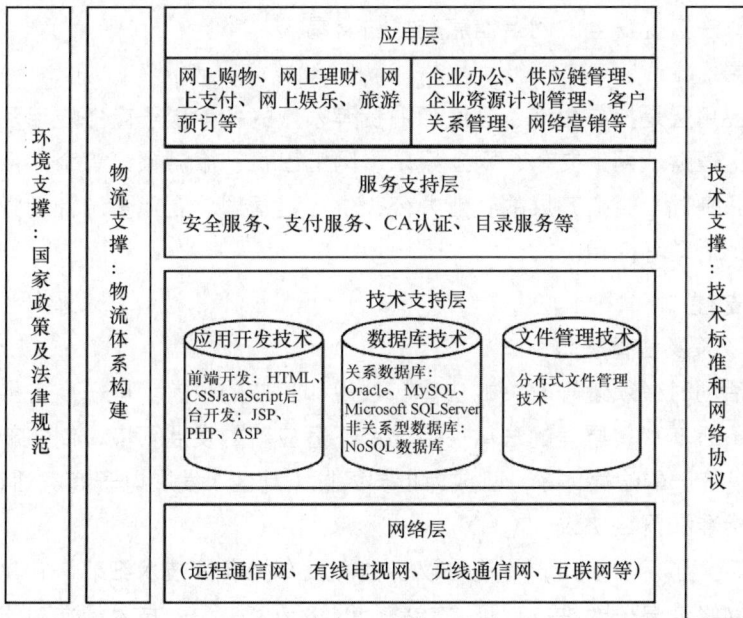

图 2-3　电子商务的一般框架

电子商务从业者可以选择框架中的一部分或几部分去学习或从事相关工作。在电子商务的一般框架中，网络层、技术支持层、服务支持层属于社会经济环境，取决于政府或社会其他部门，而应用层则是企业或企业与其他合作伙伴需要共同完成的业务内容。

1. 四个层次

（1）网络层

网络层是指网络基础设施，是实现电子商务的最底层基础设施。它是信息传输系统，是电子商务得以实现的基本保证。网络层包括远程通信网、有线电视网、无线通信网和互联网等。因为电子商务的主要业务是基于互联网的，所以互联网是网络基础设施中最重要的部分。

（2）技术支持层

网络层决定了电子商务信息传输使用的线路，技术支持层则决定和解决了如何在网络上传输信息和管理信息的问题。从技术角度来看，技术支持层主要包括应用开发技术、数据库技术和文件管理技术。应用开发技术包括后端开发和前端开发。后端开发需要考虑的是如何实现应用程序的功能、数据的存取、平台的稳定性与性能等，可以用到的技术有 Java 服务器页面（Java Server Pages, JSP）、超文本预处理器（Hypertext Preprocessor, PHP）和 ASP 等；前端开发考虑的则是 Web 页面的结构、Web 的外观视觉表现以及 Web 层面的交互实现等，涉及的技术包括超文本标记语言（HyperText Markup Language, HTML）、层叠样式表（Cascading Style Sheets, CSS）和 JavaScript 等。

（3）服务支持层

服务支持层用来为电子商务应用提供支持，包括电子支付、目录服务等。其中，电子认证服务（CA 认证）是电子商务服务支持层的核心，因为 CA 认证保证了电子商务交易的安全。它通过为参与交易者签发数字证书，来确认电子商务活动中各方的身份，然后通过加密和解密的方法实现安全的网上信息交换与交易。

（4）应用层

电子商务应用层是指在生产、流通和消费等领域的各种电子商务应用系统，主要包括网上购物、网上理财、网上支付、网上娱乐、网上出行、旅游预订等个人用户的电子商务应用，以及在此基础上企业开展的企业办公、供应链管理、企业资源计划管理、客户关系管理、网络营销活动等应用。

2. 三大支柱

（1）国家政策及法律规范

开展商务活动时必须遵守有关的法律、法规和相应的政策。电子商务出现后，其引发的问题和纠纷不断增加，原有的法律规范已经不适应新的发展环境，制定新的法律规范并形成一个成熟、统一的法律体系，已成为世界各国（地区）发展电子商务活动的必然趋势。

（2）技术标准和网络协议

技术标准定义了用户接口、传输协议、信息发布标准等技术细节，它是信息发布和传递的基础，是网络信息一致性的保证。就整个网络环境来说，技术标准对于保证兼容性和通用性是十分重要的。

网络协议是计算机网络中为进行数据交换而建立的规则、标准或约定的集合。处在计算机网络中两个不同地理位置上的用户要进行通信，就必须按照通信双方预先约定好的规程进行，这些预先约定好的规程就是网络协议。

（3）物流体系构建

一项完整的商务活动，必然要涉及信息流、商流、资金流和物流这四种流动。物流是电子商务的重要组成部分，是信息流和资金流的基础和载体。商品生产和交换的全过程都需要物流活动的支持，没有现代化的物流运作模式支持，没有高效、合理、畅通的物流系统，电子商务所具有的优势就难以发挥。因此，物流业的发展壮大对电子商务的快速发展起着重要的支撑作用。

在线测试

一、单选题

1. 下面不属于电子商务的一般框架中三大支柱的是（　　）。

  A. 国家政策及法律规范   B. 技术标准和网络协议

  C. 物流体系构建   D. 技术支持层

2. 下面不属于应用层的是（　　）。

  A. 网上理财 B. 网上购物   C. 网上办公   D. 数据库技术

二、多选题

1. 电子商务网络系统主要包括（　　）。

  A. 远程通信网   B. 有线电视网

  C. 无线电通信网   D. 互联网

2. 电子商务的一般框架中包含哪几个层次（　　）。

  A. 网络层 B. 应用层   C. 服务支持层 D. 技术支持层

3. 下面属于服务支持层的是（　　）。

  A. 安全服务 B. 支付服务   C. CA 认证   D. 目录服务

三、判断题

1. 供应方和需求方统称为电子商务用户，包括个人用户和企业用户。（　　）

2. 认证机构（Certificate Authority，CA）是法律承认的权威机构，负责发放和管理数字证书，以使网上交易各方能够相互确认身份。（　　）

3. 物流中心接受卖家的送货要求，组织运送无法从网上直接发送的商品，跟踪商品的运输进度，将商品送到消费者手中。（　　）

4. 电子商务的一般框架包含四个层次和三大支柱。（　　）

5. 网络层是指网络基础设施，是实现电子商务的最底层的基础设施。（　　）

6. 技术支持层决定和解决了如何在网络上传输信息和管理信息的问题。（　　）

7. 服务支持层用来为电子商务应用提供支持，包括电子支付、目录服务等。（　　）

8. 技术标准定义了用户接口、传输协议、信息发布标准等技术细节。（　　）

9. 网络协议是计算机网络中为进行数据交换而建立的规则、标准或约定的集合。（　　）

10. 开展商务活动时不一定要遵守有关的法律、法规和相应的政策。（　　）

11. 网上娱乐、网上出行、旅游预订等个人用户的电子商务应用不属于应用层。（　　）

12. 应用开发技术包括后端开发和前端开发。（　　）

四、讨论题

互联网提供的服务主要有哪些？企业电子商务系统由哪几部分组成？

一、EDI 技术与电子商务

电子数据交换（Electronic Data Interchange，EDI）使用某种商定的标准将处理的信息在计算机之间进行传递，是电子商务的重要组成部分。早期的电子数据交换网络是专用的增值通信网络，可以被看作现代电子商务的雏形。在电子数据交换系统中，数据不仅在贸易伙伴之间进行电子化流通，而且还在每一个贸易伙伴内部进行电子化流通，这样可以节约成本、降低差错率、提高效率。

以订单处理为例，如图 2-4 所示，采用电子数据交换技术，将其按统一的标准生成电子数据，经过计算机自动识别和处理，可以在贸易伙伴及相关部门之间进行传输，减少手工作业和重复劳动，提高文件的处理效率。

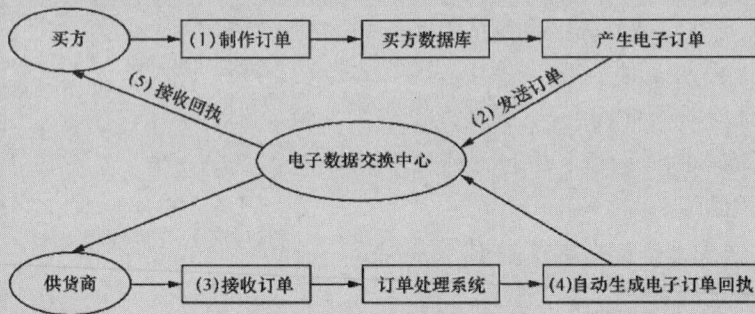

图 2-4　订单处理流程

（1）制作订单。买方根据自己的需求在计算机上操作，在订单处理系统中制作一份订单，系统将所有必要的信息以电子数据的格式存储下来，形成买方数据库，同时生成一份电子订单。

（2）发送订单。买方将此电子订单通过电子数据交换中心传送给供货商。此订单实际上是发向供货商的电子邮箱，它先被存放在电子数据交换中心，等待来自供货商的接收指令。

（3）接收订单。供货商从位于电子数据交换中心的自己的电子邮箱中收取全部邮件，其中包括来自买方的电子订单。

（4）订单回执。供货商在收到电子订单后，使用计算机上的订单处理系统，对来自买方的电子订单自动产生一份回执。经供货商确认后，此电子订单回执被发送到网络中，再经由电子数据交换中心发送到买方的电子邮箱中。

（5）接收回执。买方从电子数据交换中心的买方电子邮箱中收取全部邮件，其中包括供货商发来的订单回执。整个订货过程至此结束，供货商收到了订单，买方则收到了订单回执。

二、互联网技术与电子商务

互联网是由分布在全世界的计算机遵循一定的通信协议并通过各种网络设备相互连接而成的，主要包括互联网协议、IP 地址与域名。电子商务是基于计算机的软硬件和网络通信等技术开展的经济活动。电子商务以互联网、企业内部网和企业外部网为载体，使企业能够有效完成自身内部的各项经营管理活动，并完成企业之间的商业贸易，确立合作关系，最终降低产、供、销的成本，增加企业利润，开辟新的市场。

（一）互联网协议

互联网协议是由多个协议组成的，包括 TCP/IP、HTTP，以及 SMTP、POP3 和 IMAP 等。

1. TCP/IP

TCP/IP 是供已连接互联网的计算机进行通信的通信协议，是传输控制协议/网际协议。TCP/IP 规范了网络中所有的通信设备，尤其是一台主机与另一台主机之间的数据往来格式及传送方式，可保证所有送到某个系统的数据能够准确无误地到达目的节点，并且非常详细地规定了计算机在通信时应遵循的规则。

2. HTTP

HTTP 是超文本传输协议，是用户端浏览器或其他程序与 Web 服务器之间的应用层通信协议。在互联网的网络服务器上存放的都是超文本信息，用户机即用户工作站，需要通过 HTTP 获取所要访问的超文本信息。用户在浏览器地址栏中输入的网站地址称为统一资源定位符（Uniform Resource Locator，URL）。在浏览器的地址栏中输入一个统一资源定位符或在网页中单击一个超链接时，统一资源定位符就确定了要浏览的地址。

3. SMTP、POP3 和 IMAP

（1）电子邮件传输协议（Simple Mail Transfer Protocol，SMTP）的作用是向用户提供高效、可靠的邮件传输服务。

（2）邮局协议（Post Office Protocol，POP）用于电子邮件的接收，现在常用的是第三版，简称为 POP3。

（3）互联网邮件存取协议（Internet Message Access Protocol，IMAP）是通过互联网获取信息的一种协议。

（二）IP 地址与域名

IP 地址与域名是一对多的关系，一个 IP 地址可以对应多个域名，但是一个域名只有一个 IP 地址。IP 地址是由数字组成的，不方便记忆，所以有了域名，通过域名地址就能找到 IP 地址。

1. IP 地址

IP 地址也称网际协议地址，它给每个连接在互联网中的主机分配一个地址，使互联网上的每台主机都有一个唯一的地址，计算机利用这个地址在主机之间传递信息。常见的 IP 地址分为 IPv4 与 IPv6 两大类。采用 IPv4 技术时，IP 地址的长度为 32 位，分为 4 段，每段 8 位，用十进制数字表示，每段数字的范围为 0～255，段与段之间用英文句点隔开，如 189.256.1.1。全球 IPv4 地址数于 2011 年 2 月分配完毕，截至 2018 年 12 月，我国 IPv4 地址数量为 3.39 亿个。IPv6 采用 128 位地址长度，几乎可以不受限制地提供地址。它不仅可以实现计算机之间的联网，还可以实现硬件设备与互联网的连接，如家用电器、传感器、照相机和汽车等的联网。

2．域名

由于 IP 地址是数字标识，使用时难以记忆和书写，因此在 IP 地址的基础上发展出了一种符号化的地址方案，来代替数字型的 IP 地址。每一个符号化的地址都与特定的 IP 地址相对应，这种与网络上的数字型 IP 地址相对应的字符型地址称为域名。访问一个域名时，域名服务器会通过域名解析将域名转换成 IP 地址，以"www.abc.com"为例，www 是网络名，abc.com 为域名，com 是域名的后缀。

话题 2-2　不断完善的法律环境

学习任务

法律问题是电子商务中的前沿问题，也是电子商务框架中重要的社会环境问题，《中华人民共和国电子商务法》（以下简称《电子商务法》）的施行为电子商务活动提供了稳定的环境，保证电子商务交易的顺利进行，使电子商务能更加稳定、有序地发展。请查阅有关资料，思考表 2-2 所列的 8 个问题并将思考的结果填入表中，完成后通过学习平台或其他渠道分享。

表 2-2　问题清单

序号	主要问题	思考结果
1	出现网购纠纷，电子商务平台应该担责吗	
2	电子商务纠纷应该怎样维权	
3	《电子商务法》中对电子商务争议解决是如何规定的	
4	如何进行电子商务网购维权	
5	《电子商务法》的法律责任认定	
6	电子商务合同的订立与履行	
7	《电子商务法》中对微商是如何规定的	
8	《电子商务法》中对代购的规定	

学习目标

1．学习电子商务涉及的法律问题，能针对四个突出问题提出个人的看法，能分析相关的案例，为解决今后工作或创业中的问题打好基础。

2．学习关于电子合同、电子签名、域名等的法律规定，能做到学好法、用好法。

3．学习《电子商务法》的基本内容，了解其主要解决的问题和矛盾，理解其具体要求，能分析有关案例。

4．了解电子商务存在的税收问题，学习有关法规和政策，能分析判定违规行为。

▶▶▶ 一、电子商务涉及哪些法律问题

电子商务涉及的法律问题主要有电子合同问题、知识产权问题、个人隐私问题和管辖权问题等。实际上，电子商务涉及的法律问题远不止这些，这些只是最突出的和最主要的。

（1）电子合同问题。不同于传统的书面合同，电子合同是数字化的，这使电子合同效力的认定及操作变得非常复杂。

（2）知识产权问题。电子商务的无形化使知识产权保护更加困难。网页上各种各样的文章、图像、音频和视频、软件及电子商务网站所涉及的内容等都会牵涉专利权、商标权、版权和著作权等知识产权问题。因此，保护知识产权与发展电子商务有着密切联系。

（3）个人隐私问题。计算机和网络技术为人们获取、传递、复制信息提供了方便，但网络的开放性和互动性也给个人隐私的保护带来了困难。在线消费时，消费者须将个人信息传给银行和卖家。如何规范银行和卖家对消费者个人信息的再利用行为，从而保护消费者的隐私是一个棘手的问题。

（4）管辖权问题。传统的管辖通常有两大原则：属人管辖和属地管辖。网络的超地域性对传统的法律管辖体系造成了极大冲击，也带来了一系列的问题。传统的管辖权确定原则要求具有一个相对稳定、明确的关联因素，如当事人的国籍、住所和财产所在地等，但在网络空间中这些都变得非常模糊，这就导致确定网络纠纷的管辖权比较困难。

▶▶▶ 二、电子商务法律及相关政策

（一）已出台的电子商务法律及相关政策

1. 电子合同具有法律效力

电子合同是具有法律效力的，依据 1999 年 10 月起实施的《中华人民共和国合同法》第十一条："书面形式是指合同书、信件和数据电文（包括电报、电传、传真、电子数据交换和电子邮件）等可以有形地表现所载内容的形式。"这是我国法律首次规定数据电文可以作为书面形式用于合同的签订。

2. 电子签名制度

2005 年颁布、2019 年修正的《中华人民共和国电子签名法》规范了电子签名行为，为我国电子商务安全认证体系和网络信用体系的建立奠定了基础。自此，电子签名与手写签名或者盖章具有同等的法律效力，同时电子文件与书面文件也被承认具有同等法律效力。

3. 域名法律保护

2002 年，中国互联网络信息中心依据互联网名称与数字地址分配机构的《统一域名争议解决政策》的基本精神，结合我国实际情况制定了《中国互联网络信息中心域名争议解决办法》，确立了我国的域名保护机制。2014 年 9 月 1 日，修订后的《中国互联网络信息

中心域名争议解决办法》正式开始施行。

4．电子商务法

《电子商务法》自 2019 年 1 月 1 日起施行，这是我国电子商务领域的第一部综合性法律。《电子商务法》是一部调整消费者、平台、入驻经营者利益法律关系的民事法律。

（二）《电子商务法》主要解决的问题

对于电子商务发展过程中出现的主要问题或矛盾，《电子商务法》作出了相应的规定。

1．经营者应依法登记

《电子商务法》规定，电子商务经营者应依法办理市场主体登记。个人网店经营者、微商、代购等属于电子商务经营者，应依法办理市场主体登记，受《电子商务法》的约束。但是，个人销售自产农副商品、家庭手工业商品，个人利用自己的技能从事依法无须取得许可的便民劳务活动和零星小额交易活动，以及依照法律、行政法规不需要进行登记的除外。例如，个人在微信朋友圈销售农家自产土鸡蛋、自制手工艺品就无须进行登记。

2．平台承担连带责任

对关系消费者生命健康的商品或者服务，电子商务平台经营者对平台内经营者的资质资格未尽到审核义务，或者对消费者未尽到安全保障义务，造成消费者损害的，依法承担相应的责任。

3．卖家承担运输风险

电子商务经营者应当按照承诺或者与消费者约定的方式、时限向消费者交付商品或者服务，并承担商品运输中的风险和责任。但是，消费者另行选择快递物流服务提供者的除外。

4．不得默认搭售商品

《电子商务法》规定，电子商务经营者搭售商品或者服务，应当以显著方式提请消费者注意，不得将搭售商品或者服务作为默认同意的选项。如用户在网上预订机票时，网站经常会搭售酒店优惠券、接送机优惠券、航空险等，看似贴心的服务，有些却是暗地里搭售，让消费者在不知情的情况下购买了搭售商品，《电子商务法》实施后，这些行为会被禁止。

5．经营者不得随意毁约

电子商务经营者不得以格式条款等方式约定消费者支付价款后合同不成立；格式条款等含有该内容的，其内容无效。例如，消费者在"双 11"的订单，卖家如果以弄错折扣为由拒绝发货，在《电子商务法》实施后，消费者就可以据此追究经营者的违约责任。

6．评价应真实

电子商务经营者应当全面、真实、准确、及时地披露商品或者服务信息，保障消费者的知情权和选择权。电子商务经营者不得以虚构交易、编造用户评价等方式进行虚假或者引人误解的商业宣传，欺骗、误导消费者。例如，为了提升网店的信用度和好评率，不少卖家采取刷好评、删差评等方式，《电子商务法》实施后，这种行为将被严惩。这将确保消费者评价能发挥良好的作用，促使平台经营者以及平台内经营者诚实经营。

7．明确退款方式

电子商务经营者按照约定向消费者收取押金的，应当明示押金退还的方式、程序，不得对押金退还设置不合理条件。消费者申请退还押金，符合押金退还条件的，电子商务经营者应当及时退还。例如，在网上预订酒店、骑共享单车等，往往需要消费者先交纳押金，但随着电子商务的发展，押金难以退还的问题逐渐凸显，甚至屡屡出现押金退还程序复杂、条件苛刻、退款不及时等情形，严重损害了广大消费者的合法权益。《电子商务法》规定，消费者申请退还押金，符合押金退还条件的，电子商务经营者应当及时退还。

在线测试 • • •

一、单选题

1. 《电子商务法》开始施行的时间是（　　　）。
   A. 2019 年 1 月 1 日　　　　　　　　B. 2020 年 1 月 1 日
   C. 2019 年 12 月 12 日　　　　　　　D. 2019 年 12 月 1 日
2. 下面不需要依法办理市场主体登记的是（　　　）。
   A. 个人网店经营者　　　　　　　　B. 微商
   C. 代购　　　　　　　　　　　　　D. 个人销售自产农副商品

二、多选题

1. 电子商务涉及的法律问题主要有（　　　）。
   A. 电子合同问题　　　　　　　　　B. 知识产权问题
   C. 个人隐私问题　　　　　　　　　D. 管辖权问题
2. 商业中牵扯的知识产权问题有（　　　）。
   A. 专利权　　　B. 商标权　　　C. 版权　　　D. 著作权
3. 网络的哪些特点给个人隐私保护带来了困难？（　　　）。
   A. 开放性　　　B. 科学性　　　C. 高速性　　　D. 互动性
4. 下列具有法律效力的是（　　　）。
   A. 电子签名　　　B. 手写签名　　　C. 盖章　　　D. 艺术照
5. 下列哪几项在《电子商务法》中作出了规定？（　　　）。
   A. 经营者应依法登记　　　　　　　B. 平台承担连带责任
   C. 卖家承担运输风险　　　　　　　D. 不得默认搭售商品

三、判断题

1. 网络空间中确定网络纠纷的管辖权比较困难。（　　　）
2. 电子合同是指数字化的合同。（　　　）
3. 电子合同目前暂时不具有法律效力。（　　　）
4. 电子签名不受法律保护，应谨慎使用。（　　　）
5. 我国对域名有保护机制。（　　　）
6. 2014 年 9 月 1 日，修订后的《中国互联网络信息中心域名争议解决办法》正式开始施行。（　　　）
7. 消费者付款成功后，经营者可以想办法毁约。（　　　）
8. 为了提升网店的信用度，卖家要想办法刷好评、删差评。（　　　）

9．消费者申请退还押金，经营者可以想办法不退还。（　　　）

四、讨论题

《电子商务法》对电子商务经营者和电子商务平台经营者提出了哪些要求？

拓展问题

一、《电子商务法》的颁布情况怎样

2018 年 8 月 31 日第十三届全国人民代表大会常务委员会第五次会议上通过《电子商务法》，2019 年 1 月 1 日起施行，前后经过了 5 年时间，其中 3 年起草，2 年时间经两届全国人大常委会四次会议审议。

《电子商务法》的颁布，使中国成为全球首个颁布电子商务法的国家。其适用范围为中华人民共和国境内，通过互联网等信息网络销售商品或者提供服务的领域。其亮点突出，概括而言主要包括三个方面：一是规范与发展并重，《电子商务法》以支持和促进电子商务持续健康发展为宗旨，明确了促进发展、鼓励创新的一系列制度性规定；二是注重平等与均衡，《电子商务法》明确规定，线上线下的商务活动平等对待、融合发展，且均衡保障消费者、电子商务经营者及平台经营者，加大了对电子商务消费者的保护力度，加重了第三方平台的责任与义务；三是协同监管与社会共治并行，《电子商务法》一方面完善和创新了符合电子商务发展特点的政府协同监管制度，另一方面也推动形成企业自治、行业自律、社会监督的社会共治模式。

市场普遍认为，《电子商务法》的颁布是为了规范和监管我国电子商务的发展，但更需要认识到的是，《电子商务法》的颁布，使我国电子商务的发展获得了制度保障，避免了因政策和主观因素给行业发展带来的不确定性。《电子商务法》的规范作用，杜绝了行业发展中的不健康行为，为稳定和持续的发展提供了强力支撑。虽然《电子商务法》施行后，遇到了企业注册及微商等问题，但这些并非根本性问题，而且是可以逐步解决的，因此，《电子商务法》总体施行良好，效应也将进一步显现。

二、电子商务的税收问题

采用电子商务方式进行贸易时，贸易过程中的许多环节及费用的支付都可以通过网络完成，有些数字化商品甚至可以直接在网上传送。这就使税收的征缴变得非常困难，并产生了许多非常棘手的问题。

（一）电子商务涉及的税收问题

电子商务涉及的税收问题主要分为以下三类。

1．由电子商务交易"隐匿化"而引发的问题

电子商务使传统商务的纸质合同、票据、支付等均变成了数字流和信息流，计算机加密系统的开发和利用，又极大方便了交易双方隐蔽交易内容，逃避纳税义务。鉴于法律和技术原因，税务部门无法进入加密程序，也无法获得真实的纳税资料。这使税务部门对隐匿的电子商务交易进行公平、有效的管理成为难题。

2．税收管辖权的问题难以界定

目前，世界各国（或地区）确定税收管辖权时，有的是以行使属地原则为主，有

的是以行使居民管辖权（属人）原则为主，有的是二者并行行使。绝大多数发达国家实行的是以属地税制为主的混合税制。但是，在涉及跨境电商时，重复征税问题无法得到有效解决，问题的关键在于电子商务的无国界性和虚拟性。属地税收管辖权是以各国（或地区）的地理界线为基准的，而电子商务弱化了经济活动与特定地点间的联系，纯在线交易更难确定属地。

3．电子商务中的 C2C 卖家基本不缴税，有失公平

2019 年 1 月 1 日《电子商务法》施行后基本解决了这一问题。目前，我国电子商务的主流业态有 B2B、B2C、C2C 三种模式，前两类电子商务模式，由于交易卖方主体都为工商注册企业性质，其本身就已纳入公司注册地所在线下征税监管范畴，故不存在偷税漏税的情形。《电子商务法》施行前，个人网店由于豁免登记，税收征管很难监控，大部分个人卖家都不缴税。但随着电子商务业务的发展，很多个人网店一年的交易额甚至可以达到上千万元的规模，但仍然游离于税收征管之外，这显然有失公平，所以《电子商务法》专门对此作了规定。

（二）电子商务法对税收的规定

《电子商务法》明确规定，电子商务经营者应当依法办理市场主体登记；应当依法履行纳税义务，并依法享受税收优惠；依照规定不需要办理市场主体登记的电子商务经营者在首次纳税义务发生后，应当依照税收征收管理法律、行政法规的规定申请办理税务登记，并如实申报纳税。个人卖家属于电子商务经营者，从 2019 年 1 月 1 日起，应当依法办理市场主体登记，也应当依法履行纳税义务。税收范围包括跨境税收、经营者普通交易税收。缴纳主体包括电子商务平台、平台内经营者。这也意味着通过电子商务渠道进行交易的各种方式都需要纳税。

话题 2-3　悄然改变的支付方式

学习任务

现金、银行卡和支票是三种传统的支付工具，支付宝和微信支付是电子商务产业兴起后的支付商品。银行为什么要推出网上支付？银行卡传统支付和网上支付流程有何异同？为什么会诞生第三方支付平台？微信支付为什么成长迅速？微信和支付宝有何异同？请带着这些问题学习，并完成下列任务。

请开通个人网上银行，并通过网上搜索，对比分析不同网上银行的特点，分析维度可参考表 2-3。撰写对比分析报告，报告格式不限，并通过学习平台或其他渠道分享。

表 2-3　对比不同银行的网上银行

对比项	农业银行	中国银行	兴业银行	招商银行
网站色调				
网页布局				

对比项	农业银行	中国银行	兴业银行	招商银行
申请流程				
客户服务				
转账范围				
转账费用				

学习目标

1．能够掌握传统支付工具的种类，掌握网上银行、第三方支付平台的概念和特点。

2．掌握银行卡网上支付、第三方支付平台的支付流程，确保网上支付过程的安全和合法，能理解为什么会产生网上银行、第三方支付平台。

3．能够掌握开通个人网上银行的技巧，并能够根据自己的实际需要，选择合适的银行开通个人网上银行业务。

4．能够熟练申请和使用各种第三方支付平台，了解各种第三方支付平台的功能。

5．能够深入理解微信支付、支付宝这两个第三方支付平台成功背后的逻辑。

关键问题

▶▶▶ 一、如何使用银行卡进行网上支付

为了更好地理解网上支付，接下来首先讲解传统支付工具的种类。

（一）传统支付工具的种类

传统支付工具主要包括现金、银行卡和支票。

1．现金

现金支付是交易中最简单的支付方式。现金最重要的特点是普遍的可接受性，没有人会拒绝收现金；同时，支付过程比较简单，具有分散、匿名、使用方便、灵活等特点。但是，现金容易丢失、被盗，或者磨损，还会受到时间和空间的限制，使用现金时只能面对面交易。

2．银行卡

银行卡（见图 2-5）由具有一定规模的银行或者金融机构发行，包括借记卡和信用卡两类，可以凭此向特定的卖家购买货物或者享受服务，也是向特定银行支取现金的信用凭证。现在大部分卖家都接受银行卡支付。银行卡比较安全，即使遗失也不会有太大风险。银行卡减少了现金货币的流通量，人们不要需要携带现金，银行印制的现金量也可以减少。因此，银行卡具有高效、便捷、简单、安全等优点。但是，不是每个商家都可以接受银行卡支付，比如用户购买早餐，可能就不能刷卡。

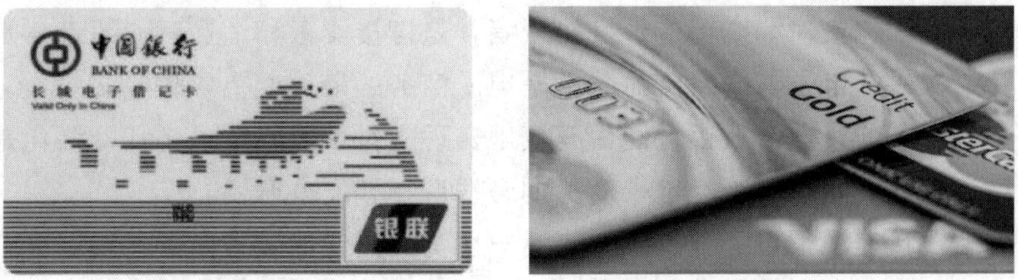

（a）借记卡　　　　　　　　（b）信用卡

图2-5　各种类型的银行卡

3. 支票

支票是出票人签发的、委托办理支票存款业务的银行在见票时无条件支付确定的金额给收款人或者持票人的票据。支票的提示付款期为10日，权利时效为自出票日起六个月。

支票主要分为记名支票、不记名支票、划线支票、保付支票、现金支票、银行支票和旅行支票七种。使用记名支票取款时须由收款人签章，方可支取。不记名支票又称空白支票，取款时持票人无须在支票背后签章即可支取。划线支票只能委托银行代收票款入账。保付支票是指为了避免出票人开出空头支票，支票的收款人或持票人可要求银行对支票"保付"。现金支票是专门制作的用于支取现金的一种支票。银行支票是由银行签发，并由银行付款的支票，也是银行即期汇票。旅行支票是银行或旅行社为旅游者发行的一种固定金额的支付工具。

（二）使用银行卡进行网上支付

1. 什么是网上银行

网上银行又称网络银行、在线银行，是指银行利用互联网技术，通过互联网向客户提供开户、查询、对账、行内转账、跨行转账、信贷、网上证券、投资理财等传统服务项目，使客户足不出户就能够安全便捷地管理活期和定期存款、支票、信用卡及个人投资等。网上银行突破了时间、空间的限制，是一种可以在任何时间、任何地点，以任何方式提供金融服务的全天候银行。

2. 为什么会产生网上银行

网上银行是信息社会不断发展所带来的一种全新的银行模式。网上银行是网络经济发展的必然结果、电子商务发展的需要和银行自身发展并取得竞争优势的需要。

（1）网上银行是网络经济发展的必然结果。网络的商业化带动了网络经济的发展，开创了网络经济时代。在以信息技术和创新能力为特征的网络经济时代，需要有效地实现支付手段的电子化和网络化，需要银行改变传统的经营理念和服务方式，建立以客户为中心，以客户价值为导向的营销理念，变被动服务为主动服务。网上银行应运而生，它实现了这些目标。而网络经济的发展必将给网上银行带来更好的发展。

（2）网上银行是电子商务发展的需要。无论对于传统的交易，还是新兴的电子商务，资金的支付都是完成交易的重要环节，所不同的是，电子商务强调支付过程和支付手段的电子化与网络化处理。在电子商务中，作为支付中介的商业银行在电子支付中扮演着举足轻重的角色，无论网上购物还是网上交易，都需要借助电子手段进行资金的支付和结算。

商业银行作为电子化支付和结算的最终执行者，是连接卖家和消费者的纽带，是网上银行的基础，它所提供的电子与网络支付服务是电子商务的最关键要素和最高层次，直接关系到电子商务的发展前景。商业银行能否有效地实现支付手段的电子化和网络化是电子交易成败的关键。因此，网上银行是电子商务的必然产物和发展需要。

（3）网上银行是银行自身发展并取得竞争优势的需要。电子商务的发展给全球经济和贸易带来重大影响，银行也必然受到波及，不得不重新审视自身的服务方式。为了在激烈的竞争环境中取得优势并适应电子商务的发展，银行必须利用现有条件，增加服务手段，提供更加便捷迅速、安全可靠、低成本的支付结算服务。专家预测，未来的银行实体分行的开设将逐渐减少，而基于互联网平台的银行业务将大量增加。

3. 网上银行支付流程

网上银行支付流程中包括发卡银行、持卡人、签约商户、收单机构、国际卡组织等行为主体，如图 2-6 所示。

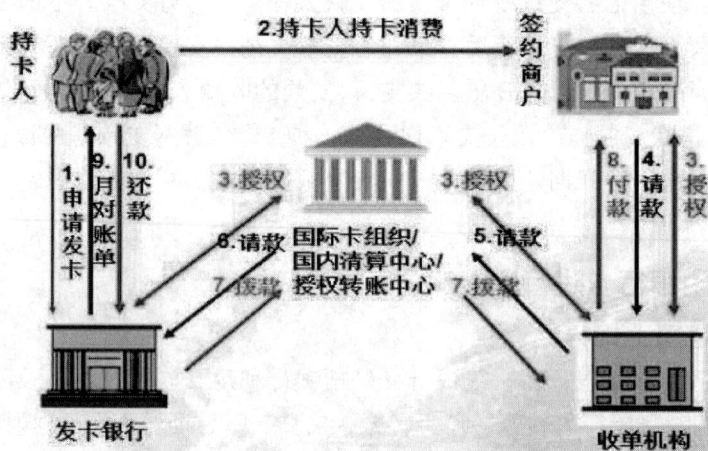

图 2-6　银行卡网上支付流程

发卡银行：向持卡人发行各种银行卡，并通过各类相关的银行卡服务收取一定费用，是银行卡市场的发起者和组织者，是银行卡市场的卖方。

收单机构：负责签约商户的开拓与管理、授权请求、账单结算等活动，其利益主要来源于签约商户交易手续费的分成、服务费。

持卡人及潜在持卡人：在银行卡市场中处于中心地位，是产生购买银行卡商品及其衍生商品需求的市场基础，是银行卡的领用者和金融机构、签约商户及国际卡组织利益的创造者。

国际卡组织：关键职能在于建立、维护和扩大跨行信息交换网络，通过建立公共信息网络和统一的操作平台，向成员机构提供信息交换、清算和结算、统一授权、品牌营销、协助成员机构进行风险控制及反欺诈等服务。

签约商户：是指与收单机构签有商户协议，受理银行卡的零售商、个人、公司或其他组织。

以网上购物为例，当买方在线选购商品发出订单后，卖方就会收到信息。双方确认订单后，接下来便是支付，除了少量订单采取货到付款的方式，大部分都采用网上支付。

第一步，买方发起支付请求，卖方同意后，买方把相关信息告诉卖方。

第二步，卖方收到客户信息后，向收单机构发出授权请求，请求收单机构核查买方信息。

第三步，收单机构收到授权请求以后，通过网络把授权请求转发给发卡银行。

第四步，发卡银行收到授权请求后，核查买方的银行卡余额是否充足，如果银行卡余额充足，发卡银行便及时将该信息转发给收单机构。

第五步，收单机构把买方银行卡余额充足可以支付的信息转发给卖方。

第六步，卖方获得这个信息后，通知买方同意交易，可以支付。接下来，卖方将要扣的额度信息转发收单机构，收单机构完成扣款以后，卖方通知买方，通过银行卡完成转账。

最后，由收单机构和发卡银行两者之间完成资金的清算，发卡银行将钱转到收单机构，卖方账户余额增加。交易结束以后，发卡银行将扣款信息通知买方。如果是信用卡，发卡银行会在一个月以后将还款账单邮寄给买方，并通知买方还款。

▶▶▶ 二、第三方支付龙争虎斗

（一）第三方支付的含义

第三方支付是指具备一定实力和信誉保障的独立机构，采用与各大银行签约的方式，提供与银行支付结算系统接口的交易支付平台的网络支付模式。第三方是除了银行以外的具有良好信誉和技术支持能力的某个机构，支付通过第三方在买方和银行之间进行。持卡人首先和第三方以替代银行账号的某种电子数据的形式（如邮件）传递账户信息，避免了持卡人将银行信息直接透露给卖家，另外也可以不必登录不同的网上银行界面，取而代之的是每次登录时，都能看到相对熟悉和简单的第三方机构的界面。

（二）为什么会产生第三方支付

传统的支付方式往往是简单的即时性直接支付，一步到位。在虚拟的无形市场，交易双方互不认识，不知根底，卖方不愿先发货，怕货发出后不能收回货款；买方不愿先支付，担心支付后拿不到商品或商品质量得不到保证。博弈的结果是双方都不愿意先冒险，网上购物无法进行。为迎合同步交换的市场需求，第三方支付应运而生。第三方是买卖双方在缺乏信用保障或法律支持的情况下的资金支付"中间平台"，买方将货款付给买卖双方之外的第三方，第三方提供安全交易服务。

（三）中国第三方支付行业的发展

我国的互联网支付市场发展至今，历经四个阶段。

1. 早期发展阶段（1998—2004年）：效率偏低，功能有限

电子商务在中国处于引入和起步阶段，由于互联网支付市场的巨大潜力，第三方支付企业开始萌芽，致力于解决电子商务发展中遇到的支付瓶颈。那时，中国第三方支付企业处在发展的良性时期，全国从事第三方支付的企业只有10家左右，其中规模较大的企业

包括 ChinaPay、上海环迅、北京首信等。此阶段市场上的商品较单一，服务对象均为采用 B2C 电子商务模式，以网上商城为主要阵营的卖家群体。由于支付厂商之间的竞争不是非常激烈，市场需求大于供给，各支付企业均能从卖家群体收取相对较高的费用，企业盈利情况整体良好。

2. 快速发展期（2005—2006 年）：价格战

自 2005 年起，随着电子商务的快速发展，以及对支付增量的理想预期的提高，众多企业纷纷介入支付行业，全国第三方支付公司如雨后春笋般相继成立。市场的火热也引起了国内外投资者的强烈兴趣，2005 年，中国第三方支付市场迎来了一轮投资热潮，新兴的支付企业在未积累足够客户资源的情况下，最初的运作主要还是依靠强有力的投资支撑。大量的企业涌入支付市场，引发了这一市场的"非理性竞争"。这一阶段的支付商品仍主要以网关支付为主，支付企业之间的商品同质化问题越发严重，导致价格成为唯一的竞争筹码，不少支付企业以非理性的低价占取市场份额，出现了"跑马圈地"的行为。恶性的价格战对支付市场造成深远的负面影响，由于采取免费或低费策略，大部分支付企业至今仍处于亏损经营状态，企业盈利情况堪忧。

3. 深度发展期（2007—2010 年）：市场逐步细分，商品行业性凸显

第二阶段的后期，一些实力欠缺、基础薄弱、缺乏创新、服务单一的支付公司开始维系艰难。到 2007 年，业内的优胜劣汰现象越发明显，市场有逐步细分趋势。业内主要支付企业中，ChinaPay 主要以 B2B、B2C 为业务定位，客户来自机票、基金、游戏等资金密集型行业的高端企业客户，以及政府相关公共缴费部门等；支付宝、财付通以支持 C2C 平台业务为基础，积累了大量的个人用户，这也成了其开拓企业客户的优势。快钱以向企业用户服务为基本业务，同时以市场营销开展其个人业务。伴随着市场的逐步细分，商品行业性特点明显，呈现出多样化发展趋势，做深做细市场已经成为各支付公司的共识。

4. 加速分工与融合期（2011 年至今）：协作与融合

随着中国人民银行正式签发首批《支付业务许可证》，第三方支付产业迎来飞速发展时期，截至目前，共计 250 家第三方支付公司获得牌照，线上、线下等多种支付方式并存的融合局面逐步形成。拉卡拉对收单业务市场的进军，财付通对保险代销等业务的切入，支付宝大手笔投入线下支付市场以及频繁渗透航旅行业，通信运营商纷纷组建集团下的支付公司，无不说明支付企业向多元领域扩张的意愿越来越强烈。此外，基金互联网支付正在成为基金业渠道变革的重要力量。汇付天下、通联支付、银联电子、易宝支付、支付宝、快钱、财付通等第三方支付企业先后获得证监会颁发的基金第三方支付牌照。

（四）中国第三方支付的主要企业

艾瑞咨询的数据显示，2018 年中国第三方移动支付交易规模达到 190.5 万亿元，同比增速为 58.4%。2018 年，人们在日常生活中使用移动支付的习惯已经养成，第三方移动支付渗透率达到较高水平，市场成倍增长的时代结束。加之"断直连"及备付金相关政策在 2018 年相继落地，市场正式步入稳步发展阶段。在此阶段，移动金融领域的快速发展、线下支付在新场景的进一步渗透或将成为行业规模增长的主要驱动力。第三方移动支付市场

以支付宝和财付通为龙头，如图2-7所示。

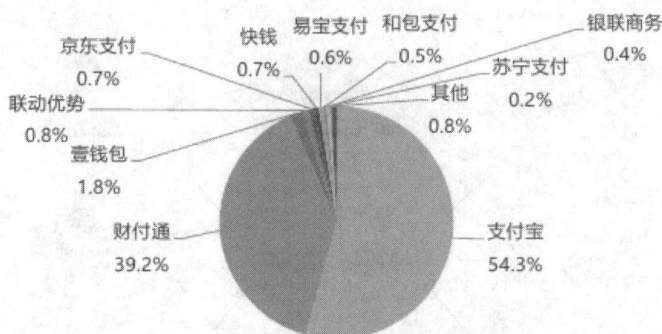

图 2-7　2018 年中国第三方移动支付交易规模及市场份额

1. 支付宝

支付宝网络科技有限公司是国内领先的独立第三方支付平台，由阿里巴巴集团创办。支付宝公司从 2004 年建立开始，始终以"信任"作为商品和服务的核心，旗下有"支付宝"与"支付宝钱包"两个独立品牌，其自 2014 年第二季度开始成为全球最大的移动支付厂商。

支付宝目前拥有 5.2 亿实名用户，已发展成为融合支付、生活服务、政务服务、社交、理财、保险、公益等多个场景与行业的开放性平台，已覆盖 38 个国家和地区。

2020 年 3 月，支付宝宣布打造全球最大的数字生活开放平台。支付宝的应用场景如图2-8 所示。

图 2-8　支付宝应用场景

2. 财付通

财付通是中国最大的互联网综合服务提供商之一腾讯公司创办的在线支付平台，商品包括微信支付和 QQ 钱包等。

财付通的起步比较晚，是腾讯 2005 年为了配合拍拍平台的发展而成立的，至今未从腾讯独立出来，但发展相当迅猛。2013 年在第三方支付市场的份额已达到 20.4%，位居第二位，仅次于阿里巴巴公司的支付宝。财付通的主要应用场景如图 2-9 所示。

3. 壹钱包

壹钱包是中国平安旗下平安付推出的移动支付客户端。2016 年，壹钱包与万里通两大

App 全面整合为壹钱包 App。2017 年，平安壹钱包移动支付交易规模跻身行业第三。壹钱包的应用场景如图 2-10 所示。

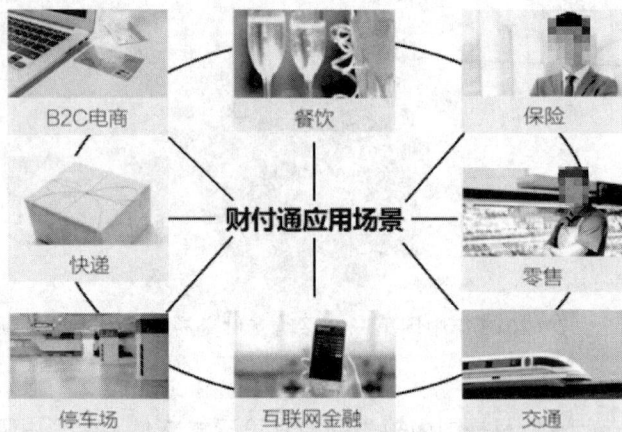

图 2-9　财付通应用场景

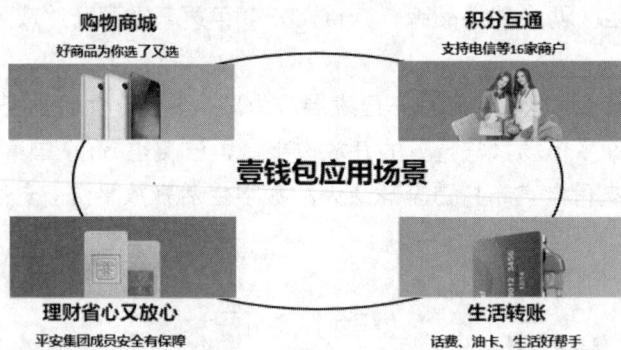

图 2-10　壹钱包应用场景

4．联动优势

联动优势科技有限公司（以下简称联动优势）是一家专业为金融机构和产业升级提供创新服务的互联网高新技术企业，2003 年由中国移动和中国银联联合发起成立。近年来，联动优势发力金融科技，致力于为金融机构和产业升级进行科技赋能，重点打造综合支付、金融信息、大数据风控、智能营销和跨境金融服务五大业务板块。

5．京东支付

"京东支付"是京东金融于 2014 年 7 月推出的新一代第三方支付商品，实现了真正意义上的一键支付。京东支付已涵盖银行卡快捷支付、白条、京东小金库等多种支付方式，提供快捷支付、码支付、网关支付等多种支付商品。其主要商品如图 2-11 所示。

6．快钱

快钱是独立的第三方支付公司，成立于 2005 年，总部在上海，2011 年 5 月获得中国人民银行颁发的第三方支付牌照。快钱的主要发展方向是为企业打造流动资金管理解决方案，核心特点为线上线下业务结合紧密，保险、零售连锁、直销为其优势领域。其提供的服务如图 2-12 所示。

快捷支付
手机端/PC端(含PC扫一扫)的多渠道服务

码支付
2秒支付、60秒条码自动更新

网关支付
使用银行U盾登录网上银行验证支付

京东支付商品

代支付
单笔或者批量付款至指定银行账户

代扣款
一次签约可多次免密扣款支付

跨境支付
提供收单、外币结算、报送海关等服务

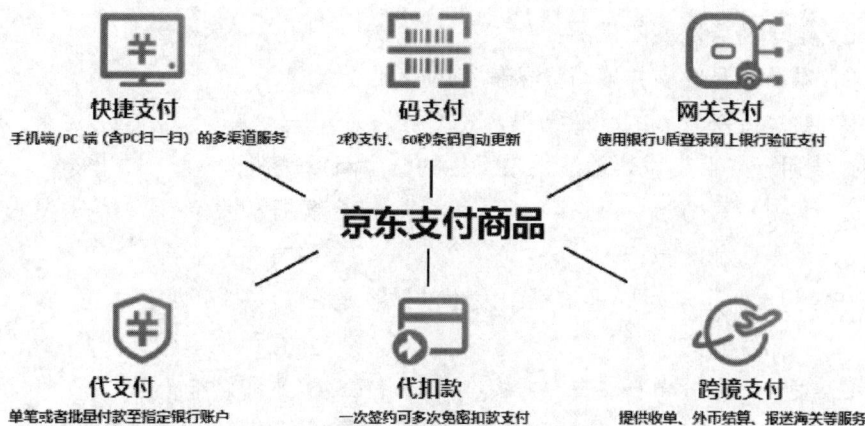

图 2-11　京东支付商品

- 信用卡还款
- 公共事业缴费
- 房贷
- 保险账单
- 生活费
- 跨行转账

个人服务

快钱

产品服务

- 账户充值
- 账户提现
- 支付服务
- 退款功能
- 网上付款
- 批量付款
- 优惠券

快钱提供的产品服务与个人服务

图 2-12　快钱提供的服务

（五）第三方支付的特点

1. 在线支付更快捷、方便

第三方支付平台提供一系列的应用接口程序，将多种银行卡支付方式整合到一个界面上，负责在交易结算中与银行的对接，使网上购物更加快捷、便利。买家和卖家不需要在不同的银行开设不同的账户，可以帮助买家降低网上购物的成本，帮助卖家降低运营成本；同时，还可以帮助银行节省网关开发费用，并为银行带来一定的潜在利润。第三方支付解决了终端设备的制约性，从设备上解放了买家。买家可以随时、随地、以多种方式完成支付，不但节约了时间成本，也免去了使用U盾等安全设备带来的不便。

2. 在线支付更安全

在第三方支付交易流程中，卖家看不到买家的信用卡信息，可避免信用卡信息在网络上多次公开传输而导致被窃，保障了用卡人的账户安全。

3. 较高的公信度

第三方支付平台作为中立的一方，具有较高的公信度。一旦发生纠纷，会对商户和消费者采取双向保护政策，在交易双方之间进行公平、公正的协调处理。

▼ 在线测试 ● ● ● ●

一、单选题

1. 网上银行产生的原因不包括（　　　）。

　　A. 网络经济发展的必然结果

B．电子商务发展的需要

C．银行自身发展并取得竞争优势的需要

D．实体经济发展的必然结果

2．在信用卡网上支付处理流程中发生的资金清算是在（　　）之间。

A．买方和卖方　　　　　　　　　　B．卖方和收单行

C．发卡行和收单行　　　　　　　　D．买方和发卡行

3．在信用卡网上支付处理流程中发生的缴款是在（　　）两者之间。

A．买方和卖方　　　　　　　　　　B．卖方和收单行

C．发卡行和收单行　　　　　　　　D．买方和发卡行

4．目前国内的第三方支付公司中，用户规模最大的是（　　）。

A．支付宝　　　　B．银联　　　　C．财付通　　　　D．快钱

5．以下不是第三方支付特点的是（　　）。

A．在线支付更快捷、方便　　　　　B．在线支付更安全

C．较高的公信度　　　　　　　　　D．较差的稳定性

二、多选题

1．下面（　　）属于第三方支付发展的四个阶段。

A．早期发展阶段（1998—2004年）

B．快速发展期（2005—2006年）

C．深度发展期（2007—2010年）

D．加速分工与融合期（2011年至今）

2．以下属于支付宝功能的是（　　）。

A．转账　　　　B．信用卡还款　　　　C．充话费　　　　D．缴水电煤费

3．以下关于第三方支付说法正确的是（　　）。

A．在线支付更快捷、方便　　　　　B．在线支付更安全

C．较高的公信度　　　　　　　　　D．支付金额更大

三、判断题

1．使用银行卡进行网上支付的过程中，涉及买方、卖方、发卡银行、支付网关、收单银行，以及银行卡组织等主体。（　　）

2．支付宝自2014年第二季度开始成为当前全球最大的移动支付厂商。（　　）

3．在第三方支付交易流程中，卖家看不到客户的信用卡信息，可避免信用卡信息在网络上多次公开传输而导致被窃，保障了用卡人的账户安全。（　　）

4．支付宝已发展成为融合支付、生活服务、政务服务、社交、理财、保险、公益等多个场景与行业的开放性平台。（　　）

5．第三方是买卖双方在缺乏信用保障或法律支持的情况下的资金支付"中间平台"，买方将货款付给买卖双方之外的第三方，第三方提供安全交易服务。（　　）

6．买卖双方一旦发生纠纷，第三方会对商户和消费者采取双向保护政策，在交易双方之间进行公平、公正的协调处理。（　　）

2020年，为什么支付宝开始全面转型数字生活平台，助4000万卖家数字化升级？

拓展问题

一、微信支付 VS 支付宝

国内移动支付市场已经由一众独立支付公司的"圈地大战"逐渐演变成"群雄之争"。互联网巨头们围绕支付进行的战争，实际是对移动互联网未来的争夺。移动支付被看作移动端最大的入口之一，相比于计算机，手机的便携、高使用频率等特性使其连接线上线下的优势更加明显。随着应用场景的增加，移动支付将介入人们生活的方方面面，这意味着，锁定了支付，就在很大程度上锁定了用户。

（一）支付宝和微信软件功能对比

支付宝和微信都有超过2万的顶级互联网员工，兵强马壮，且财力雄厚。美团点评、去哪儿网、滴滴出行和华夏基金是腾讯的伙伴；丁丁网、酷讯网、快的打车和天弘基金则是阿里巴巴的伙伴。

支付宝的使用场景大多在大金额转账、往来等，小额支付并不多。支付宝的渠道更多的是属于B端。长期以来，支付宝担当着支付工具的功能，在蚂蚁金服逐渐强大的同时，金融属性很明显。据支付宝提供的数据，支付宝的下载量已超过1.3亿，而支付宝账户早已超过8亿。

微信在用户黏性上更具优势，微信目前是众多社交软件中用户黏性最高、活跃度最强的，大部分人都会和朋友、家人、客户通过微信保持实时沟通，并保持着较高的使用频率。依托微信的庞大用户群体，微信支付的发展势头迅猛。虽然仍然次于支付宝，但是与支付宝在第三方移动支付市场的差距越来越小。相较于支付宝强工具属性的状态而言，致力于打造生活方式的微信平台，在接下来的竞争中有一定优势。

（二）"阿Q"大战纪实

从打车软件、微信支付到实体的商场，支付宝和微信支付经历了三个回合的较量，其背后是腾讯、阿里巴巴两大中国互联网超级垄断集团的巅峰之战，业内称为"阿Q"大战。这场战争改变了人们的用钱习惯。

1．第一回合——打车软件

2014年年初，打车软件滴滴打车和快的打车之间的激烈较量背后其实是各自投资方腾讯和阿里巴巴之间的对决。据统计，滴滴打车和快的打车在2014年就"烧"掉了24亿元人民币。

虽然腾讯和阿里巴巴是国内互联网行业最赚钱的两大巨头，但如此大笔的投入值吗？在艾媒CEO张毅看来，24亿元对于腾讯与阿里来讲都算不上"大钱"，更重要的是计算下来获取一个用户的成本还要高于其他渠道。"如果通过安卓市场等常规渠道，获取一个用户的成本在2元上下，获取1亿用户需要投入2亿，1亿用户最后的留存率不到1 000万，也就是说，获取一个与用户的真实成本要高于20元。而计算下来，补贴十几元获取一个微信支付用户，这个生意只赚不亏。"张毅认为，凭借移动支付出租车车费的良好体验，无论是微信支付还是支付宝，最后的用户留存率都会高于普通安卓市场应用的分发渠道。

2．第二回合——微信红包

2014 年 1 月 26 日，腾讯财付通在微信推出公众号"新年红包"（见图 2-13），用户关注该公众号后，可以在微信中向好友发送或领取红包。

微信红包一经推出，就以病毒式的传播方式活跃在各个微信群中，并在除夕当夜全面引爆。

据财付通官方提供给时代周报的数据显示：除夕当天到初八，超过 800 万用户参与了红包活动（见图 2-14），超过 4 000 万个红包被领取，平均每人抢了 4～5 个红包。

图 2-13　微信公众号"新年红包"

图 2-14　微信红包

其实，支付宝早在当年 1 月 23 日就推出了"发红包"和"讨彩头"功能，却没能引发外界的广泛关注，完全被微信红包的光芒所掩盖。究其原因，还是在于微信是基于强社交关系，更利于人群间的互动和扩散。

微信红包已经超出了红包的概念，它更像是一个社交游戏。抢到红包的人红包中的金额有多有少，会让每一次红包的发放都能有炫耀、有懊恼、有话题，才会激发用户的主动分享和传播。

3．第三回合——线下 O2O

从线上走向线下、从线下走向线上——在移动互联网发展迅速的现在，线上和线下之间的界限越来越模糊，而融合在不断加速。

目前支付宝已与联华超市、百联集团、新华都、三江购物、大润发等线下实体达成合作，完全自营的线下店已有银泰购物、盒马、零售通、天猫小店等。

微信支付同样不甘示弱，已经与沃尔玛、步步高、家乐福、永辉超市、中百集团、红旗连锁达成合作，同时还与京东的 7FRESH、京东便利店、新通路等线下店合作。

用户习惯的改变来自三方面，一是支付宝和微信支付能够应对的线下支付场景越来越多，只有这样才能更贴近用户随时支付的习惯，而支付宝和微信支付的成败也取决于此；二是线下支付的便利度和舒适度，可以帮助用户省去收银台排队的麻烦；三是使用线下支付能否有一定优惠，用户已经习惯网购带来的价格、活动等方面优惠，作为其衍生品的线下支付，也应当有适当优惠以吸引用户。

在微信红包之后，移动支付、O2O、线下支付等多领域成为两家必争之地，诸如支付公司、微支付、位置分享团队、分类信息网站、地区电子商务网站，也将成为角逐之地。

（三）支付宝和微信支付谁是王者

支付宝和微信支付在技术应用、平台发展和金融体系三个方面各有特点（见表2-4）。未来谁是第三方支付的王者，相信时间会交出满意的答卷。

表 2-4　支付宝和微信支付发展能力对比表

	技术应用	平台发展	金融体系
支付宝	• 区块链 • 人工智能 • 物联网 • 云计算 • 生物体征识别 • 大数据	依托阿里系电商及新零售产品，能够有效覆盖海量线上商家，为其提供服务； 发展时间较早，对于大部分线下场景均有覆盖，并率先在商家接入刷脸支付设备进行试点体验	背后的蚂蚁金服集团金融产品完善，接入支付产品的同时能更好触达其他金融服务： • 投资理财产品 • 小微企业贷款产品 • 消费金融产品 • 征信产品
微信支付	• 生物体征识别 • 物联网 • 大数据 • 云计算 • 人工智能 • 区块链	内嵌于超级社交产品微信，其用户人群分布更广，商家能通过移动支付产品对接更多类型的用户； 利用用户天然社交关系网络，推出好物圈、朋友会员等功能，能更有效刺激商品的消费	腾讯金融产品业务也相对完善，能为接入商户提供多样金融服务： • 投资理财产品 • 小微企业贷款 • 消费金融产品 • 征信产品

二、如何避免移动支付风险

随着移动支付的普遍，人们越来越习惯不带钱包出门，大到商场超市，小到街边小贩，都可以扫码买东西，但移动支付的安全风险也随之增加。

据《2018 移动支付安全大调查报告》显示，2018 年移动支付高风险类型的主要表现是：更换新手机不解绑银行卡、不删除存留的敏感信息、直接删除带支付功能的 App 不解绑银行卡，以及有优惠促销的二维码都会尝试扫等。为何这几类行为最容易中招？用户怎样做才能更好规避风险？

（一）淘汰旧手机也需清空数据

在带来移动支付最高风险的"更换新手机不解绑银行卡"的行为上，要分换手机换号码、换手机不换号码两种情况。如果手机号也换了，那么与原手机号绑定的所有账号都需要解绑。因为手机号在一段时间之后会被分配给其他用户使用，有的人在拿到新手机号之后发现竟然能直接登录一些 App，这会带来潜在的安全风险。因此，用户换手机号码后一定要逐一解绑银行卡。

另一种情况，用户只淘汰了旧手机，手机号保留，那原则上是不需要解绑的，因为只要继续使用这个应用，那依旧需要绑定信息。这种情况下的安全风险主要来自被淘汰的旧手机，旧手机如果要卖掉或给别人继续使用，就有风险，手机里面可能存留一些敏感信息，比如本地登录信息、银行卡信息、通讯录等，这些信息在更换手机时一定要主动清空。因此，建议旧手机不要直接卖掉或给不可信的人，因为即便恢复手机出厂设置也能通过某些软件还原数据，因此最好写入一些新数据，覆盖以前的数据，避免安全风险。

（二）删除 App 前先解绑银行卡

下载或删除 App，是很常见的动作，看似简单，但其中的安全风险常被忽略。用户如果不想继续使用某个 App，最好先解绑银行卡信息，然后再删除 App。

因为用户删掉 App 后，相关数据信息可能还存在后台服务器中，假如某天这家厂商的服务器被攻破了，攻击者就能拿到所有用户的信息。而用户解绑银行卡信息以后，就有可能避免厂商服务器遭受攻击时带来的银行卡信息泄露风险。另外，如果用户不解绑银行卡信息，可能会出现账号被窃取、密码被猜到等状况，从而导致银行卡信息被他人利用。

（三）可以扫二维码，但别轻易授权

有优惠、扫一扫，这种行为相当于随意打开一个链接，正常来说确实没什么问题，但不怕一万就怕万一。现在已经有技术可以做到利用浏览器的漏洞，在用户点开一个恶意链接时控制其手机。虽然这种做法需要水平高超的黑客挖掘漏洞并加以利用，普通用户一般不会遭遇，但也是一种潜在的安全隐患。

真正需要警惕的是扫码之后的步骤，用微信扫一扫后，用户往往会被询问要不要用微信登录，允不允许被获取用户名、头像、位置等个人信息，这种操作会要求用户向这个站点透露一些隐私信息。比如通过微信登录免费 Wi-Fi，对方之所以提供这种免费服务，目的就是收集个人信息，如账号、性别甚至手机号，这种情况要尤其警惕，如果对登录站点完全陌生，建议尽量不点。

以往用户使用不同 App 时，都需要单独注册账号信息，但随着微信、支付宝等平台开发的小程序不断铺开，用户的全部信息都集合在同一个平台，个人很难规范限制其使用，一旦泄露，危险性大大提升，用户要提升安全意识，不要随便登录或授权。

话题 2-4 环环相扣的电子商务供应链

学习任务

请主动搜索和查阅相关信息，加深对电子商务物流的了解，深入了解阿里菜鸟物流、京东物流的特点，形成自己的认知。对比分析阿里菜鸟物流和京东物流，分析的维度参考表 2-5，撰写分析报告，报告格式不限，并通过学习平台或其他渠道分享。

表 2-5 电子商务物流调研分析表

物流名称	详细介绍	优点	缺点

学习目标

1．能够掌握电子商务平台运营模式的种类，掌握 8 种平台运营模式的特点，能够根据自己的实际需求，灵活选择合适的平台购物。

2．能够掌握四种电子商务物流模式的概念、优缺点，能够理解影响电子商务物流模式选择的几个因素，能够熟悉各大电子商务公司采用的物流模式，能够与时俱进，时刻关注电子商务物流的新科技、新动态。

3．能够掌握常用的定价方法及方法背后的原理，能够看懂卖家的定价策略，能够将定价方法背后的原理灵活运用于自己的学习和生活。

4．能够掌握电子商务推荐系统的原理，能够看懂卖家的营销手段，能够在纷繁芜杂的信息海洋中找到自己的真实需求。

关键问题

▶▶▶ 一、电子商务平台的运营模式

随着国内电子商务的迅猛发展，网络购物已经成为人们日常生活中不可或缺的部分。

在了解平台运营模式之前，首先需要了解商务领域的一个关键词——供应链。我国 2001 年发布实施的《物流术语》国家标准（GB/T 18354—2001）中对供应链的定义是：生产及流通过程中，涉及将商品或服务提供给最终用户活动的上游与下游企业所形成的网链结构。电子商务运营中，制造商、电子商务平台和消费者之间的资金流、信息流、物流和商流的渠道结构构成不同，就形成了不同的运营模式。

当前，主流的电子商务运营模式有 8 种，分别是平台型，垂直型、混合型、闪购型、

导购型、买手型、内容型和服务型，下面简单介绍不同模式的特点。

（一）平台型

平台型电子商务是提供给个人或者企业进行开店交易的平台，通过佣金、服务费、广告费、增值服务等盈利，类似于线下的集市和商场。平台型企业包括淘宝网、天猫等传统电子商务交易平台；微店、有赞、拼多多等移动电子商务交易平台（见图 2-15）。微店和有赞的流量主要来源于卖家在朋友圈的宣传；拼多多运用的主要是低价拼团的促销手段，裂变式的引流方式，本质上也是交易平台。

（a）微店　　　　　　　　　（b）有赞　　　　　　　　　（c）拼多多

图 2-15　平台型移动电子商务

（二）垂直型

垂直电子商务大多为 B2B 或者 B2C 业务，垂直领域的优势在于专注和专业，能够提供更加符合特定人群需求的商品。垂直型电子商务一般是通过获得某些品牌的代理权或者经销权，赚取商品差价盈利。比如以鞋品类为主的优购、以服装品类为主的有货、以酒水拼类为主的酒仙网等（见图 2-16）。移动互联网时代更是有一大批垂直型电子商务 App 如雨后春笋般出现，比如顺丰优选、网易严选等（见图 2-17）。

（a）优购　　　　　　　　　（b）有货　　　　　　　　　（c）酒仙网

图 2-16　垂直型电子商务

（a）顺丰优选　　　　　　　　　　　　　（b）网易严选

图 2-17　移动互联网时代的垂直型电子商务

（三）混合型

垂直型电子商务发展到一定程度必然会遇到瓶颈，突破瓶颈最有效的方式就是类目扩张。比如，一开始以 3C 数码品类为主的京东，以美妆品类为主的聚美优品、乐蜂，以图书品类为主的亚马逊、当当，现在这些平台都已经发展成为混合型电子商务平台。自营+店铺是这些平台的共同特点。首先，这些平台通过在原来自营的优势类目的基础上，增加商品品类，扩大市场份额，以争取更多的商品议价能力，赚取供应商的销售差价。其次，这些平台通过引入更多类目的品牌商入驻开店，获取佣金、服务费、广告费等收益。

（四）闪购型

闪购型电子商务模式与销售很多品类并且拥有大量库存的传统电子商务模式不同。闪购型电子商务仅在一段时间内集中销售一种商品，也就是限时抢购。闪购型电子商务的特点是以低价进购一大批货物，然后再以低价销售出去，然后大批量发货。例如，唯品会、聚划算（见图 2-18），闪购型电子商务的主要核心竞争力就是限时、限量、最低价。唯品会为了建立竞争壁垒，于 2019 年启动了一系列发展策略，分别是开始探索线下特卖业务，首次启动"419 品牌特卖节"，关闭自建品骏快递业务，与顺丰物流合作，获京东和腾讯增持，在微信端构建了唯品会小程序和云品仓等多个社交电子商务入口等。

| （a）唯品会 | （b）聚划算 |

图 2-18　闪购型电子商务

（五）导购型

导购型电子商务以流量分发为主，赚取交易佣金是其主要的盈利模式。九块邮、白菜价、返利网等都是导购型电子商务（见图 2-19）。

（a）九块邮

图 2-19　导购型电子商务

（b）白菜价

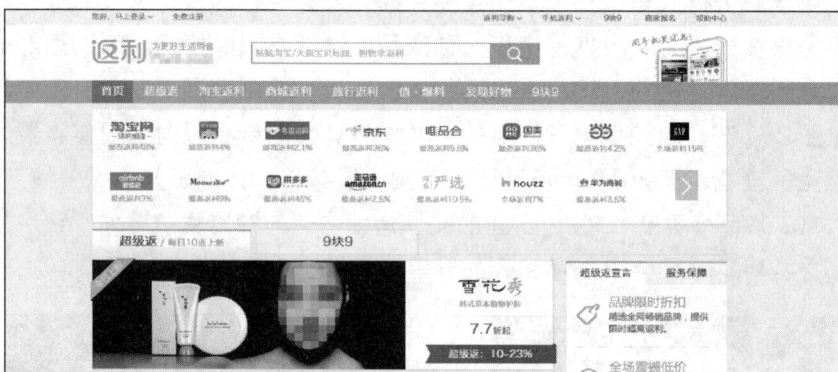

（c）返利网

图 2-19　导购型电子商务（续）

（六）买手型

买手型电子商务是指买手通过掌握潮流信息、时尚流行趋势，帮助消费者购买到全球各地的商品，或者是买手拥有一批拥趸者，能够掌握一定的订单。京东种草 TV、氧气（见图 2-20）都是这种模式，通过全球各地的时尚买手，搜罗时尚单品提供给消费者。

（a）京东种草 TV　　　　　　　　　　　　　　　（b）氧气

图 2-20　买手型电子商务

（七）内容型

内容型电子商务通过基于职业生产内容（Occupationally-generated Content，OGC）、专业生产内容（Professionally-generated Content，PGC）或者用户生产内容（User-generated Content，UGC）的模式产生内容盈利。以小红书为例，小红书的用户在App 上晒海淘购物清单，小红书通过数据分析挖掘爆款，自己采购进行关联销售。为了迎合买家逛的需求，也为了把买家留在淘宝的生态系统中，淘宝近两年在大力扶持淘宝达人即以 PGC 的形式做导购，通过淘宝的有好货、购物清单等功能为买家做优质推荐，引导买家做出购物决策。内容型垂直电子商务主要靠价格差盈利。

（八）服务型

服务型电子商务是指为运营商在电子商务平台上提供电子商务配套服务的公司。例如，代运营通过帮助品牌商运营线上店铺收取服务费盈利。代运营一般会提供店铺装修、设计、摄影、客服、仓储、培训等服务。

▶▶▶ 二、电子商务物流

（一）什么是物流

物流概念最早起源于 20 世纪 30 年代的美国，原意为"实物分配"或"货物配送"。1999 年，联合国物流委员会详细定义了物流："物流"是为了满足消费者需要而进行的从起点到终点的对原材料、中间过程库存、最终商品以及相关信息的有效流动和存储进行计划、实现和控制管理的过程。

中国国家标准《物流术语》对物流的定义：物流是物品从供应地到接收地的实体流动过程，根据实际需要，将运输、储存、装卸、搬运、包装、流通加工、配送、信息处理等基本功能实施有机结合。

（二）什么是电子商务物流

电子商务物流虽属于物流，但又有其鲜明的特质，从某种程度上来讲，把它看作一个新兴的行业或许更合适。

电子商务物流可以理解为在电子商务环境下的现代物流。具体来说，它是指基于电子化和网络化的信息流、商流、资金流下的物资或服务的配送活动，包括软性商品（如服务）的网络传送和实体商品的物理传送。它应用一系列机械化、自动化工具，能够准确利用即时的物流信息对物流过程进行监控，使电子商务中物流的速度加快、准确率提高，从而有效减少库存，缩短生产周期，最终达到使物流的流动速度加快，尽量达到与电子商务中的其他"三流"（信息流、商流、资金流）相匹配的目的。

电子商务时代的来临，给全球物流带来了新的发展机遇，使物流具备了一系列新特点。

1．信息化

物流信息化是电子商务的必然要求，表现为物流信息的商品化、物流信息收集的数据库化和代码化、物流信息处理的电子化和计算机化、物流信息传递的标准化和实时化、物流信息存储的数字化等。信息技术及计算机技术在物流中的应用彻底改变了世界物流业的面貌。

2. 自动化物流

自动化设施包括条码/语音/射频自动识别系统、自动分拣系统、自动存取系统、自动导向车、货物自动跟踪系统等。

3. 网络化

物流的网络化有两层含义：一是物流配送系统信息网络化；二是组织的网络化，即建立企业内部网。例如，"全球运筹式产销模式"，这种模式的基本特点是按照买家订单组织生产，生产采取分散形式，即将全世界能用于制造计算机的资源都利用起来，采取外包的形式将计算机的所有零部件、元器件外包给世界各地的制造商去生产，然后通过全球的物流网络将这些外包的零部件、元器件发往同一个物流配送中心进行组装，该物流配送中心将组装后的计算机发给买家。这一过程需要高效的物流网络的支持，物流网络的基础是信息技术和计算机网络。

4. 智能化

智能化是物流自动化、信息化的一种高层次应用。物流作业过程中大量的运筹和决策（如库存水平的确定、运输和搬运路径的选择、自动导向车的运行轨迹和作业控制、自动分拣机的运行、物流配送中心经营管理的决策支持等问题）都需要借助大量的知识才能解决。为了提高物流的现代化水平，物流的智能化已成为电子商务环境下物流发展的一种新趋势。

（三）电子商务物流模式比较

电子商务物流模式主要指获取系统总效益最优化的适应现代社会经济发展的物流模式。根据电子商务的发展情况和电子商务条件下物流的特点，我国企业在电子商务条件下可采取的物流模式主要有以下几种。

1. 自营物流模式

电子商务企业借助自身的物质条件，自行经营物流业务，组建全资或控股的子公司完成物流配送业务，称为自营物流。采取自营物流模式的电子商务企业主要有两类，一类是资金实力雄厚而且业务规模较大的电子商务企业；另一类是传统的大型制造企业或批发企业经营的电子商务网站。

自营物流的优点：可以有效控制物流业务的运作；能够降低交易成本，避免商业秘密的泄露；可以使服务更加快速灵活；可以加强与客户的沟通，提升企业形象。

自营物流的缺点：一次性固定投入较高；对物流管理能力要求高；很难满足企业地域扩张的需要。

2. 第三方物流模式

第三方物流（Third Party Logistics，TPL）是指接收客户委托为其提供专项或全面物流系统设计和系统运营的物流服务模式，也称为合同物流、契约物流。

在当今竞争日趋激烈和社会分工日益细化的大的社会背景下，电子商务企业选择第三方物流有明显的优越性，具体表现在：有利于企业将精力集中在核心业务；能够减少固定资产投资、降低投资风险；能够充分发挥专业化管理和规模优势。

当然，与自营物流相比较，第三方物流在为企业提供上述便利的同时，也给企业带来诸多的不利。其主要包括：企业不能直接控制物流；不能保证供货的准确和及时；不能保证为买家服务的质量，不利于维护与买家的长期关系；不利于企业对物流专业技术的开发。

3. 物流一体化

物流一体化是以物流系统为核心，由生产企业经由物流企业、销售企业直至消费者供应链的整体化和系统化。它是在第三方物流基础上发展起来的新的物流模式。在这种模式下，物流企业通过与生产企业建立广泛的代理或买断关系，与销售企业形成较为稳定的契约关系，从而将生产企业的商品或信息进行统一处理后，按部门订单要求配送到店铺。这种模式还表现为用户之间广泛交流供应信息，从而起到调剂余缺、合理利用、共享资源的作用。在电子商务时代，这是一种比较完整的物流配送模式，国内海尔集团的物流配送模式基本上达到了物流一体化模式的标准。

4. 物流联盟模式

物流联盟是指两个或两个以上的经济组织为实现特定的物流目标而采取的长期联合与合作，其目的是实现联盟参与方的"共赢"。物流联盟具有相互依赖、核心专业化和强调合作的特点，是一种介于自营和外包之间的物流模式，可以降低前两种模式的风险。物流联盟企业之间不完全采取导致自身利益最大化的行为，也不完全采取导致共同利益最大化的行为，只是在物流方面通过契约形式形成优势互补、要素双向或多向流动的中间组织。联盟是动态的，只要合同结束，双方又变成追求自身利益最大化的单独个体。

▶▶▶ 三、电子商务定价

在传统零售市场中，受各种条件限制，商品定价一般较为固定，卖场商品的销售价格和成交价格都很难频繁变更。而在电子商务环境下，网络和信息技术使得零售市场中商品的价格实时变动成为可能，商品的定价通常有锚定效应、损失规避、诱饵效应、折中效应、预期效应、心理账户等方法，具体如下。

（一）锚定效应

锚定效应指人们在做决策时，思维往往会被获取的第一信息左右，第一信息就像沉入海底的锚一样，把人的思维固定在某处。换句话来说，某个商品给人留下的第一印象，将在此后对该人购买这一商品的出价意愿产生长期影响，商品给人留下的第一印象就是"锚"。

例如，一瓶啤酒在小卖店卖3元，在大排档可以卖5元，在酒店可以卖8元，在酒吧可以卖到20元。同样的啤酒，不同的陈列地点给人留下了不同的第一印象，从而导致了商品价格的差异性。

对于电子商务商品来说，商品的标题、主图、模特、拍摄风格、设计、文案等因素，都能够影响买家对商品价值的判断。例如，同样一件衣服，如果直接用手机拍摄商品图片，仅能定价50元；如果找模特拍摄商品图片，定价也许就能提到80元；如果邀请明星来拍摄商品图片，定价兴许能提高到100元以上。衣服并没有变化，但买家对它的价值感知发生了变化，这就是因为有了价值参照"锚"。例如，有的卖烤串的卖家不会说一串7.5元，而是直接说两串15元，大家就会很"自觉"地买两串，这就是通过数量暗示，提升"客单价"，这就是数量参照"锚"。

买家在电子商务平台看到的打折活动，同样可以用锚定效应来解释。卖家划去较高的原价，在旁边给出一个较低的价格，原价就会成为衡量商品价值的参照物，也就是商品价值参照"锚"。原价越高，买家的锚定值就越高。

（二）损失规避

损失规避是指人们同时面对同样数量的收益和损失时，损失带来的负效用为收益带来的正效用的 2 至 2.5 倍。

人们如何决策，在很大程度上取决于他们如何去计算"得与失"。然而，外界的条件、说话人的表达方式，完全可以影响人们对得与失的判断。

正是基于此，"非整数定价法"应运而生。"非整数定价法"可以让买家产生"定价准确"的印象，从而使买家相信这个价格的合理性。研究数据显示，商品定价的数字越具体，买家越容易掏腰包。比如，352 987 元就比 350 000 元这个定价更受欢迎。

39 元和 41 元虽然只差 2 元，但是在买家心里，一个是 30 多元，一个是 40 多元。商品定价中使用数字"9"，就是利用了损失规避原理。

（三）诱饵效应

诱饵效应是指人们比较两个不相上下的选项时，第三个选项（诱饵）的加入，会使某个旧选项显得更有吸引力。

例如，丹·艾瑞里曾在 TED 演讲中谈到《经济学人》杂志订阅的定价案例，电子订阅 59 美元；纸质订阅 125 美元；电子和纸质订阅 125 美元。

订阅电子和纸质杂志的价格和只订阅纸质杂志的价格一样，杂志社为什么如此定价？为了弄明白这个问题，丹·艾瑞里做了一个小实验：他给 100 名麻省理工学生提供了上述价格表，询问他们购买的选择。当三个选项都在时，大多数学生选择了混合订阅。当去掉 125 美元的纸质订阅选项时，大多数学生选择了电子订阅。

这意味着定价过程中，中间的定价选项并不是错误的、无用的，它给买家提供了一个参照。买家通过对比会发现混合订阅非常划算，从而愿意花更多的钱订阅杂志。

买家对商品的价值感知大多来自于对比。商品定价时，相对的便宜，比绝对的便宜更容易产生激发购买的诱惑力。

（四）折中效应

折中效应是指买家的决策具有非理性倾向，会随着情境的变化而变化，当一个选项集合里新增加一个极端选项后，原来的选择方案会成为折中选项，那么即使折中选项在选项集合中不存在绝对占优关系，它也会更具吸引力，被选择的概率增加。

例如，买家购买橙汁，如果卖家提供了两种选择：A 橙汁，600mL，12 元；B 橙汁，600mL，25 元。结果显示，选择 A 和 B 的人各有 50%。

另一种情况：A 橙汁，600mL，12 元；B 橙汁，600mL，25 元；C 橙汁，600mL，58 元。此时结果显示，选择 B 的人大幅增加，大约有 70%，20%的人选择了 A，10%的人选择了 C。

这个现象就是折中效应。当人们在偏好不明确的情况下做选择时，往往更喜欢中间的选项，因为中间的选项看起来更"安全"，不至于犯下严重的决策错误。所以，最便宜的不一定是最受欢迎的，卖家在给商品定价的时候不要一味追求比竞品价格更低，最好的商品定价是在价位段中部。

另外，折中效应也可以用来提升客单价。例如，星巴克的饮料有3种规格的时候，354mL、473mL、591mL，销售最佳的是473mL。后来星巴克为了提升咖啡的销售，又加入了一个超大杯916mL，于是，591mL的咖啡变成了畅销品。

（五）预期效应

预期效应是指动物和人类的行为不是受他们行为的直接结果的影响，而是受他们预期行为将会带来什么结果所支配。研究表明，人们对事物的既有印象，会蒙蔽自己观察问题的视角，而人们对一件事物的预期，也会影响到他们对事物的态度和体验。

例如，同样的商品，日常销售的时候好评率98%，上了折800或者闪购后，价格降低了，但好评率却会直线下滑。商品没有变化，但买家对它的心理预期却发生了变化。所以，如果卖家对自己产品的定位是有品质感的衣服，就不能指望用低价打动买家，不能粗暴地定价为29.9元且包邮；卖家需要在商品文案中重点强调制作工艺、面料特征、设计理念等细节，为商品做信任背书。

（六）心理账户

心理账户是指人们会把现实中的支出或收益在心理上划分到不同的账户里，由于买家心理账户的存在，个体在做决策时往往会违背一些简单的经济运算法则，做出许多非理性的消费行为。

以下面两种场景为例：第一种，某人因开车时不小心剐蹭，修车花了1 000元，心情不好，后来发现修车单据刮奖中了200元；第二种，某人因开车时不小心剐蹭，修车花了800元。在这两种场景下，所花的钱是一致的，但人往往在第一种场景时的心情更好。

究其原因，是人们往往会为收益和损失设置不同的"心理账户"，并且用不同的方法来看待它们。修车花费属于"意外损失账户"，这时800元和1 000元的差异没有那么大，给人们带来的痛苦差不多。而"中奖"是在"意外收获账户"里，200元比0要多很多，可以带来很多快乐。

再以购物为例，单纯的支出会让人感觉不愉快，但是，如果在支出的同时伴随着收入，哪怕只有一点儿，也会冲淡买家在花钱时的愧疚感。如果商品标价1 000元，使用打8折和满1 000元送200元这两种促销活动时，虽然买家需支付的金额是一致，但买家往往会认为满1 000元送200元的促销活动更划算。

▶▶▶ 四、电子商务推荐系统

随着大数据技术的发展与应用，卖家有更多机会了解买家，甚至可能比买家自己还要了解自己的需求。卖家利用海量的数据，挖掘这些数据背后的商业价值，对买家的行为进行预测，向买家实施个性化营销。

在电子商务网站购物的过程中，人们可以看到类似于"猜你喜欢""你可能会感兴趣"等推荐，这些推荐商品也许就是买家刚购买过或浏览过的同类商品。这些个性化营销手段的背后，电子商务推荐系统的功劳功不可没。

电子商务推荐系统，包括传统的推荐方法，和在此基础上发展而来的智能推荐系统。其经过多年的发展，形成了不同的方法，其中应用得最为成熟的是基于内容推荐、基于协同过滤推荐和混合推荐。

（一）基于内容推荐

基于内容推荐是推荐系统根据待推荐的物品或内容的原数据，发现物品或者内容的相关性，然后根据用户以往的喜好，给用户推荐相似的物品。例如，在小说推荐中，推荐系统首先会对小说建立一个数据模型，进行分类描述，如将小说分为武侠、言情、传奇、推理、历史、军事、科幻等类型。然后，推荐系统通过小说的原数据发现小说间的相似度，比如 A 和 C 被认为是同类的小说，用户喜欢看小说 A，那么系统就会给用户推荐类似的小说 C（见图 2-21）。这种基于内容的推荐机制的好处在于，它能够很好地根据用户的口味进行建模，推荐的结果比较精确。但是，基于内容的推荐机制也存在一些缺点，系统需要基于用户以往的喜好历史作出推荐，所以对于新用户有"冷启动"的问题。再者，系统需要对物品进行分析和建模，系统推荐的准确性，依赖于物品模型的完整度和全面程度等。

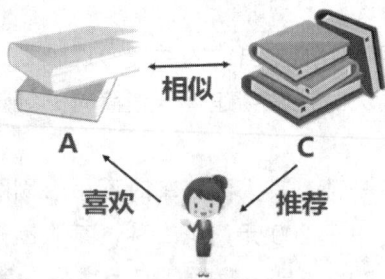

图 2-21　基于内容推荐

（二）基于协同过滤推荐

基于协同过滤推荐是根据用户对物品或者信息的偏好，发现物品或者内容本身的相关性，或者发现用户的相关性，然后再根据这些相关性进行商品推荐。基于协同过滤推荐分为基于用户推荐和基于项目推荐。

1. 基于用户推荐

基于用户推荐是根据所有用户对物品或者信息的偏好，发现与当前用户口味和偏好相似的邻居用户群，然后将邻居用户群所喜欢的物品推送给当前用户。这种推荐机制的基本假设是，喜欢类似物品的用户可能有相同或者相似的口味和偏好。

例如，用户甲喜欢物品 A 和 C，用户乙喜欢物品 B，用户丙喜欢物品 A、C 和 D。从这些用户的历史偏好信息中，可以发现用户甲和用户丙的口味和偏好是比较类似的。同时，用户丙还喜欢物品 D，就可以推断用户甲可能也喜欢物品 D，因此，系统可以将物品 D 推荐给用户甲（见图 2-22）。

2. 基于项目推荐

基于项目推荐的基本原理与基于内容推荐的基本原理类似。基于项目推荐使用所有用户对物品或者信息的偏好，发现物品和物品之间的相似性，然后根据用户的历史偏好信息，将类似的物品推荐给用户。

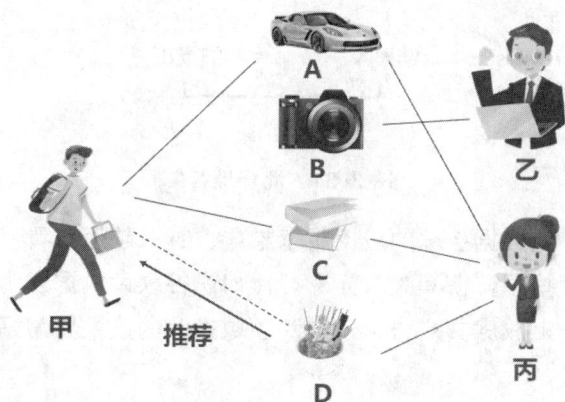

图 2-22　基于用户推荐

例如，用户甲喜欢物品 A 和 C，用户乙喜欢物品 A、B 和 C，用户丙喜欢 A。从这些历史信息中，可以分析出物品 A 和 C 是比较类似的，喜欢物品 A 的人都喜欢物品 C。基于这个数据可以推断，用户丙很有可能也喜欢物品 C，所以系统会将物品 C 推荐给用户丙（见图 2-23）。

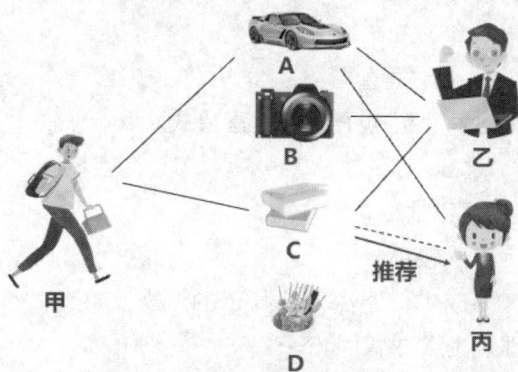

图 2-23　基于项目推荐

可以发现，基于项目推荐和基于内容推荐基本相似，都是根据物品的相似度预测推荐，只是相似度计算的方法不一样。基于项目推荐是根据用户的历史偏好来推断，基于内容推荐则是根据物品本身的属性特征信息来判断。

基于协同过滤推荐的缺点在于必须基于历史数据，所以对新物品和新用户都存在冷启动的问题。

（三）混合推荐

由于基于内容推荐和基于协同过滤推荐方法都存在缺点，所以在现行的电子商务推荐方法中，往往是将多个方法混合在一起，来达到更好的推荐效果。通常是用基于内容推荐和协同过滤推荐分别产生一个推荐预测结果，然后用加权切换、分区分层等来组合结果（见图 2-24）。

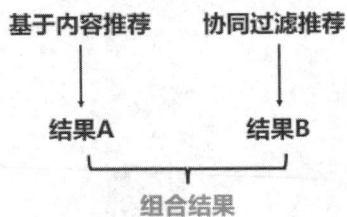

图 2-24　混合推荐

在电子商务领域，大数据技术的应用越来越广、越来越深，看似完全不相关的数据，卖家却能对其进行深度挖掘，使其大放光彩，比如说谷歌大数据表明，在视频网站上植入零食广告、在咖啡网站上放房贷广告，这种跨领域推荐的效果异常好。了解智能推荐，看懂未来营销。

在线测试

一、单选题

1. 以下未采用内容型电子商务运营模式的是（　　）。

    A. 京东　　　　　　B. 小红书　　　　　　　C. 抖音　　　　　　　D. 快手

2. 在电子商务平台上提供电子商务配套服务的公司采用的是（　　）电子商务运营模式。

    A. 平台型　　　　　B. 垂直型　　　　　　　C. 内容型　　　　　　D. 服务型

3. （　　）采用的是闪购型电子商务运营模式。

    A. 聚划算　　　　　B. 京东　　　　　　　　C. 淘宝网　　　　　　D. 亚马逊

4. 自营物流的缺点不包括（　　）。

    A. 一次性固定投入较高

    B. 能够降低交易成本，避免商业秘密的泄露

    C. 对物流管理能力要求高

    D. 很难满足企业地域扩张的需要

5. 根据推荐物品或内容的原数据，发现物品或者内容的相关性，然后根据用户以往的喜好，给用户推荐相似的物品，这种智能推荐方法属于（　　）。

    A. 基于内容推荐　　　　　　　　　　　B. 基于协同过滤推荐

    C. 混合推荐　　　　　　　　　　　　　D. 以上都不是

二、多选题

1. 平台型电子商务运营模式主要通过（　　）盈利。

    A. 佣金　　　　　　B. 服务费　　　　　　　C. 广告费　　　　　　D. 增值服务

2. （　　）属于垂直型电子商务。

    A. 淘宝网　　　　　B. 酒仙网　　　　　　　C. 优购　　　　　　　D. 有货

3. 混合型电子商务主要包括（　　）。

    A. 京东　　　　　　B. 当当　　　　　　　　C. 亚马逊　　　　　　D. 酒仙网

4．电子商务物流模式主要包括（　　　）。

    A．自营物流模式　　　　　　　　　B．第三方物流模式

    C．物流一体化　　　　　　　　　　D．物流联盟模式

5．自营物流的优点包括（　　　）。

    A．可以有效控制物流业务的运作

    B．能够降低交易成本，避免商业秘密的泄露

    C．可以使服务更加快速灵活

    D．可以加强客户沟通，提升企业形象

6．目前发展比较成熟的智能推荐系统包括（　　　）。

    A．基于内容推荐　　　　　　　　　B．基于协同过滤推荐

    C．混合推荐　　　　　　　　　　　D．以上都不是

三、判断题

1．主流的电子商务运营模式包括平台型、垂直型、混合型、闪购型、导购型、买手型、内容型和服务型。（　　　）

2．电子商务物流可以理解为在电子商务环境下的现代物流。（　　　）

3．常用的定价方法有锚定效应、损失规避、诱饵效应、折中效应、预期效应、心理账户等。（　　　）

4．运用"非整数定价法"，就是给买家一个"定价准确"的印象，从而使买家更相信这个价格的合理性。（　　　）

5．基于项目推荐和基于内容推荐基本相似，都是根据物品的相似度预测推荐，只是相似度计算的方法不一样。（　　　）

6．基于协同过滤推荐对于新物品和新用户没有冷启动问题。（　　　）

四、讨论题

1．天猫和京东是国内最有代表性的 B2C 电子商务零售网站，但是他们的经营模式却不尽相同，请比较这两种模式，并思考和讨论：

（1）他们的经营方式上最主要的区别是什么？

（2）你认为影响这两种经营模式盈利的核心因素分别是什么？为什么？

2．智能推荐系统是人们所需要的吗？会不会对人们的生活产生干扰？人们的自主性又将置于何处？

3．结合自己的实际购物经验分析，卖家经常采用哪些定价方法？你"中招"了吗？

拓展问题 ●●●●

一、认识众包物流

电子商务的迅猛发展，带动了物流领域尤其是快递行业的快速更新，出现了众包物流新模式。下面将从众包物流的概念、兴起的原因和特点三个方面进行介绍。

（一）什么是众包物流

基于众包理念的物流模式，是将原来由专业物流企业员工承担的末端配送工作，转交给企业外的大众群体来完成。在平台注册的社会公众可以根据自己的出行计划、地理位置、途经路线等信息进行抢单，完成任务后获取合理报酬。

（二）众包物流兴起背后的原因

随着移动互联网时代的到来，越来越多的餐饮、零售企业实现了线上与线下（O2O）的无缝对接和深度融合。同城配送尤其是末端的最后三公里业务订单量日益激增，传统物流行业越发难以处理每天如此庞大的业务单量，而自建物流又面临着成本过高等问题，于是以信任为基础的众包模式不知不觉间成为同城配送的最佳方式。众包物流迎来了"互联网＋流通"的最好时代，也重新定义了时间与成本的意义。

（三）众包物流的特点

1．能够有效地整合资源，成本低

众包模式的快递员都是根据自身情况自愿兼职的人，人力资源成本大大降低。除此之外，它有利于有效地整合社会上的闲置资源，提高效率，缩短配送时间。

2．提高送达效率，速度快

众包物流模式下，物流企业分布于全国各地，能够提供附近的人员进行上门取货和送货到家的门到门服务，相比传统模式，大大减少了取件派件的时间，提高了效率。

3．会在一定程度上影响物流安全和服务质量

相较于快递公司的专业快递员，众包物流模式下的快递员大多是兼职人员，培训时间较短、专业技能较欠缺、考评指标不够完善、监管不足，更容易导致货物在寄递过程中出现丢件、损坏、调包、延误等问题。

二、智慧物流典型案例

（一）京东物流

京东物流隶属于京东集团，以打造客户体验最优的物流履约平台为使命，通过开放、智能的战略举措促进消费方式的转变和社会供应链效率的提升，将物流、商流、资金流和信息流有机结合，实现与客户的互信共赢。京东物流通过布局全国的自建仓配物流网络，为卖家提供一体化的物流解决方案，实现库存共享及订单集成处理，可提供仓配一体、快递、冷链、大件、物流云等多种服务。

京东物流以降低社会化物流成本为使命，致力于成为社会供应链的基础设施。基于短链供应，打造高效、精准、敏捷的物流服务；通过技术创新，实现全面智慧化的物流体系；与合作伙伴、行业、社会协同发展，构建共生物流生态。通过智能化布局的仓配物流网络，京东物流为卖家提供仓储、运输、配送、客服、售后的正逆向一体化供应链解决方案，快递、快运、大件、冷链、跨境、客服、售后等全方位的物流商品和服务以及物流云、物流科技、物流数据、云仓等物流科技商品。京东拥有中小件、大件、冷链、B2B、跨境和众包（达达）六大物流网络。

2019 年，京东物流明确核心发展战略：体验为本，效率制胜。京东物流宣布旗下迷你仓服务商品"京小仓"正式上线。京东物流无人机首飞，中国物流无人机

实现首次海外飞行。国内首个 5G 智能物流示范园区开建，亚洲一号智能物流园区投用超过 23 座，形成亚洲电子商务物流领域规模最大的智能物流仓群。开放共享的无人配送物流将是京东智慧物流未来的主要关注方向之一，具有低成本高效率的优势。

（二）菜鸟网络

菜鸟网络科技有限公司由阿里巴巴、顺丰、三通一达（申通、圆通、中通、韵达）等于 2013 年共同组建，其中阿里巴巴占据 51% 的股份。菜鸟网络计划首期投资 1 000 亿元，希望用 5～8 年的时间，打造遍布全国的开放式、社会化物流基础设施。菜鸟网络科技有限公司称，这将是一张能支撑日均 300 亿，即年约 10 万亿网络零售额的智能骨干网络。其目标是"让全中国任何一个地区做到 24 小时内送货必达"。

阿里巴巴反复强调一点——不做自建物流。其核心目标是为电子商务企业、物流公司、仓储企业、第三方物流服务商等各类企业提供平台服务而不是自建物流或者成为物流公司。菜鸟网络的长板就是通过做平台集成数据，不仅有客户、卖家、消费者的数据，还有物流信息路由的数据。凭借这些数据，菜鸟网络做的是物流订单的聚合工作。

2019 年"双 11"总成交额 2 684 亿元，11 月 12 日消息显示，2019 年天猫"双 11"物流再提速。到 11 月 11 日上午 8 点过 1 分，天猫"双 11"第 1 亿个包裹已经发出，比 2018 年天猫"双 11"提前 59 分钟，再次刷新纪录。

（三）点我达

"点我达"是一家"众包模式的即时物流平台"，是即时物流的开创者，致力于末端即时物流服务，以众包共享模式，为用户提供直接从门到门的快速、准时、可信赖的物品送达服务。点我达致力于满足各类型用户在移动互联网和本地生活消费升级的趋势下，对物流配送"快速、准时"送达的诉求，将一键呼叫运力服务变为现实。

点我达已在即时物流行业排名前列。截至 2020 年 2 月，点我达的业务范围已经覆盖全国 350 多个城市，平台注册骑手超过 400 万，为 250 万卖家和 1.5 亿消费者提供即时配送服务。

点我达成立后，先后获得蚂蚁金服、创新工场、阿里巴巴、菜鸟网络等顶级战略投资和资源注入。2018 年 7 月，点我达获菜鸟网络的众包业务和其他业务资源及 2.9 亿美元现金战略投资，这是迄今为止，即时物流领域的最大一笔融资。

点我达的服务现已覆盖本地生活服务中的各种业务场景，主要包括以下几点。

外卖：如饿了么等，点我达是饿了么唯一的众包物流合作伙伴。

快递末端揽派：如菜鸟网络、圆通速递、百世物流、韵达速递、中通快递、申通快递、天天快递、EMS、顺丰速运等。

生鲜商超、鲜花蛋糕以及门店发货等新零售配送：如盒马鲜生、百联集团、易果生鲜、屈臣氏、乐友、天猫直送、淘宝心选、银泰百货等。

还包括 2C 的物品取送和商品代购等跑腿服务。

话题 2-5 无处不在的电子商务安全

学习任务

请主动搜索和查阅相关信息，加深对电子商务安全的理解，形成自己的认识，分析各种电子商务安全事件的特点，并任选一例网络安全事件深入分析，分析的维度参考表 2-6，撰写分析报告，分析内容和报告格式不限，并通过学习平台或其他渠道分享。

表 2-6 电子商务安全事件调研分析表

电子商务安全事件描述	原因分析	消费者该如何维权	消费者该如何防范

学习目标

1．能够了解电子商务面临的安全威胁，明确电子商务对安全性的要求。

2．能够熟悉保障电子商务安全的方法与技术。

3．能够提高对个人和他人隐私数据的保护意识和风险防范意识，能够与时俱进，时刻关注电子商务安全方面的新科技、新规则。

关键问题

▶▶▶ 一、电子商务安全问题

（一）什么是电子商务安全

电子商务安全涉及众多领域，是互联网安全在电子商务领域的延伸，主要包括网络安全、电子交易安全、用户数据安全等。其中，网络安全包括网络硬件设备安全、网络软件安全、数据资料安全、网络运行环境安全、网上交易服务器与用户传递信息的安全、客户端计算机及其他连接互联网设备的安全；电子交易安全包括商品品质安全、身份可信安全、物流安全、支付安全等；用户数据安全包括用户个人信息安全、用户的账号密码安全、用户购买记录信息安全等。

（二）电子商务面临的安全威胁

电子商务领域的各种安全事件频频被曝光。2012 年，当当网账户集体被盗，余额被用于购买电子商品、首饰等高定价商品；2013 年，雅虎宣布公司有 10 亿多用户账号被黑客窃取；2015 年，圆通速递近百万条快递单个人信息在网络上被公开出售；2017 年，优步主动公开 5 700 万账户数据泄露事件；2020 年，微盟服务出现故障，大面积服务集群无法响应，生产环境及数据遭受严重破坏，其客户受到无法计量的损失。

这些安全事件既有来自企业外部的威胁，也有来自企业内部的威胁。据 Cybersecurity Insiders 发布的《2018 年网络内部安全威胁报告》显示，当今最具破坏性的安全威胁不是来自外部的恶意人员或恶意软件，而是来自内部人员，有些是出于恶意，有些则是因为疏忽。

1. 外部威胁

（1）恶意代码

恶意代码包括计算机病毒、蠕虫、木马、僵尸网络等，它们入侵后会导致系统运行速度降低，设置被改动，重要文件泄露或损害，给企业或个人带来巨大的损失。随着移动电子商务的急速扩张，移动支付的安全问题也"水涨船高"，由于木马、植入类恶意插件、含木马垃圾短信、二维码病毒等恶意程序入侵导致网银、支付账户被盗案件频频发生，网民移动购物、支付安全受到严重威胁。

（2）不受欢迎的软件

不受欢迎的软件包括广告软件、间谍软件、钓鱼软件等。广告软件是在用户并不需要的时候显示广告的内容；间谍软件可以追踪用户的访问浏览信息，并将其发送到指定的服务器；钓鱼软件通过欺诈手段诱使用户访问恶意的链接，获取用户的重要信息或植入木马程序。大型电子商务网站、金融机构网站和第三方在线支付站点、大型社区交友网站，是黑客进行网络仿冒和钓鱼的主要对象。

除此之外，来自社交网络、移动平台和云服务的威胁也经常困扰人们。因此，用户注册时身份信息不要过于简单，下载 App 时要谨慎核查，不要使用不安全的云服务存储个人照片、视频、作品等隐私信息。

2. 内部威胁

内部威胁主要包括拥有过度访问权的用户太多，访问敏感数据的设备数量过多，以及信息技术越来越复杂。据 Cybersecurity Insiders 发布的《2018 年网络内部安全威胁报告》显示，大部分企业（53%）承认在过去 12 个月曾受到过 1～5 次内部攻击，27%的企业受到过更频繁的内部攻击。企业越来越关注防范内部威胁（64%）。

（三）电子商务安全技术应用

电子商务企业主要通过数据加密技术来保护互联网通信信息、通信通道、公司局域网络、服务器和客户机等对象。数据加密技术是网络中最基本的安全技术，主要通过对网络中传输的信息进行数据加密来保障其安全性。利用加密技术，人们可以将某些重要信息和数据从一个可以理解的明文形式变换成一种复杂错乱的、不可理解的密文形式（即加密）在线路上传送或在数据库中存储，其他用户再将密文还原成为明文（即解密）进行理解。加密技术能避免各种存储介质或通过互联网传送的敏感数据被侵袭者窃取。由于原文经过加密，具有机密性，所以加密技术也适用于检查信息的真实性与完整性。加密技术是一种主动安全防御策略，用很小的代价即可为信息提供相当大的安全保护。

一条信息的加密传递的过程如图 2-25 所示。由此可见，在加密和解密过程中，都要涉及信息（明文／密文）、密钥（加密密钥／解密密钥）和算法（加密算法／解密算法）这三项内容。

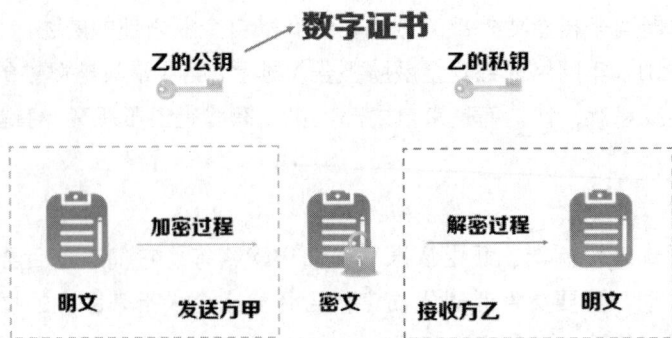

图 2-25　加密和解密的过程示意图

　　例如，采用移位加密法，将英文字母 A、B、C、D...X、Y、Z 分别对应变换成 E、F、G...A、B、C、D，即字母顺序保持不变，但使之分别与相差 4 个字母的字母对应。若现在有明文"Apple"，则按照该加密算法和密钥，对应的密文为"Ettpi"。加密算法是将明文字母后移 4 位，解密就是将密文字母前移 4 位，4 就是加解密的密钥，由它控制加解密的进行。如果信息在传输过程中被窃取，窃取者只能得到无法理解的密文，从而实现了保障信息传输的安全。数据加密技术是电子商务采取的主要安全措施，其目的在于提高信息系统及数据的安全性和保密性，防止数据被外部窃取破译。

二、电子商务用户隐私

　　大数据和机器智能可以让社会环境乃至文明程度出现质的飞跃，但是也会引发非常严重的隐私问题。在今天和未来，当移动互联网（以及正在快速发展的万物联网技术）、大数据和机器智能三者叠加到一起，便不再有隐私可言。

（一）用户隐私泄露

　　在过去，泄露隐私有时是不得已而为之，但是在移动互联网时代，尤其是今后万物互联的时代，每个人本身就是主动的隐私泄露者。绝大部分智能手机的使用者安装了太多的、很少使用甚至并不必要的 App，参加了太多的优惠促销活动；同时，人们在自认为安全的社交网络说了很多在公众场合不适合说的话，或者发了太多的照片。这些都可能造成人为的隐私泄露。人们使用的各种电子商品，从可穿戴式设备到带有全球定位系统（Global Positioning System，GPS）的照相机，再到与 Wi-Fi 相连的各种智能电器，都不自觉地记录了用户详细的行踪和生活信息。

（二）隐私被非法利用

　　大数据时代，借助智能算法和庞大的运算能力，普通的行为数据可以被挖掘出惊人的买家知识和商业机遇。虽然这一基于大数据的用户数据分析，在一定程度上受到相关法律法规的监管和约束，但是，我们仍需担心隐私数据是否被非法运用。研究表明，用户隐私数据被非法使用的原因，是存在交易信息的地下经济，它已经形成利益链条，会产生可观的黑色收益。

　　攻击者不会没来由地侵入系统获取用户的隐私数据，根本原因是经济利益的驱使，窃取数据能够通过交易获得巨大的收益。因此，数据的地下黑色交易市场不断发展和膨胀，亟须法律法规强化监管。对于用户自身来说，一方面需要注重密码的设置和管理，另一方面要养成健康的上网行为习惯。

三、电子商务安全管理

随着电子商务不断发展，安全问题迎来了新的挑战，仅靠技术手段已经不能解决所有问题，安全管理越来越重要。下面将从电子商务安全管理的三种现状进行分析。

（一）忽视人的因素

长期以来，电子商务安全体系中特别强调技术因素，而忽略了业务参与者。实际上，电子商务离不开人，安全问题必须考虑人的因素，相比技术攻击，对人的攻击成本更低、难度更小，利用电话诈骗、虚假中奖、短信、邮件诈骗等社会化手段对人实施攻击，是不法分子的惯用手段。因此，从人的角度看，安全管理离不开教育，对人的教育和培训迫在眉睫。

（二）管理不严

天涯、CSDN等网站曾发生用户名、密码泄露事件，其原因就是将密码直接存放在服务器上，黑客攻入后轻而易举获取。实际上，按照安全系统原则，应该做到存放加密值，即使黑客攻入系统，也只能获取密码的加密值而非密码本身。出现这类安全问题，原因是不遵守安全规则，从这一情况看，安全管理取决于企业管理水平。

（三）法律监管缺失

很长一段时间，法律对虚拟资产的价值认定不完善，不法分子盗取在线游戏中的虚拟资产，往往会免于受到应有的惩罚。同时，由于互联网的跨国特性，恶意的攻击可能来自地球的任何角落，跨国的合作与协调难度很大，这也导致破坏安全事件难以有效地被遏制。因此，对于这类情况，安全管理需要依靠法律法规。

在线测试 ●●●●

一、单选题

1. 以下不属于电子商务安全问题的是（　　）。

　　A．网络安全　　　　　　　　　　　B．电子交易安全

　　C．用户数据安全　　　　　　　　　D．电子商务购物评价

2. 用户数据安全不包括（　　）。

　　A．用户个人信息安全　　　　　　　B．用户的账号密码

　　C．用户购买记录信息　　　　　　　D．网络运行环境安全

3. 不受欢迎的软件不包括（　　）。

　　A．广告软件　　B．间谍软件　　　C．钓鱼软件　　　D．办公软件

二、多选题

1. 电子商务交易安全包括（　　）。

A．商品品质安全　　　　　　　　　　B．身份可信安全

C．物流安全　　　　　　　　　　　　D．支付安全

2．恶意代码包括（　　　）。

A．计算机病毒　　B．蠕虫　　　　　C．木马　　　　　　D．僵尸网络

3．不法分子经常利用（　　　）等社会化手段对人实施攻击。

A．电话诈骗　　　B．虚假中奖　　　C．短信　　　　　　D．邮件诈骗

4．以下哪些操作会导致信息泄露（　　　）。

A．网上注册　　　B．线上支付　　　C．网站浏览　　　　D．社区评论

5．以下哪项内容不需要在加密和解密过程中涉及（　　　）。

A．信息（明文/密文）　　　　　　　B．算法（加密算法/解密算法）

C．密钥（加密密钥/解密密钥）　　　D．以上都不是

6．目前电子商务安全管理主要存在的问题是（　　　）。

A．忽视人的因素　　　　　　　　　　B．广告太多

C．管理不严　　　　　　　　　　　　D．法律监管缺失

三、判断题

1．网络安全包括网络硬件设备安全、网络软件安全、数据资料安全、网络运行环境安全、网上交易服务器与用户传递信息的安全、客户端计算机及其他连接互联网设备的安全。（　　　）

2．用户注册时身份信息不要过于简单，下载 App 时要谨慎核查，不要使用不安全的云服务存储个人照片、视频、作品等隐私信息。（　　　）

3．数据加密技术通过对网络中传输的信息进行数据加密来保障其安全性。（　　　）

4．用户需要注重密码的设置和管理，养成健康的上网行为习惯。（　　　）

四、讨论题

2020 年年初，微盟集团研发中心的一名核心员工对企业数据进行了恶意破坏，给企业和用户带来了巨大损失。根据各方预测，微盟员工恶意破坏数据事件目前造成的直接损失大约为 40 亿元。这次电子商务安全事件能带给大家哪些启示？

拓展问题 ●●●

一、二维码暗藏木马病毒

2015 年 11 月 17 日一早，南京市公安局双塘派出所接到了胡女士的报警电话。胡女士称，自己一大早就收到了很多条银行短信，银行卡里的 37 万元没了。令胡女士奇怪的是，为什么自己的银行卡和手机都在家里，却被人转了账？民警分析后告诉她，是一个第三方机构通过植入手机木马病毒，绑定了银行卡进行操作，将钱转走的。胡女士这才想起来，前两天街头有人向她推广手机软件，说是扫描二维码下载后就送东西。她虽然下载了但是并没有安装使用，没想到这竟然是个木马病毒。警方通过胡

女士银行卡的发卡行了解到，胡女士卡里的 37 万元被全部转到了一个第三方交易机构，而这个第三方交易机构实行的是当天交易。也就是说，如果不立即采取行动，这笔钱可能在 24 小时之内就被转走。幸运的是，因为处理及时，胡女士的 37 万元被冻结后通过警方被追了回来。

二维码时代到来了，用微信扫一扫就可以交友、支付、领取礼品，但有不法分子在二维码中嵌入木马病毒，诈取钱财。不少人看见二维码就想扫了一探究竟，殊不知，扫二维码的过程也有很多安全隐患。

二、在大数据时代，如何保护隐私

大数据时代的到来，让人们的生活变得方便快捷、多姿多彩，网络购物、旅游攻略、美食烹饪等，只需要一部智能手机就可以足不出户轻松搞定。然而，大数据、云计算、人工智能等新技术的运用，在充分发挥数据价值的同时，也给个人隐私保护带来了严峻挑战。

（一）个人信息是如何被泄露的

1．自身泄露

如今，各种电子商务网站都记录着用户的消费信息，各大搜索引擎则记录着用户的查询记录，各种社交软件记录着用户的社交关系网，泄露着用户某些使用习惯或者位置等信息。根据这些信息，卖家及广告商可以精准地推送相关广告，企业可以挖掘出这些信息蕴含的巨大价值。通过这种方式，将信息用于为用户服务，无疑是一举两得的事情。

2．互联网企业泄露

很多企业都想着如何收集到更多的用户信息，然后通过大数据分析从用户身上榨取到最大的利益。但这些企业对大数据信息安全却根本没有投入技术支持，数据在采集、储存、分析、计算、调用的过程中缺乏安全加密系统的保护。

3．数据信息的交易泛滥

在一些非法网站或暗网中，用户数据交易已成常态。不法分子通过攻击企业服务器盗取数据信息，然后通过贩卖数据牟利，也有可能利用这些隐私数据对用户进行敲诈勒索等犯罪活动。

（二）该如何防范隐私泄露

1．个人方面

使用手机的时候，关闭一些不必要的功能，例如"附近的人""常去地点""允许搜索""允许查看"等功能；不直接使用手机浏览器进行购物，应用程序退出要彻底，不下载来历不明的山寨软件；不要随意连接公共 Wi-Fi，出门关闭 Wi-Fi 连接功能，家庭网络开启防火墙功能，以免自家网络被蹭，让病毒或恶意攻击乘虚而入；网购谨防钓鱼软件，坚持使用第三方支付平台；不要随意丢弃含有大量个人隐私数据的旧手机；浏览网站等行为进行身份匿名、属性匿名、关系匿名和位置匿名；防止计算机中毒，不随意打开陌生电子邮件及钓鱼网站；经常更改密码，不使用简单密码；多了解一些导致数据泄露的手段和方式，增强自身个人隐私数据安全防范意识。

2．企业方面

增强管控措施，增强内部员工的防范意识，加强对 IT 人员的操作监管、操作审计和事前严格控制；从技术上防止数据泄露，例如企业邮箱应部署邮件加密证书全程加密传输，全面保障数据安全；为官网部署安全套接层(Secure Sockets Layer, SSL)证书，进行超文本传输安全协议(Hyper Text Transfer Protocol over SecureSocket Layer, HTTPS) 加密，防止数据在传送过程中被窃取、篡改，保证数据的完整性；防止运营商的流量劫持、网页广告植入现象；实时进行网络监控，发现可疑问题或者恶意攻击要及时处理和解决，防患于未然；选择安全、稳定、可靠、防御系数高的数据托管服务提供商。

（三）隐私保护的技术有哪些

1．数据加密

数据加密的作用是防止入侵者窃取或者篡改重要的数据，该技术能保证最终数据的准确性和安全性，但计算开销比较大，且加密并不能防止数据流向外部，因此，加密自身不能完全解决保护数据隐私的问题。数据加密算法是隐私保护的一项关键技术，数据时代的研究重点将集中在对已有算法的完善；综合使用对称加密算法和非对称加密算法。随着新技术的出现，符合新技术发展的新加密算法也将被研究出来。

2．数据库保护

企业数据库存储着大量个人及家庭信息，甚至是财务信息，不但面临入侵者的威胁，也面临着来自内部人员的威胁。主要包括未授权的数据查看，不正确的数据修改以及数据的不可用性。从目前的技术层面上来说，虽然可以对数据库加密，但不能防止攻击，还需要加快访问控制来确定数据安全。

3．控制数据访问

目前，各社交网站都支持对隐私功能进行划分，让用户可以在不同的朋友圈里分享信息，由用户自己决定哪些信息可以被哪些人看到，这是大数据时代保护个人隐私发展的一种趋势。现在企业开发的软件这方面的功能还比较弱，可以通过对现有的软件进行更新来解决问题。

总之，大数据的个人隐私保护还处于起步阶段，尽管隐私保护对用户来说是一个重要的问题，但是企业不愿为了实施隐私保护，而放弃充分利用用户信息或者为用户提供更好的服务的机会，因为这样会限制企业的发展或在市场上的竞争力，相信以后会有一个完整和可理解的安全解决方案来满足个人隐私保护的需求。

主题 3

玩转电商——电子商务运用

本主题结构图见图 3-1。

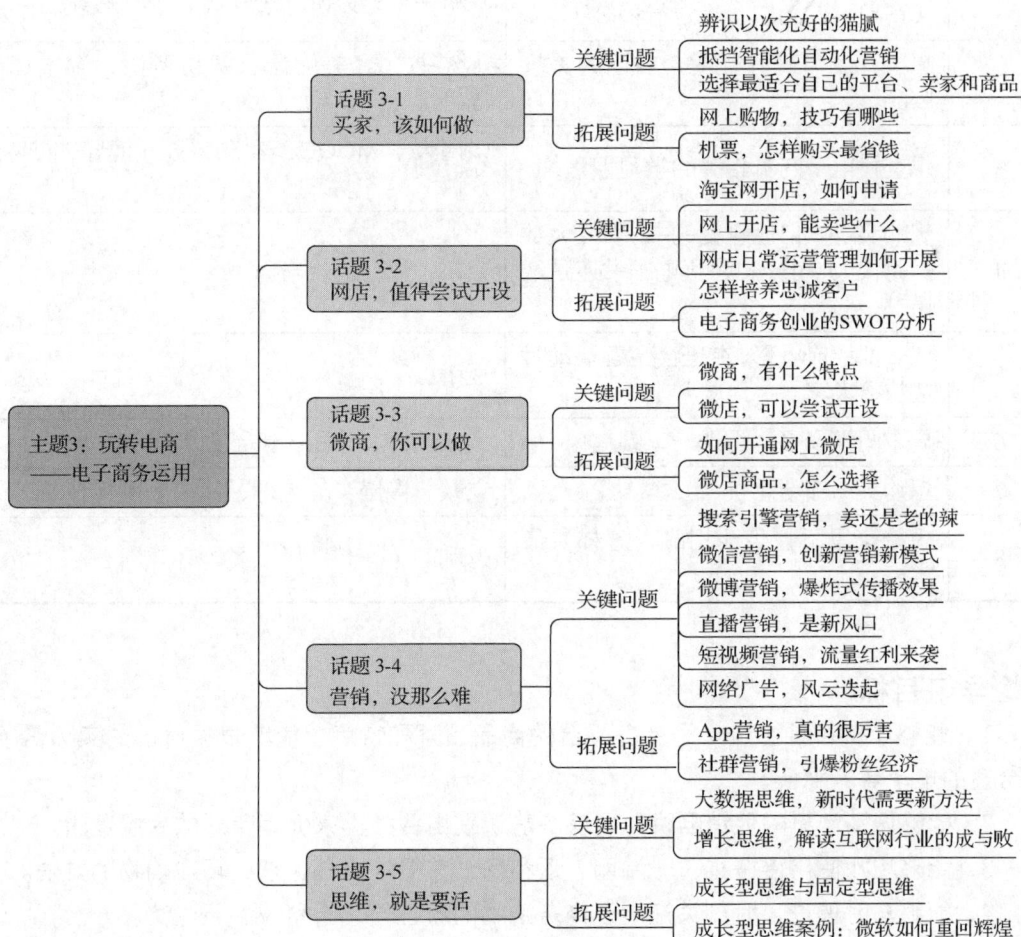

	话题 3-1 买家，该如何做	关键问题	辨识以次充好的猫腻
			抵挡智能化自动化营销
			选择最适合自己的平台、卖家和商品
		拓展问题	网上购物，技巧有哪些
			机票，怎样购买最省钱

主题3：玩转电商
——电子商务运用

- 话题 3-1 买家，该如何做
  - 关键问题
    - 辨识以次充好的猫腻
    - 抵挡智能化自动化营销
    - 选择最适合自己的平台、卖家和商品
  - 拓展问题
    - 网上购物，技巧有哪些
    - 机票，怎样购买最省钱
- 话题 3-2 网店，值得尝试开设
  - 关键问题
    - 淘宝网开店，如何申请
    - 网上开店，能卖些什么
    - 网店日常运营管理如何开展
  - 拓展问题
    - 怎样培养忠诚客户
    - 电子商务创业的SWOT分析
- 话题 3-3 微商，你可以做
  - 关键问题
    - 微商，有什么特点
    - 微店，可以尝试开设
  - 拓展问题
    - 如何开通网上微店
    - 微店商品，怎么选择
- 话题 3-4 营销，没那么难
  - 关键问题
    - 搜索引擎营销，姜还是老的辣
    - 微信营销，创新营销新模式
    - 微博营销，爆炸式传播效果
    - 直播营销，是新风口
    - 短视频营销，流量红利来袭
    - 网络广告，风云迭起
  - 拓展问题
    - App营销，真的很厉害
    - 社群营销，引爆粉丝经济
- 话题 3-5 思维，就是要活
  - 关键问题
    - 大数据思维，新时代需要新方法
    - 增长思维，解读互联网行业的成与败
  - 拓展问题
    - 成长型思维与固定型思维
    - 成长型思维案例：微软如何重回辉煌

图 3-1　主题 3 结构图

话题 3-1 买家，该如何做

学习任务

请主动搜索和查阅相关信息，结合自己平时的购物体验，总结网购过程中的小技巧。对一个不太了解的商品，你是如何网购的（可以参考表 3-1，也可以选一个自己感兴趣的商品来描述）。总结购物技巧和商品网购流程（从了解商品到购买）并撰写成报告，报告形式不限。

表 3-1 网购任务描述及参考资料

序号	网购任务描述	参考平台
1	暑假用自己兼职赚到的 3 000 元钱去旅游，请制订自助旅游计划（包括购买车票、订酒店、确定行程等）	综合平台：去哪儿、携程、途牛、同程等。攻略平台：穷游、马蜂窝、驴妈妈等
2	想买几款口碑好且适合自己的美妆商品	小红书、聚美优品、网易考拉、淘宝、天猫等
3	想查找电子商务相关的学习课程	中国大学 MOOC、学堂在线、i 博导、网易公开课
4	想购买一本自己喜爱的书（如《大数据时代》），可先想好买电子书还是纸质书	京东、亚马逊、当当
5	选一部经典电影，在班会主题活动时播放给大家看	豆瓣等
6	周末同学聚餐，需选一家餐馆	大众点评、美团、饿了么等
7	想购买一部新手机	京东、慢慢买、盖得、什么值得买等
8	想给家里添置生活用品，怎样买最实惠	返利网、一淘、拼多多等

学习目标

1．能够了解各种主流电子商务平台的商品品类和特点，能够根据自己的实际需求选择合适的电子商务平台。

2．能够识别常见的促销陷阱，能够冷静识别出各类卖家促销背后的底层逻辑。

3．能够巧妙使用慢慢买、一淘网、返利网、盖得等平台，掌握巧妙购物的方法。

4．能够与时俱进，时刻关注电子商务购物的新技巧、新科技、新趋势。

关键问题

俗话说："从南京到北京，买的没有卖的精"。其主要原因是信息不对称，买家掌握的信息远远没有卖家多。电子商务时代，货比三家更容易做到，买家可以掌握更多信息，做出更加快捷有效的决策。然而，依然有很多买家吐槽被"套路"。这里所说的"套路"主要有三种情况：一是以次充好的猫腻，伤害买家利益；二是智能化营销方式，让人忍不住"剁手"；三是电子商务卖家繁多，买家不知哪家强。

▶▶▶ 一、辨识以次充好的猫腻

"以次充好的猫腻"是指有"黑心"卖家用"电子商务专供""电子商务定制"等名义以次充好，损害买家利益。例如，某品牌线上服装价格比实体店价格低很多，其实是"同品牌不同质量""同款式不同材质""同商品不同工艺"等，更有甚者是"贴牌"。这种情况下，买家需要擦亮眼睛，货比三家。另外，有些卖家给出的"跳楼价""半价"，有可能是把商品价格提升之后的降价、打折，买家需要慎重。不管什么情况，"天上不会掉馅饼"是硬道理。买家在购物时，应该货比三家，尽量选择旗舰店，或者综合对比线上线下零售市场，从而做出最佳购物决策。

▶▶▶ 二、抵挡智能化自动化营销

所谓智能化自动化营销，是指卖家通过共享买家在 App、网站、邮件、短信等营销渠道的历史行为数据，建立并不断完善买家的电子档案，并利用商务智能计算及预测模型，实现千人千面的个性化内容自动推送营销信息。

卖家的智能化自动化营销手段，容易让买家忍不住"剁手"。例如，"双 11"全民购物狂欢节期间（见图 3-2），从社交自媒体到短视频、从内容营销到"网红"效应等，卖家不断用"大放价、大促销"冲击买家眼球，用各种场景营销吸引并留住买家。

图 3-2 "双 11"全民购物狂欢节

卖家的智能化自动化营销手段刺激了买家的感受，给予了买家充分的心理暗示。同时，卖家结合优惠促销的氛围，举行多元化的促销活动，让买家沉浸于购物狂欢，欲罢不能。其实，智能化自动化营销仅仅是卖家的营销策略，"买"与"不买"还是应该取决于买家自身。

▶▶▶ 三、选择最适合自己的平台、卖家和商品

电子商务平台的种类繁多，各种平台上的卖家不计其数，买家可以使用以下方法找到适合自己的卖家和商品。

（一）不同平台的灵活使用

不同的电子商务平台有不同的定位，买家需要了解各平台的定位和特色，再根据自己的实际需求选择合适的平台进行选购。例如，如果买家喜欢购买价格便宜且品质高的商品，可以去特卖模式的唯品会（见图 3-3）选购；如果买家喜欢购买高性价比且优质的商品，可以去网易严选（见图 3-4）等优选模式的电子商务平台选购；如果买家喜欢购买价格便宜的商品，且对商品品质要求不太高，可以选择拼多多（见图 3-5）等平台选购等。

图 3-3　唯品会官网

图 3-4　网易严选官网

图 3-5　拼多多

（二）比较购物助手的灵活使用

比较购物助手是搜索引擎的一种细分，即网上购物领域的专业搜索引擎。比较购物助手的搜索结果比通用搜索引擎获得的信息更集中、更全面（除了商品价值信息外，还包含了对在线销售商的评价、同类商品的性能比较、用户对买家商品使用感受评论等）。好的比较购物助手往往能及时更新商品信息，使买家能一目了然地了解市场上某类商品的排名变化、价格变化、买家评论。例如，盖得排行、什么值得买、慢慢买（见图 3-6）等都提供对商品的多维度比较功能，方便买家做出更合适的消费决策。

（a）盖得排行官网

（b）什么值得买官网

（c）慢慢买官网

图 3-6　比较购物助手

（三）返利导购网站的灵活使用

返利导购网站的返利模式，是以实际销售商品的数量来换算广告刊登金额，即按销售额提成付费（Cost Per Sales, CPS）模式。买家通过这类网站进入 B2C 卖家的购物页面，网站会跟踪买家拍下货物、付款直至确认收货的流程。买家确认收货之后，整个流程完成，返利导购网站会根据交易的金额按比例抽取广告费用，并把该笔广告费用中的一定比例返还买家。以"返利网"（见图 3-7）为例，其现有合作伙伴涵盖天猫、淘宝、京东等 400 多家知名电子商务平台，以及 20 000 多个知名品牌店铺。"返利网"的常见活动包括"超级返"，精选知名品牌特卖，每日 10 点和 20 点上新，最高返利 81%；"9 块 9"，每日 9 点上新，全场包邮，全网抄底等。

图 3-7　返利网官网

（四）内容社区平台的灵活使用

内容社区是通过内容的差异化来吸引目标受众的平台，小红书、豆瓣、马蜂窝等都是内容社区平台。以小红书为例，社区里除了有买家分享的大量海外购物经验，还有运动、旅游、家居、旅行、酒店、餐馆的信息分享，涉及消费经验和日常生活的方方面面。小红书还累积了海外购物数据，能够分析出最受欢迎的商品及全球购物趋势，并在此基础上把全世界的好东西，以最短的路径、最简洁的方式提供给买家。买家可以在小红书等内容社区平台上找到很多有价值的购物信息。

综上，如何找到合适的卖家、商品和价格，取决于买家的智慧与经验。

在线测试

一、单选题

1.（　　）不是比较购物助手。
　　A. 淘宝　　　　　　B. 盖得排行　　　　　C. 什么值得买　　　　D. 慢慢买

2.（　　）不是内容社区平台。
　　A. 马蜂窝　　　　　B. 豆瓣网　　　　　　C. 天猫　　　　　　　D. 小红书

3. 买家如果喜欢买价格便宜且品质高的商品，可以选择的购物平台是（　　）。
　　A. 唯品会　　　　　B. 网易严选　　　　　C. 拼多多　　　　　　D. 以上都不是

二、多选题

1．大型电子商务促销节主要有（　　　）。

A．"双 11"　　　　B．"双 12"　　　　C．"6.18"　　　　D．以上都不是

2．（　　　）等是电子商务常用的促销方法。

A．买赠　　　　B．限时购　　　　C．特价　　　　D．预售

3．同一品牌的商品在线上线下两个渠道进行销售时，可能会出现（　　　）。

A．同品牌不同质量　　　　　　　　B．同款式不同材质

C．同商品不同工艺　　　　　　　　D．以上都不是

4．比较购物助手能够提供的信息包括（　　　）。

A．商品价格　　　　　　　　　　　B．同类商品的性能比较

C．用户对商品使用感受评论　　　　D．对在线销售商的评价

5．小红书社区能够提供的信息包括（　　　）。

A．买家分享的大量海外购物经验　　B．运动、旅游、家居的信息分享

C．消费经验　　　　　　　　　　　D．旅行、酒店、餐馆的信息分享

三、判断题

1．"双 11"大促时，商品价格一定比平时便宜。（　　　）

2．购物的时候可以完全相信买家评价。（　　　）

3．同一品牌服装线上价格比实体店便宜很多，所以线上买更好，物美价廉。（　　　）

4．买家如果喜欢价格便宜的商品，且对商品品质要求不太高，可以选择拼多多等平台选购。（　　　）

5．买家如果喜欢买高性价比且优质的商品，可以去网易严选等优选模式的电子商务平台选购。（　　　）

6．好的比较购物助手往往能及时更新商品信息，使买家一目了然地了解市场上某类商品的排名变化、价格变化、买家评论。（　　　）

7．返利导购网站的返利模式，是以实际销售商品的数量来换算广告刊登金额，即按销售额提成付费（Cost Per Sales，CPS）模式。（　　　）

四、讨论题

在购物过程中，你是喜欢花时间自己慢慢挑选与众不同的商品，享受购物过程的乐趣，还是愿意被推荐，只问效率？

▼ 拓展问题 ◀◀◀

一、网上购物，技巧有哪些

现在，很多人都习惯网上购物，方便又实惠。但是商品琳琅满目，如何找到合适的商品和防止上当受骗，成为买家特别关注的问题。

1．购物前准备充分

（1）利用网购导航进行网购。

（2）选择网店时一定要与卖家交流，还要看卖家店铺首页是否带有互动交易模式

（Interactive trading mode，ITM）标识，能否实行线上订购—线下验货—满意付款（Order Validation Satisfactory，OVS）的网购服务。

（3）购买商品时，付款人与收款人的资料都要填写准确，以免收发货出现错误。

（4）用银行卡付款时，卡里最好不要有太多的金额，以防遇到不诚信的卖家。

（5）遇上欺诈或其他受侵犯的事情可找网络警察处理。

2．购物中把握三个环节

（1）看。买家应仔细看商品图片，分辨是网络照片还是卖家自己拍的实物照片，而且还要注意图片上的水印和店铺名。因为很多卖家都在使用其他人制作的网络图片。买家应仔细留意店铺首页是否带有 ITM 标识，能否实行 OVS 服务。另外，多看其他买家的评价，也是做好网购的有效方法。

（2）问。买家通过询问卖家商品相关的问题，可以了解卖家对商品的用心程度和卖家的态度，诚信用心的卖家更值得信任。

（3）查。查看卖家的信用记录，了解其他买家对此款或相关商品的评价。如果商品评价中有中差评，要仔细看卖家对该差评的解释。

3．防止网购陷阱

（1）低价诱惑。如果商品以市场价的半价甚至更低的价格出现，这时买家就要提高警惕性，想想为什么它会这么便宜，特别是知名品牌的商品，因为知名品牌商品除了二手货或次品，正规渠道的商品的定价是不可能和市场价相差太多的。

（2）高额奖品。有些不法网站、网页，往往利用巨额奖金或奖品诱惑、吸引买家浏览网页，并购买其商品。

（3）虚假广告。有些网站提供的商品说明夸大甚至虚假，买家购买到的实物与网上看到的商品不一致。

（4）设置格式条款，买货容易退货难。一些网站的购买合同采取格式化条款，对网上售出的商品不承担"三包"责任、没有退换货说明等。买家购买了质量不好的商品，想换货或者维修时非常被动。

（5）"山寨"网站骗钱财。买家在网购时应只接受货到付款、第三方支付或 OVS 服务这三种方式。

（6）骗取个人信息。买家网上购物时不要轻易向卖家泄露个人详细资料，在设置账户密码时尽量不要简单地使用自己的个人身份信息。遇到类似电话核实的，一定要问明对方身份再视情形配合。

（7）网络钓鱼盗取信息。买家不要随意打开通过聊天工具发送过来的陌生网址，不要打开陌生邮件和邮件中的附件，及时更新杀毒软件。一旦遇到需要输入账号、密码的环节，一定要仔细核实网址是否准确无误。

二、机票，怎样购买最省钱

买机票往往是旅行的第一步，很多买家面对各大官网的丰富信息会不知所措，以下归纳了 9 条购买机票的技巧。

1．尽量避开星期五购票

根据统计，周末通常是购票的最佳时机，但因每星期五会增加不少商务买家的预订机票，因此避开星期五购票，能够为买家节省 17%～30% 的旅费。

2．选择每周票价最低点时刻

根据某研究指出，从数十亿的乘客航班中，分析出星期日便宜机票较多。另外，不少航空公司会在星期二的最后一刻释出特价机票，因此星期二下午与星期三凌晨也较容易出现低票价。

3．提前 21 天预订机票

提前购票是抢便宜机票的好方法之一。某研究报告指出，买家出发前 21 天预订机票会是更好的选择，尤其是国际航线，最多可以节省上万元人民币。

4．重复刷新网页

经验表明，一天内并无所谓的最佳购票时间，因为航空公司的票价随时都可能变动，想抢便宜的机票最好能在不同时间段刷新网页。

5．选对季节出发

出国旅游选择淡季会是很不错的选择，但买家如果必须在旺季前往，除圣诞节和新年假期外，购买冬季航班的最佳时间是提前 54 天。至于春季航班，买家应该提前 75 天预订，夏季航班则是 76 天，秋季航班相对弹性较大，在 47 天前预订即可。

6．灵活运用航班搜寻工具

对于国际航线，除 Skyscanner（见图 3-8）等旅游搜索引擎，买家也可使用 Google Flight、Kayak 等（见图 3-9）。买家若没有明确的目的地，只想找哪里比较便宜，也可使用 Adioso（见图 3-10）进行搜寻。

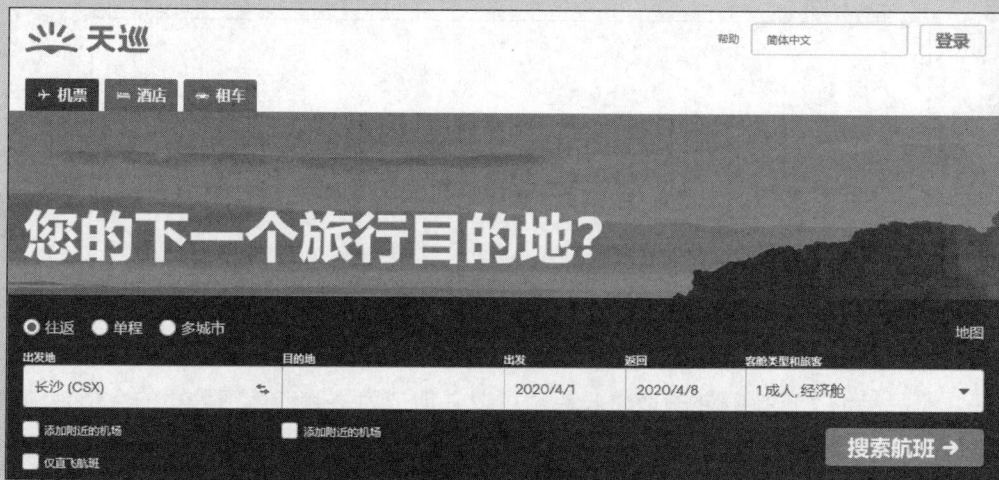

图 3-8　Skyscanner 官网

7．买机票不要只看价格

买家在购买机票时，不能只看价格，要了解机票的具体条款，包括是否是联航、行李额、退改签条款等。

8．购买全套式机票

很多航空公司推出了全套式机票，包括机票、住宿和当地交通，这利于买家合理安排交通和住宿。

（a）Google Flight 官网

（b）Kayak 官网

图 3-9　Google Flight 官网

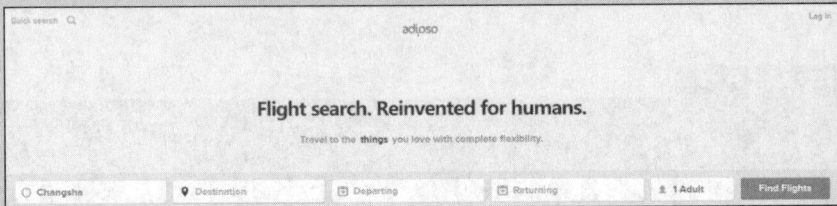

图 3-10　Adioso 官网

9. 注册成为航空公司的会员

买家成为航空公司的会员后，通常可享受特别的折扣，可以购买特惠或廉价机票，而且注册会员也不需要额外的费用。买家可以注册成为喜欢的航空公司的会员，随时了解最新的购票信息。

话题 3-2　网店，值得尝试开设

学习任务

1. 主动搜索和查阅相关信息，了解一个你所喜欢的互联网人的奋斗历程，对其成功的偶然性和必然性形成自己的认知，并思考大学生能不能创业，大学生创业需要具备哪些条件。

2．下载并安装淘小铺 App，并尝试分销商品（分销 5 个商品才能够成功开设店铺），将分销商品界面进行截图。

将以上两部分的内容进行整理，以 Word 或 PPT 展示，形式不限，并通过学习平台或其他渠道分享。

学习目标

1．能够了解淘宝网上开店的步骤和方法。

2．能够选择合适的商品进行网络创业。

3．能够掌握网店日常运营管理的基本方法，能够为自己网店创业做好准备。

4．能够与时俱进，时刻关注互联网创业的新技巧、新思维、新趋势。

关键问题

>>> 一、淘宝网开店，如何申请

新手在淘宝网申请开设店铺的基本流程如图 3-11 所示。

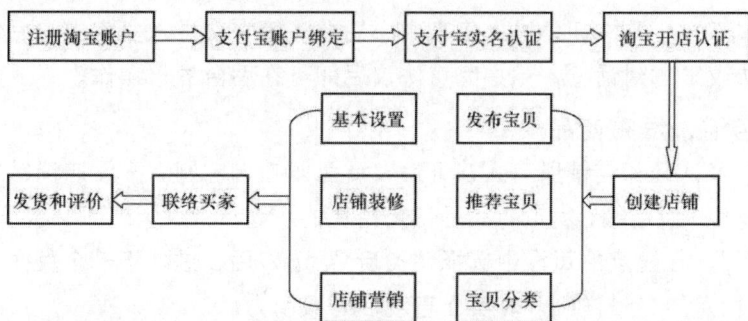

图 3-11　淘宝网申请开设店铺的基本流程

1．注册淘宝账户

如果是淘宝网的新用户，首先要进行会员注册。在淘宝网的首页单击"免费注册"，然后阅读服务条款并单击"同意"，填写并提交个人资料，最后通过电子邮件激活会员账号即可完成会员注册。在淘宝网，一个账号可以同时拥有买家和卖家两个身份。

2．支付宝账户绑定

卖家必须开通支付宝账户，买家也应该开通支付宝账户，以保证自己的合法权益。

3．支付宝实名认证

用户在注册并通过实名认证后，可以免费在淘宝网上出售闲置物品；开设自己的淘宝店铺，出售更多新品。淘宝店铺免费拥有自己的网址，可以免费使用橱窗推荐商品，增加店铺浏览量，提升销售额。

支付宝实名认证流程如下。

（1）填写认证信息。在淘宝网主页上单击"我的淘宝"后登录。登录后选择"卖家中心"，然后单击"为我的淘宝申请实名认证"，或登录支付宝账户，单击"点击这里"开始认证。

（2）按照网页提示操作，填写用户真实的信息，如真实姓名、证件类型和证件号码等，同时用户需要上传身份证扫描件或用数码相机拍摄的身份证照片。注意，上传的照片一定要真实、清晰，否则无法通过认证。

（3）认证申请成功。用户信息提交后，会出现认证申请成功的提示。

（4）身份证认证经审核通过后进入补充校验界面，用户需要在补充校验界面中打开手机支付宝软件，并识别图中的二维码，然后按照提示完成人脸识别操作。

4. 淘宝开店认证

（1）用户完成补充校验之后，可以看到支付宝实名认证已经通过。

（2）单击 "淘宝开店认证"选项，再单击"立即认证"，会出现"尚未认证"的提示。单击"立即认证"，即可跳转到阿里钱盾认证界面。

（3）这里需要用户在手机端扫码安装阿里钱盾软件。安装好软件之后，打开软件，识别图中的二维码即可开始认证，认证审核一般需要 1～3 天，认证结果会通过短信、阿里旺旺等形式通知用户。

（4）审核通过之后，进入卖家中心，即可看到淘宝开店认证通过的提示。

（5）单击"下一步"按钮，进入卖家中心后台。第一次进入卖家中心后台时，淘宝网会跳出"开店协议"的对话框，用户同意协议后即可在后台进行操作。

5. 创建店铺，发布商品

用户通过实名认证和店铺所有人认证后，就可以在淘宝网上开设店铺、发布商品了。目前，在淘宝网上开设店铺、发布商品是完全免费的。登录"我的淘宝"，选择"卖家中心"，单击"发布宝贝"，在显示的页面中选择"类目"；选好后，进入下一个页面，填写"宝贝信息"，所填的信息要尽量详细、真实、直观、有吸引力。

6. 联络买家

在网店经营过程中，随时会有买家留言提问，卖家应及时、耐心地回复留言。也有的买家会通过发站内信的方式与卖家联系，卖家也应及时处理，此外，卖家还可通过"千牛"沟通工具联系买家。

7. 发货和评价

确认收到买家的货款后，卖家就可以放心地安排发货了。成交后，卖家必须在"我的淘宝—评价管理"中客观、公正地对买家进行评价，评价的规则与买家评价规则相同。

▶▶▶ 二、网上开店，能卖些什么

网上开店对于资金的要求并不高，只需要有身份证明、找好货源就能够开网店。开网店创业，容易上手，却并不容易成功。所谓"万事开头难"，开网店，选品是第一步，卖家应选择有一定受众的商品。

（一）从商品类型看

根据经验总结，创业开网店，一般要从 10 个方面的属性来判断商品是不是适合网上销售，如图 3-12 所示。创业者可以从这 10 个属性，分别分析该商品是否适合网上销售。接下来，将结合生活中的便利商品、一般商品、稀有商品这三类商品（见图 3-13），帮助创业者分析，网上开店，该如何选品。

| 利润水平 | 库存周期 | 价格高低 | 选择难易程度 | 需要的紧迫性 |
| 价格的敏感程度 | 可替代性 | 寻求和计划难易程度 | 目前购买方 | 是否需要产品评价 |

图 3-12　商品属性

便利商品　　　一般商品　　　稀有商品

图 3-13　商品类型

1. 便利商品

便利商品是指能够在便利店买到的商品。例如，一瓶矿泉水，它的利润一般是几分钱或几角钱。矿泉水具有销量大、库存周期短、周转快、价格便宜等特点，买家选择比较容易，很少有买家会纠结于如何选择一瓶水。买家对矿泉水的需求具有一定的及时性，无法容忍买一瓶水等几个小时或几天。买家对矿泉水的价格敏感度高，涨价几角钱，买家可能会掉头就走。矿泉水的替代物比较多，例如各种饮料。矿泉水的寻找难度非常低，买家选择余地多，不需要反复比较，也不需要看售后评价。

从商品的价格、购买难易度、可替代性等方面来看，便利商品不适合在网上销售。创业者初次开网店创业，一般不要选择这类商品。

2. 一般商品

一般商品是指超市里售卖的一些商品。例如，电热水壶，利润从几元到几十元不等，一般有 20%～50%的利润。从需要的紧迫性来说，大部分买家一般是即买即用。从价格的敏感程度来说，电热水壶的价格敏感度居中，买家可接受一定区间内的价格浮动。从可替代性来说，电热水壶既有品牌替代性，也有商品替代性。从寻求和计划难易程度来说，电热水壶的寻找难度相对较小。

这类商品有的适合网上销售，有的则不适合网上销售。值得注意的是，一般商品不适合单一销售，创业者在开网店时，需要注意商品的多样化。

3. 稀有商品

稀有商品一般利润水平比较高，类似于收藏品。例如，一件瓷器收藏品价值，不同人的认知不一样，所以这种商品的利润很高。另外，收藏品的价格通常比较高，买家的选择难度比较大，且需要紧迫性低，导致比较难成交。可以看出，这类商品有的适合网上销售，但是难度比较大，在选择时一定要特别注意。

（二）从网络销售特点看

卖家可以结合网络销售的特点来选择网店销售的商品。

1. 知名品牌商品适合网络销售

知名品牌商品如华为手机，品牌价值高、商品质量好，在网上销售中有一定优势。另外，有些商品品牌本身可能不够响亮，但是可以由知名零售商提供信用担保。例如，王府井百货、沃尔玛、家乐福供应的商品通常可信度高。

2. 数字化商品适合网络销售

与有形商品相比，数字化商品有个很重要特征——不需要物流。例如，一本电子书、一首歌曲、一个软件或一部电影，买家购买以后可直接从网上下载，或者获取云盘账号密码后下载。

3. 标准规格商品适合网络销售

世界电子商务巨头亚马逊在成立初期以销售图书为主。究其原因，是图书属于标准规格的商品。买家从书名、作者、出版社、出版年份、版次等信息就可以唯一确定这本书。类似的标准规格商品很多，如飞机票，以航班的起落地点、时间、座位规格等几个信息就可以唯一确定。

4. 有购买周期性的商品适合网络销售

目前网上零售最好的三大品类为服装鞋帽、家电 3C、美妆个护。这三大品类都属于买家周期性购买的商品，商品价格波动不大，买家对其有着刚性需求，而且网上购买下单、物流配送都非常方便。

5. 价格不太高的商品适合网络销售

对大多数买家来说，如果商品价格很昂贵，购买时会有一定的心理负担，因为没有亲身体验，担心商品不合适、买到赝品等。但如果商品价格不太高，买家购买时的顾虑就会少很多，即使买错了也能承受后果。例如，书籍、普通品牌的服装等商品。

随着电子商务产业及相关技术的发展，购物群体和消费类别不断增多。实际上，已没有什么商品不适合网络销售。但是，创业者开展电子商务，尤其是初创业时期，需要控制好风险，选择好商品，不断积累经验。

▶▶▶ 三、网店日常运营管理如何开展

网店日常运营管理主要包括商品资料的学习、商品发布、店铺设置和网店日常管理等。

（一）商品资料的学习

商品资料包括商品规格、商品特性、使用方法、商品保养与售后服务等。

1. 商品规格

商品规格是指商品的物理性状，一般包括体积、长度、性状、重量等。有些同一系列

的商品会包含多种规格，如服饰类商品的颜色、尺码（见图 3-14），数码商品的容量、配置等。对于这类商品，卖家在发布时就需要提供详细的规格介绍，以便于买家选购。

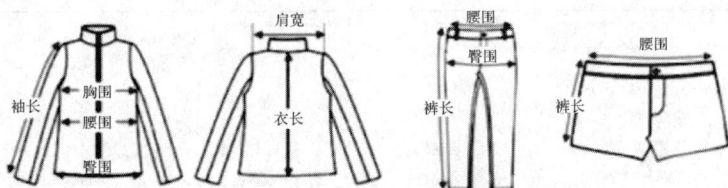

尺寸	上衣长（cm）	胸围（cm）	肩宽（cm）	短裤长（cm）	腰围（cm）	臀围（cm）
S	58	82	32	28	66	76
M	59	86	33	29	70	80
L	60	90	34	30	74	84
XL	61	94	35	31	78	88
XXL	62	98	36	32	82	92

图 3-14　服饰类商品的尺码

2. 商品特性

商品特性是卖家必须掌握的基本知识，因为了解商品特性是成功销售的基础，也是打动买家和体现专业性的前提。了解商品才能更好地介绍和推销商品，买家对商品的接受程度很大程度取决于卖家介绍的水平。

3. 使用安装方法

卖家可以用文字说明的方式来介绍商品的使用安装方法，这样不仅可以让买家在购买商品之前就了解使用方法，而且还可以方便自己随时查阅，一旦有买家询问使用和安装方法，就可以直接复制、粘贴给买家看，也等于让自己再熟悉一次，如图 3-15 所示。

图 3-15　商品安装方法

（二）商品发布

卖家发布商品时需遵循以下三个要求：按照发布环节中的要求填写符合条件的发布信

息；支持支付宝交易；所发布的商品必须遵守淘宝网规则。卖家需要填写商品名称与规格（见图 3-16）、上传商品图片、填写商品描述及退换货说明等才能完成商品的发布。

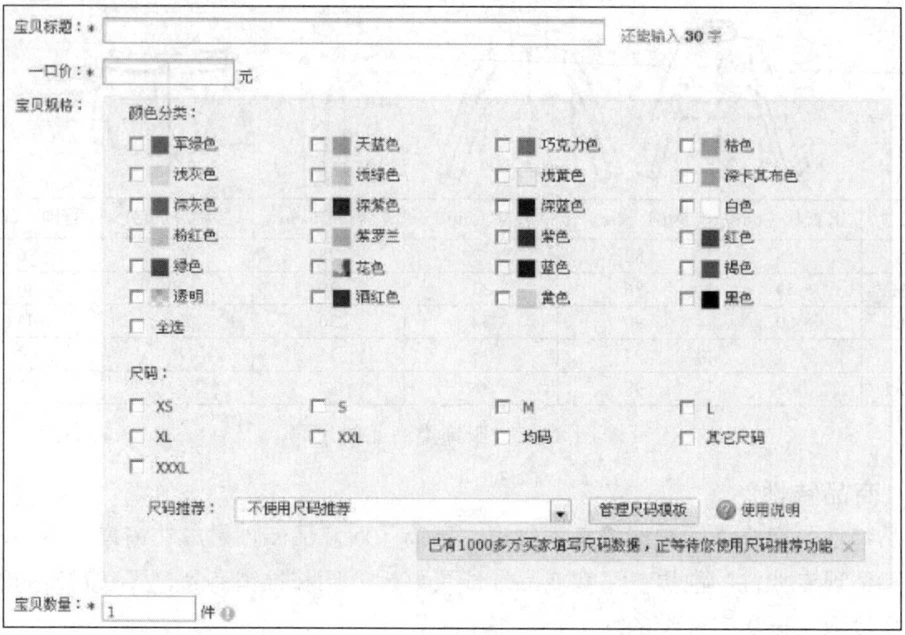

图 3-16　填写商品名称与规格

（三）店铺设置

创建了店铺，卖家首先需要设置店铺的基本信息，也就是店铺简介，店铺基本信息包括店铺名称、店铺标志、店铺简介、联系地址、主要货源、店铺介绍等，如图 3-17 所示。

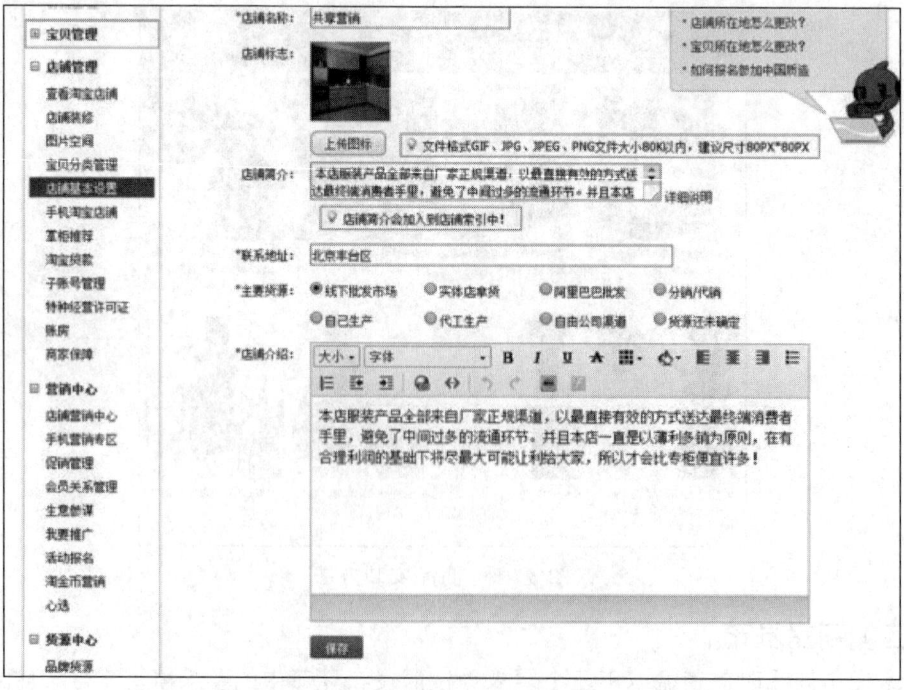

图 3-17　店铺设置

（四）网店日常管理

在出售商品的过程中，经常会涉及讨价还价、发货方式等问题，因此卖家仅与买家交流还不够，还需要学会交易管理、评价管理和纠纷管理等。

1．交易管理

网上卖货和在实体店卖货一样，经常会遇到讨价还价的买家，这时可以修改最初设定的一口价，从而完成交易，如图 3-18 所示。

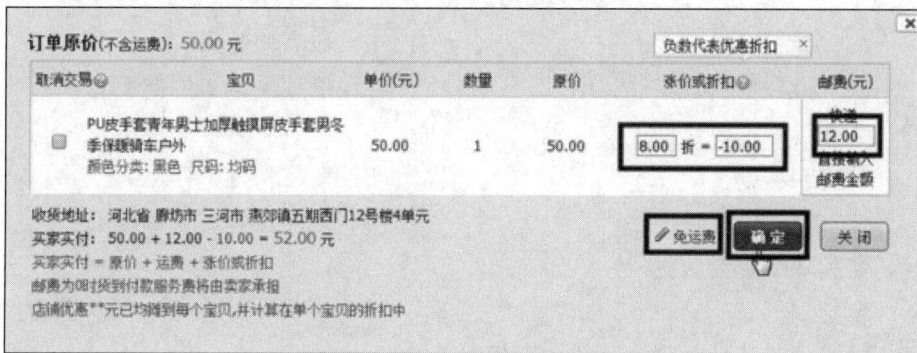

图 3-18　商品价格修改

2．评价管理

买家在淘宝网使用支付宝服务成功完成每一笔交易后，双方均有权对对方交易的情况进行评价，这个评价称为信用评价。买家收到货将货款支付给卖家后，卖家应及时对买家作出评价，如图 3-19 所示。

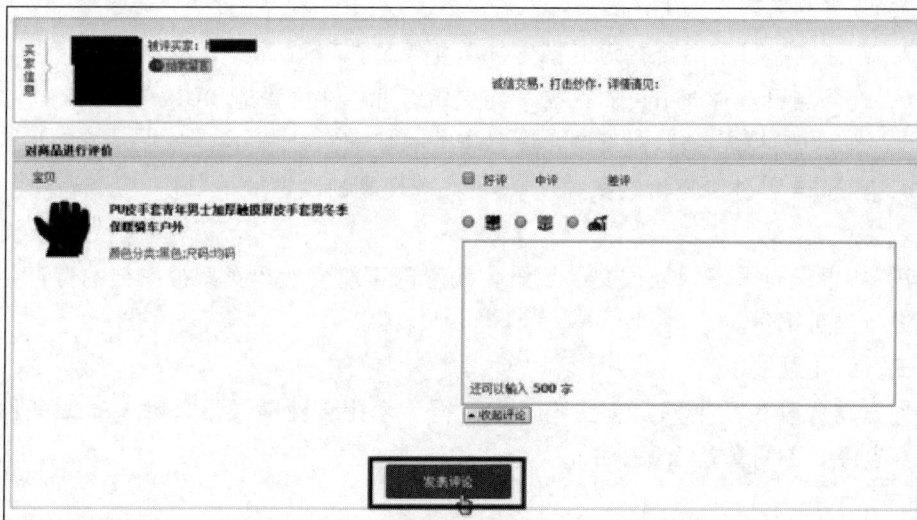

图 3-19　评价页面

3．纠纷管理

如果交易出现纠纷，卖家采取积极主动的方法来处理问题往往可以息事宁人，并且还可能获得买家的赞誉。而加入到买家保障计划的卖家需要更加重视这一点，如果没有很好地处理交易纠纷，淘宝网可能会使用冻结的保证金来对买家进行先行赔付。

在线测试 ••••

一、多选题

1.（　　）等属性可以用来判断商品是不是适合网上销售。
    A. 利润水平　　　　　　　　　　　　B. 库存周期
    C. 价格高低　　　　　　　　　　　　D. 选择难易程度

2.（　　）等商品适合在网络销售。
    A. 名牌商品　　　　　　　　　　　　B. 数字化商品
    C. 标准规格商品　　　　　　　　　　D. 周期性购买的商品

3. 商品资料主要包括（　　）。
    A. 商品规格　　　　　　　　　　　　B. 商品特性
    C. 使用方法　　　　　　　　　　　　D. 商品保养与售后服务

4. 商品规格主要包括（　　）。
    A. 体积　　　　　B. 长度　　　　　C. 性状　　　　　D. 重量

5. 卖家发布商品时需填写的内容包括（　　）。
    A. 商品名称　　　B. 商品规格　　　C. 商品描述　　　D. 退换货说明

6. 下列属于店铺基本信息的是（　　）。
    A. 店铺名称　　　B. 店铺标志　　　C. 店铺简介　　　D. 店铺介绍

二、判断题

1. 支付宝实名认证包括支付宝个人实名认证与支付宝卖家实名认证。（　　）

2. 收藏品适合在网上销售。（　　）

3. 判断商品是否适合在网上销售，需要考虑其利润水平。（　　）

4. 在网店日常管理中，卖家需学会交易管理、评价管理和纠纷管理等。（　　）

5. 卖家创建了店铺后，不需要设置店铺的基本信息。（　　）

6. 卖家遇到讨价还价的买家时，可以修改最初设定的一口价，从而完成交易。
（　　）

7. 如果没有很好地处理交易纠纷，淘宝网可能会使用卖家被冻结的保证金来对买家进行先行赔付。（　　）

三、讨论题

你觉得大学生适合网上创业吗？你觉得大学生创业需要具备哪些基本条件？如果打算创业，你打算怎么做？

拓展问题 ••••

一、怎样培养忠诚客户

网上开店，好货源是基础，有客户是关键。网店既要吸引新客户，也不能丢失老客户。网店维护一个老客户，使其再次购买的成本，是开发一个新客户成本的 1/7，这是电子商务的"行规"。所以，卖家要培养忠诚客户。客户忠诚的基础是客户满意，第一次购买很满意，第二次购买又很满意，随着接下来的多次购买，客户就会转变成忠诚客户。有数据表明，80%高满意度的客户，会在两个月之内再次光临网店；90%客户会将网店推荐给其他人。相反，87%低满意度客户，会一言不发地永远离开，卖家甚至不知道客户为什么离开。因此，卖家需要提高客户关系管理水平，以提高客户满意度，培养更多的忠诚客户。客户关系管理通常包括积累资料、划分等级、客户分类和客户关怀四个方面的工作。

（一）积累资料

积累资料是指卖家要积累尽可能多的客户资料。例如，客户的浏览点击记录、交易记录、消费喜好、消费能力等，尽可能对客户有全面的用户画像（见图 3-20）。卖家需要把客户当成朋友，知晓他们的喜怒哀乐，将客户交易过程中的一些反馈、沟通记录，及时追加至客户关系管理系统，不断完善对客户的描述。

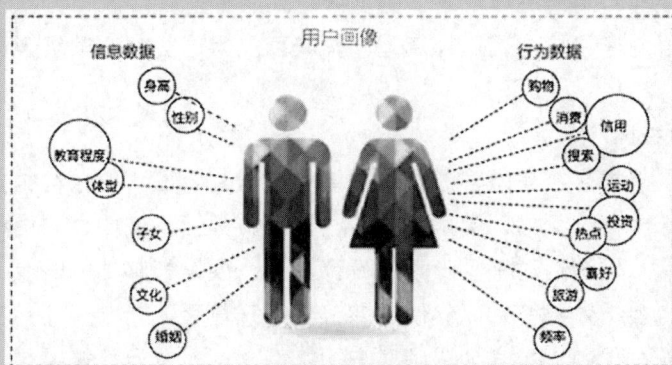

图 3-20　用户画像

（二）划分等级

划分等级是指卖家根据客户的关系强弱、价值大小，将客户划分为不同等级。通常使用 RFM 标准进行打分分级，其中，R 代表时间，指客户多长时间交易一次；F 代表频率，指客户一定周期内的交易频次；M 代表金额，指客户交易的额度（见图 3-21）。卖家根据 RFM 标准对客户打分，把客户分为 4 个级别，以满分为 40 分为例。铜牌客户的分数一般是 1～16 分；银牌客户的分数一般是 17～25 分；金牌客户的分数一般是 26～35 分；最高级的白金客户的分数是 36～40 分（见表 3-2）。当然，这个级别并非固定，卖家可以灵活处理。卖家可以对不同级别的客户提供不同的服务，尤其是 VIP客户，卖家更需要特殊对待。

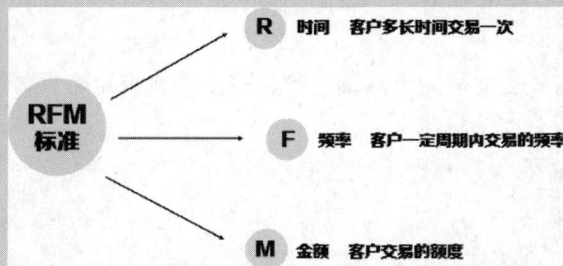

图 3-21　RFM 标准

表 3-2　基于 RFM 标准的客户分类

客户类型	分值
铜牌客户	1～16 分
银牌客户	17～25 分
金牌客户	26～35 分
白金客户	36～40 分

（三）客户分类

客户分类是指卖家可以根据客户的资料，通过一些技术手段，对客户的特征进行一些描述或标记，从而对客户的状态进行分类。根据对客户的消费水平、购买频次、购买周期、是否愿意分享等进行分析，卖家可以将客户分为休眠型、犹豫型、果断型、狂热型、分享型等。卖家还可以通过留言区，判断哪些客户属于分享型。一般来说，愿意写较长评语的客户往往属于分享型，卖家可以为这些客户升级会员资格，鼓励客户多交易、多分享。

（四）客户关怀

客户关怀是指卖家经常跟客户联系，给予其一些个性化的精准服务。卖家可以通过多种途径关怀客户，例如，卖家可以通过社区、微信、微博、短信和邮件，提醒客户有什么新商品、促销活动等。卖家在设计短信、微信和邮件的时候，要注意风格，包括语言风格、视觉效果等，以促使更多客户点开查看。

在网店服务过程中，卖家会遇到客户的抱怨，这时，卖家需要用正确的心态去对待，尤其要注意换角度思考。客户的抱怨充分说明了客户对卖家的重视和信赖。试想一下，如果无论货源、价格、管理、服务如何不尽人意，客户都没有丝毫反应，那么可以肯定地说，这些客户一定不是忠实客户。所以，抱怨的客户大部分是要需要培养的潜在的忠诚客户，卖家应该有效化解抱怨，以提高客户忠诚度。

二、电子商务创业的 SWOT 分析

在战略分析中，SWOT 分析模型的使用频率较高，该模型主要分析项目的优势（Strengths）、劣势（Weaknesses）、机会（Opportunities）和威胁（Threats），分析实际上是将创业各方面条件进行综合和概括，进而分析项目的优劣势、面临的机会和威胁的一种方法。同样地，在此运用 SWOT 模型对电子商务创业项目的一些共同特性进行简要的分析。

（一）电子商务创业的优势

1．无店铺经营

大部分的电子商务创业采用无店铺经营，减少了店铺租金等传统商业的大笔支出。

2．低资金门槛

大部分的电子商务创业者均为"草根"创业，自有资金不多。以淘宝网开店为例，最低的资金要求仅为几千元，适合"草根"青年作为创业的起点。

3．少库存风险

大部分的电子商务创业以经营有形商品为主。这类电子商务是将有形商品变为无

形图片售卖、再通过快递实现无形图片到有形商品的还原。因此，电子商务比传统商业的库存压力要小，由此也降低了库存风险。

（二）电子商务创业的劣势

1．商品体验较差

由于电子商务缺乏将实物商品呈现给买家的真实接触途径，买家只能凭视觉感知了解商品，无法像传统商业那样实现"视觉、听觉、触觉、嗅觉、味觉"的全面呈现，这在非标品领域体现得尤为明显。

2．拉新成本过高

淘宝网注册卖家数量已经超过 800 万。尤其对新店而言，从 800 多万家店铺中脱颖而出，拉到新客户的成本（拉新成本）在不断提高。大量出现的"9.9 元包邮"，只不过是店铺希望通过这种让利引流来实现拉新。

3．买家响应不快

大部分的电子商务卖家均追求极速的买家响应，因为延迟几秒的响应会导致大量潜在买家流失。比如，某些"淘品牌"采用人工客服全年 24 小时轮班，即使半夜也会在第一时间对买家的咨询作出回应，而这是大部分缺乏资金和人手的电子商务创业者无法做到的。

（三）电子商务创业的机会

1．销售半径无限

受限于传统商业的销售半径，大部分商铺的销售范围较小。买家接触不到店铺，自然无法形成购买。但是电子商务通过互联网将销售半径扩大，这是传统商铺远远无法比拟的。

2．区域特色商品

许多特色商品的生产限于某些特定区域，但是其消费范围却不限于此。纵观成功的电子商务创业，大都以本地特色商品作为主打，例如，温州地区的第一大电子商务商品就是鞋类，因为鞋业是温州地区的第一大轻工产业。

3．个性创意商品

在大部分的电子商务商品同质化严重、价格竞争激烈的今天，个性创意商品或许已经成为电子商务创业的蓝海。例如，网络创意家居用品"阿拉神灯"是一款集无线蓝牙音箱、彩色灯、闹钟、收音机等多种功能于一体的台灯，可以通过手机蓝牙或者外置 TF 卡播放音乐，具有灯光伴随音乐节奏和音量大小变换的功能。该灯于 2014 年在全网获得了超过千万元的销售业绩。

（四）电子商务创业的威胁

1．行业恶性竞争

电子商务的入行门槛较低，导致了大量的同行从业人员扎堆进入某些热门行业，带来了行业的恶性竞争。例如，某些商品的线上价格远远低于制造成本，导致偷工减料、以次充好的现象出现，使某些网站的正品率降低、买家信任度不高。

2．存在虚假交易

大部分的网站采用按交易量等指标排名的显示顺序，导致"刷单"盛行。"刷销量""刷信誉""刷好评"等虚假交易已经成为电子商务的"毒药"，严重危害了全行业的秩序。

话题 3-3 微商，你可以做

学习任务

1．了解有赞、微盟、云集等平台，分析它们的特点分别是什么，有何区别。请撰写分析报告，报告格式不限，Word、PPT 均可。

2．下载有赞微小店 App，安装并注册，尝试在朋友圈分销，并将有赞微小店界面和分销界面进行截图。将以上两个任务通过学习平台或其他渠道分享。

学习目标

1．能够分析微商的本质、主要特点、发展现状与发展趋势。

2．能够理解微商的各种商业模式，为自己进行微商创业奠定基础。

3．能够掌握微店、有赞微小店等主流微商平台的特点和商业模式，能够根据自己的需求选择合适的微商平台进行创业。

4．能够掌握微店的开店流程、基本操作，能够进行微店管理和营销。

关键问题

▶▶▶ 一、微商，有什么特点

（一）什么是微商

微商是指企业或个人通过微信、微博等互联网社交平台进行商品线上分销的商业活动，是一种社会化分销模式，人人都可以成为微商体系下的分销者。微商的本质是基于熟人关系的社会化分销。微商的特点在于利用微信等社交网络，基于熟人关系建立其消费信任，降低营销成本。

（二）微商的发展现状

目前，微商发展进入升级期，一方面，阿里巴巴、网易卡拉、小米等大型电子商务企业和立白集团等传统品牌入局；另一方面，俏十岁等早期微商企业转型退出。

传统电子商务及线下品牌切入微商市场多采用平台模式和一级代理模式，开设自己的微商平台，招收"微客"进行分销；这主要是出于利润保护、品牌安全和管理方法的考虑。

国家出台相关法律法规对微商进行规范，传统电子商务及线下品牌入局，未来微商的发展将越加规范和品质化，朋友圈刷屏将逐渐被市场淘汰。

社交电子商务可以看作微商的升级版。社交电子商务通过技术大大降低了中间成本，卖家只需要将购物链接发送到朋友圈和微信群，有人购买后即可获得分红和利润。买家可以通过拼团，降低购买商品的成本。分销型的社交电子商务是由微商模式进化而来，也就是类似云集、未来集市、贝店的"品牌方—平台—小b（微信代购）—消费者（Supplier to Business to Customer，S2B2C）"模式（见图3-22），它们基本都是缴纳会员费加盟，然后可以以更便宜的价格拿到商品，同时成为店主，享受平台的红利。

（a）云集　　　　　　　（b）集市　　　　　　　（c）贝店

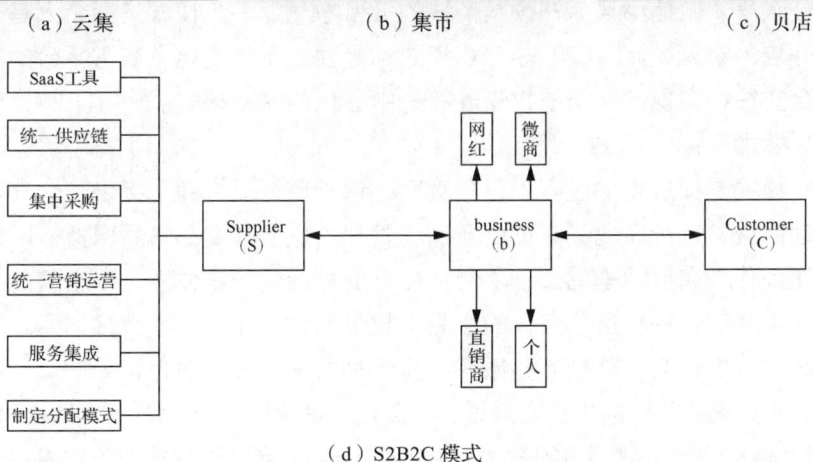

（d）S2B2C模式

图3-22　分销型的社交电子商务

（三）微商商业模式分类

1. 按参与环节不同

按照主体参与环节的不同，微商的商业模式可以分为四类：品牌微商、社群微商、平台微商、个人微商。

（1）品牌微商

品牌微商主要指新创品牌或固有品牌，通过成立分销团队，层层代理，最终通过微信等社交平台进行营销并实现销售，例如韩束等。

（2）社群微商

社群微商是指由某个群体内单个或多个意见领袖发起，以社会热点、兴趣点或某种共同情怀而集结成的线上社群，通过主题运营、吸引目标消费群体成为粉丝，从而将粉丝价值变现为经济效益。

（3）平台微商

平台微商是指企业成立一个专门的平台，连接上游厂商、品牌商和下游小微商户、个人，下游参与者通过平台可以实现手机开店，并通过社交网络分享实现对上游商品的分销。例如微店、有赞微小店、萌店等（见图 3-23）。

（a）微店　　　　　　　　（b）有赞微小店　　　　　　（c）萌店

图 3-23　平台微商

（4）个人微商

个人微商是指个人基于朋友圈销售商品的商业模式。

2. 按代理主体不同

按照零售终端代理主体的不同，微商可以分为 B2C 模式和 C2C 模式。B2C 模式是指企业基于微信公众号、微信小程序开设微商城的 B2C 模式；C2C 模式是指个人基于朋友圈、微信小程序开店的个人微商。B2B 与 C2C 模式都是独立于传统电子商务平台的存在方式，在正常的社会交往中实现商品交易，代表着去中心化的交易模式。

（1）B2C 模式

微商 B2C 模式是指货物供应者（包括卖家、供货商、品牌商）提供一个在微信上搭建的统一的移动商城，直接面向买家负责商品的管理、发货与商品售后服务。B2C 微商需要具备几个成熟条件：完善的基础交易平台；完善的社会化分销体系；以完善的社会化客户关系管理系统来管理企业会员；完善的售后维权机制，可以跟买家直接沟通。

微商系统中有供应商、分销商和微客（粉丝和买家）三大角色，如图 3-24 所示，对于拥有完善的线下销售渠道的供货商来说，社会化分销平台（Social Distribution Platform，SDP）可以帮助供应商给分销商开设独立后台。每个分销商可以获得有唯一参数标识的二维码，供应商则通过二维码管理系统进行管理。买家通过扫描二维码进入品牌统一后台，分销商可以管理自己引导的粉丝、订单，永久参与分成，解决线上线下的利益分成问题。此外，系统将买家汇集到微信中，使得供应商可以通过实时沟通来了解买家的需求，实现按需生产。

微商 B2B 模式的卖家多为规模稍大、具有企业资质的中小商户。B2C 模式拥有良好的品质保障、完善的交易和维权机制，将是未来微商发展的主流模式。

图 3-24　微商系统

（2）C2C 模式

微商 C2C 模式是由微客个人实现商品的社交分享、熟人推荐与朋友圈展示等的模式。

微商最大的好处在于沉淀客户，能够使分散的线上线下流量完全聚合。事实上，微信的原点是社交而非营销工具，这就决定了微商比传统电子商务更能准确找到客户群体，从而大幅提升企业服务质量和订单量。

微商 C2C 模式的卖家多为规模较小、无企业资质的个体户。微商 C2C 个体户经营模式

下，货源不稳定、品质难以保障、售后维权机制不成熟，分散特征明显，难以实现规模化发展。

3. 按参与方式不同

根据参与主体的品牌经营方式不同，可以将微商分为代理模式和自营模式。

（1）代理模式

代理模式即代理某个或某些微商品牌的商品，发展下级代理或者直接销售。目前大部分微商采用的是代理模式。

（2）自营模式

自营模式为企业或个人自建工厂，通过微商渠道进行销售。自营模式下，商品到达终端的比例更高。新的企业进入微商领域，主要是通过自营模式。

对卖家而言，微商是去中心化的电子商务形态，淘宝是 PC 时代的产物，大多数传统零售卖家在淘宝面临如何沉淀用户等难题。一方面，无论是 B 店还是 C 店，为卖家带来订单的买家都属于淘宝平台，而非卖家所有；另一方面，买家主要通过搜索完成下单，卖家缺乏与买家直接沟通的渠道，无法了解买家的真实需求。而微商模式最大的好处便是将多种渠道所接触到的买家汇聚起来，形成一个属于企业自己的大数据库，从而实现个性化推荐、精准营销。微商与淘宝网等传统电商的区别如图 3-25 所示。

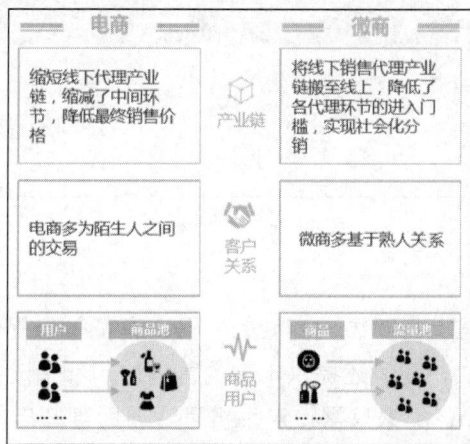

图 3-25　微商与传统电商的区别

微商通过官方商城、官方微信等渠道，逐渐把淘宝平台的用户导入微信平台，同时建立会员体系，通过积分、优惠等多种手段深度拓展用户群。

▶▶▶ 二、微店，可以尝试开设

卖家开设微店需要掌握以下几个方面：选择适合自己的微店平台，了解微店的开店流程、微店的基本操作、微店管理和微店营销。

（一）选择适合自己的微店平台

每个人开微店的目标不同，对微店平台的选择也就不一样。目前微店平台有很多，且都有各自的优势。

1. 微店

微店入驻门槛低、零费用，发展形势较好。微店有 900 多万用户，口碑不错。微店可以和微信公众号绑定，使推广更方便。但也有部分用户反映，绑定微信公众号后推广的相关功能较少，不过这并没有妨碍大量用户入驻。

2. 微信小店

微信小店是基于微信公众平台打造的电子商务模式（见图 3-26），提供添加商品、商品管理、订单管理、货架管理、维权等功能，卖家可使用接口批量添加商品以快速开店。它依托于微信这个用户基础广泛的社交平台，能够轻松地给店铺带来大量人气。不过微信小店对支付方式有所限制，买家目前只能选用微信支付，而不能选用支付宝、信用卡等支付方式。而且，微信小店不仅需要通过微信认证和开通服务号，还需要缴纳 2 万元的保证金。

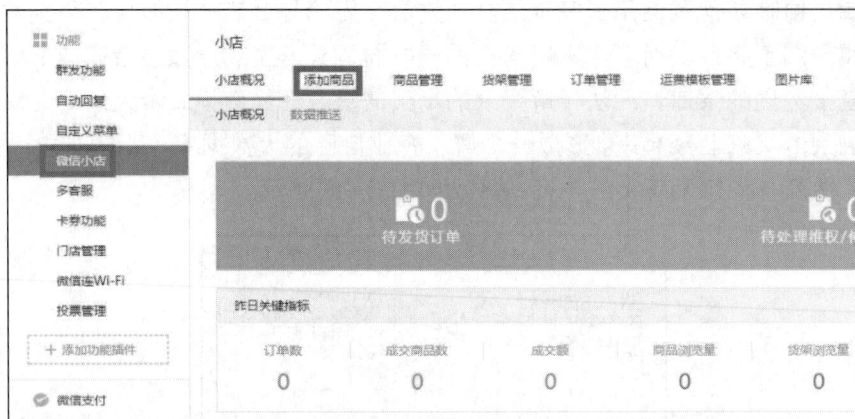

图 3-26　微信小店

3. 有赞

有赞是帮助卖家在微信上搭建微信商城的平台。有赞微店提供店铺、商品、订单、物流、消息和客户的管理模块，同时还提供丰富的营销应用和活动插件。有赞微店是一个面向普通个人的手机开店 App，卖家只需使用手机号注册即可开店。

使用有赞可以快速、高效地管理店铺内的商品，包括从选货市场里添加的商品和微店主自己在卖的商品。有赞专注于粉丝效益，有互动游戏和代付、送人、心愿等丰富的功能，能为品牌带来较高的粉丝黏性。如果卖家希望认真地维护好粉丝和管理商品，并让它们在一个体系下完美运转，那么建议选择有赞商城。有赞的缺点在于虽可以使用支付宝支付，但成交时支付宝要收取一定比例的费用，提现也需要手续费。

4. 微盟

微盟通过自建小程序+公众号商城，以及营销、会员系统，帮助企业搭建新一代的微商城小程序销售体系，快速实现去中心化的流量聚合。

微盟微商城是收费的，包括基础版、标准版、高级版三个版本，其中，基础版 6 800 元/年，标准版 11 800 元/年，高级版 16 800 元/年。微盟微商城的收费可以根据合作的年限进行优惠，比如买两年送一年等。卖家可以根据个人对店铺和其他情况的需求进行选择，长期客户使用微盟更划算。

（二）微店的开店流程

接下来以微店为例，讲解开店流程。微店的开店流程主要为安装微店 App、微店注册、添加商品和设置微店应用 4 个方面。安装微店 App：微店有 PC 版和手机版两种，可以在智能手机的应用市场下载微店 App 并安装，也可以在 PC 端登录官网直接使用。微店注册：填写手机号码，勾选已阅读并同意《微店平台服务协议》和《微店禁售商品管理规范》，即可完成注册。添加商品：需添加商品图片，填写商品描述、价格、型号与库存等（见图 3-27）。设置微店应用：分为买家版应用和卖家版应用 2 个版本分别设置。

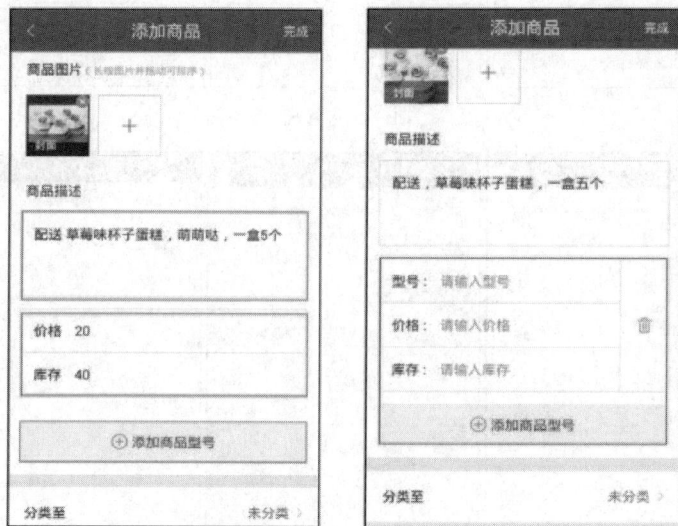

图 3-27　微店添加商品界面

（三）微店的基本操作

卖家要想玩转微店，只是开通店铺还不够，还需要了解微店的基本功能、商品进货渠道和商品发布。微店的基本功能主要包括微信收款、销售管理、客户管理、营销推广、我的收入和订单管理（见图 3-28）；商品进货渠道主要来自批发市场、阿里巴巴、网络代销和厂家；商品发布主要需要学会添加商品、管理商品分类和商品编辑。

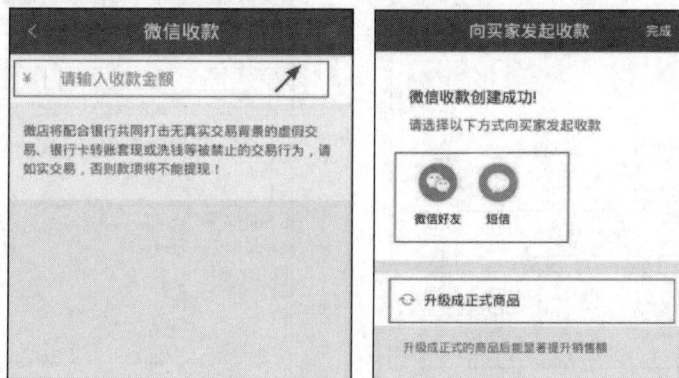

（a）微信收款

图 3-28　微店的基本操作

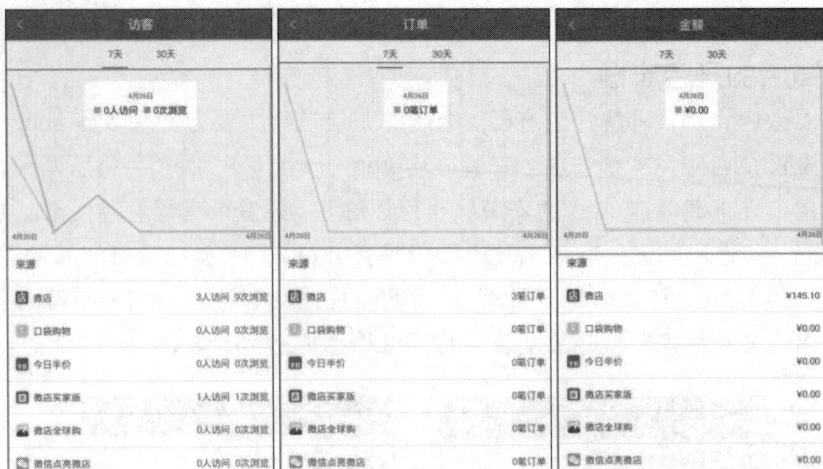

（b）销售管理

（c）客户管理

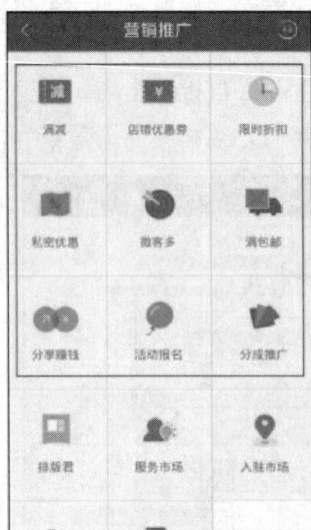

（d）营销推广

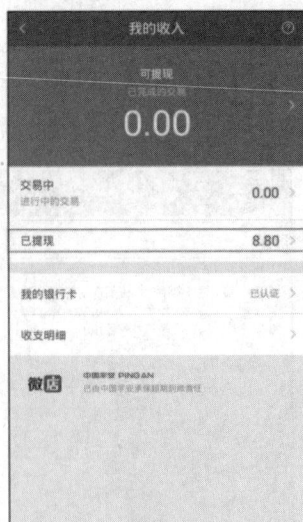

（e）我的收入

图 3-28　微店的基本操作（续）

（f）订单管理

图 3-28　微店的基本操作（续）

（四）微店管理

微店的管理有订单管理、流量分析、客户管理和促销管理 4 大类。订单管理主要包括待处理订单、未付款订单、完成和关闭订单、一键导出订单 4 大块。流量分析主要是指分析进店铺浏览商品的人数，通过分析流量，卖家可进一步对商品信息进行调整，从而提高商品的成交率，使店铺运营更流畅。客户管理指卖家通过获取买家的详细资料，为买家设置专属标签，实现店铺的个性化运营。系统会根据不同类型买家的特点，有针对性地推荐内容。促销管理是指卖家为商品设置短期降价，或者提供其他优惠，引诱买家尽快作出购买决定。

（五）微店营销

微店营销主要是通过微信公众平台推广、微店推广方式、微店促销和微信吸粉构成的互动营销模式。微信公众平台推广是指通过微信公众号、微信扫一扫功能、微信卡券功能等进行推广；微店的推广方式主要包括友情店铺、分成推广、活动报名、口袋直通车、入驻市场和微店红包等；微店促销是指卖家通过选择适合促销的商品，选择促销的最佳时间，充分利用满减、店铺优惠券、限时折扣、私密优惠、微客多和满包邮等促销方法，开展促销活动。

微信吸粉对于微店销售来说至关重要，主要有以下方法：爆款公众号大号互推，两个互推的公众号之间尽量以互补性关系为佳，例如，微信公众号"手机摄影构图大全"与"拍照这些事"两个大号的互推合作；通过爆款活动策划吸粉引流，既包括线上活动，也包括线下活动，例如，手机抽奖是比较常见的线上活动；借助爆款 App 引流，例如，微店经营的是母婴类产品，可以通过"MOMO 陌陌"App，选择母婴类的群组加入，然后借机对微信公众号进行宣传；通过微店官方网站宣传推广；通过好友互推、红包、线上直播、二维码等方法吸粉引流等。

在线测试

一、单选题

1. 微商是指企业或个人通过微信、微博等互联网（　　　）进行商品线上分销的商业活动。

　　A. 网络平台　　　　　　　　　　　　B. 社交平台

　　C. 团购平台　　　　　　　　　　　　D. 电子商务平台

2. 微商管理系统中有供应商、（　　　）和微客（粉丝和买家）三大角色。

　　A. 中介人　　　　B. 参与人　　　　C. 带货人　　　　D. 分销商

3.（　　　）不属于微店的管理。

　　A. 订单管理　　　　B. 客户管理　　　　C. 促销管理　　　　D. 企业管理

二、多选题

1. 微商可能是（　　　）等角色的集合。

　　A. 消费者　　　　B. 传播者　　　　C. 服务者　　　　D. 创业者

2.（　　　）是微商的商业模式。

　　A. 品牌微商　　　　B. 社群微商　　　　C. 平台微商　　　　D. 个人微商

3.（　　　）属于平台微商。

　　A. 微店　　　　B. 有赞　　　　C. 萌店　　　　D. 韩束

4. 微店的开店流程包括（　　　）。

　　A. 安装微店 App　　　　　　　　　　B. 微店注册

　　C. 添加商品　　　　　　　　　　　　D. 设置微店应用

三、判断题

1. 目前的社交电子商务可以看作微商的升级版。（　　　）

2. 品牌微商分为新创品牌和固有品牌。（　　　）

3. 微盟通过自建小程序+公众号商城，以及营销、会员系统，帮助企业搭建新一代的微商城小程序销售体系，快速实现去中心化流量聚合，客户粉丝沉淀。（　　　）

4. 微信小店是基于微信公众平台打造的电子商务模式，提供添加商品、商品管理、订单管理、货架管理、维权等功能，开发者可使用接口批量添加商品以快速开店。（　　　）

5. 微盟微商城是收费的，包括基础版、标准版，高级版三个类型，微盟微商城收费一般在 6 800 元/年到 16 800 元/年不等。（　　　）

6. 微店的订单管理主要包括待处理订单、未付款订单、完成和关闭订单、一键导出订单 4 大块。（　　　）

7. 微店的基本功能主要包括微信收款、销售管理、客户管理、营销推广、我的收入和订单管理。（　　　）

四、讨论题

粗略数一下，京东、苏宁、国美、永辉等都在尝试微信卖货，更不要说本来就成长自微商体系的云集、贝店。但是，有种说法认为，众多大玩家中，没有哪个平台比京东更适合做微商，为什么呢？你怎么看待微商未来的发展？

一、如何开通网上微店

第一步，进入"我的微店网"小程序。

第二步，打开我的微店网首页，点击右下角"我的"（见图 3-29）。

第三步，点击左下角"点击成为会员"（见图 3-30）。

图 3-29 "我的微店网"首页

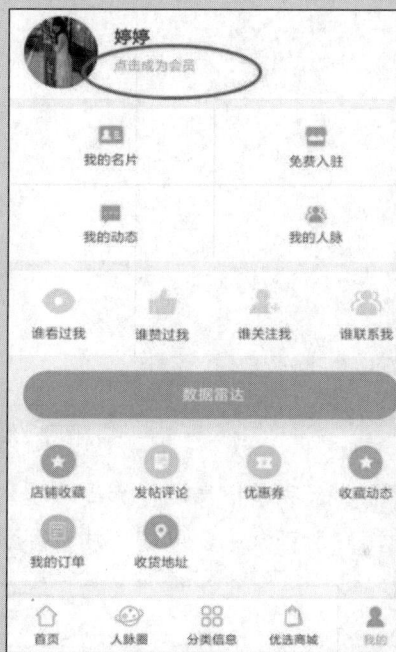

图 3-30 点击"成为会员"

第四步，填写手机号码或微信授权允许登录，注册会员，如图 3-31 所示。

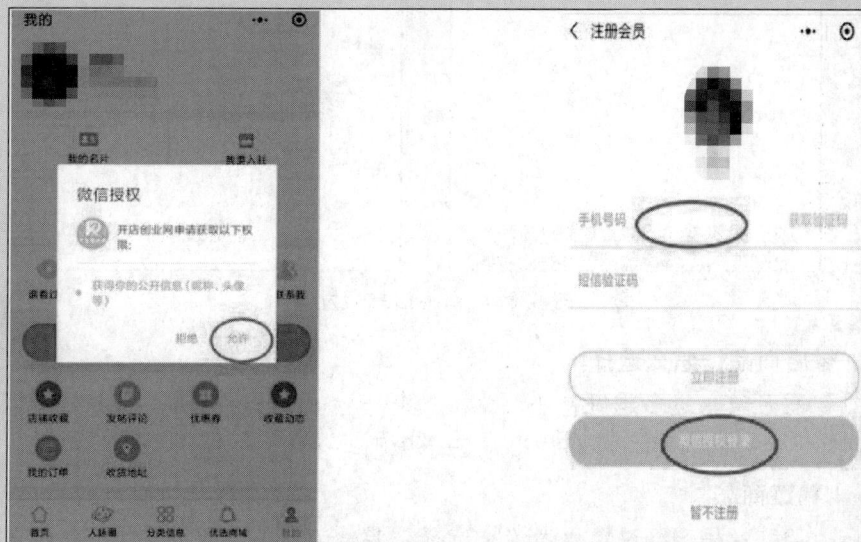

图 3-31 填写手机号码或微信授权允许登录

第五步，编辑店铺信息，完善相关内容，如图 3-32 所示。

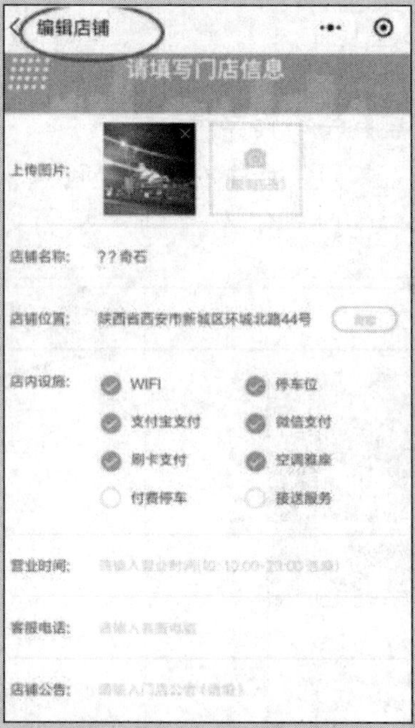

图 3-32　编辑店铺信息

第六步，完善信息后，选择入驻套餐，立即发布后上交入驻费即可。点击编辑富文本可编辑店铺介绍，可加图片文字介绍，如图 3-33 所示。

图 3-33　完善信息后发布

二、微店商品，怎么选择

商品包罗万象，越多越好？不尽然。"多"一方面代表丰富，另一方面也预示着选择的困难。微店商品的选择可以遵从三个原则。

（一）精选商品

微店上架的商品应经过慎重考量和选择。要精选品类，而不是全品类覆盖，应结合卖家的特点，参照买家需求，选择合适的品类。例如，民生类商品和日用生活品，这些商品买家日常消耗大，会重复购买。地方特色商品也适合在微店经营，例如，山东潍坊盛产著名的潍县萝卜，以口感松脆、香甜爽口而备受欢迎，但外地买家很难买到正宗的潍县萝卜，如果卖家利用本地优势采购这类商品在微店上分销，将会受到极高的关注。箱包、皮具等无尺码要求的商品也适合在微店上分销，免去因尺码不合适而带来售后方面的麻烦。

除了精选品类，还要精选品种。精选品种要兼顾四个要点：一是选择有价格优势的商品，没有价格优势就无法在浩如烟海里的网络商品里脱颖而出；二是选择少量敏感的商品，敏感商品可带来良好的口碑，是买家快速认同一家微店的重要条件之一；三是要有利润，利润是衡量微店能否正常运营的基准，利润少，微店卖家就会失去分销的动力和兴趣；四是选择差异化的商品，商品雷同不管是在线上还是线下都是经营的大忌，微店经营同样需要差异化的、让人眼前一亮的商品，这是吸引买家的独门秘籍。

（二）常换常新

与实体店的商品一成不变相比，微店的大部分商品需要定期更换，设定销售期限，这类似于实体店的海报。海报上的商品每两周就会更换一次，每期推出不同的商品吸引买家，微店商品同样如此。微店商品的销售表现是一条抛物线——投入期是起点，高潮期是峰值，回落期是终止。高潮期过后，销售自然回落，如果此时再推广，效果就会大打折扣。也可以这样理解，卖家要借助社交平台进行推广，每个人的社交圈变化不大，商品分销过后，很难再开发新的销售机会。

（三）符合碎片化购物需求

虽然买家在移动端停留的时间越来越长，但专注一个页面、一件商品的时间却越来越短。买家没有耐心研究功能多、介绍复杂的商品，因此在做商品描述时，语言应尽量准确简单、通俗易懂，不能人为制造阅读和理解的障碍。节日来临或季节更换，微店的商品也要随之变化。例如，节日前，卖家推出礼盒类的商品；季节转换之际，卖家推出与季节相适应的商品。

话题 3-4 营销，没那么难

学习任务

1．请查阅百度搜索引擎营销、微博营销、微信营销、短视频营销、直播营销的相关资料，任选一个营销方式，介绍营销方式的特点，并结合一个经典营销案例进行分析，撰写分析报告，分析报告格式不限，将分析报告通过学习平台或其他渠道分享。

2．请你学习李佳琦、薇娅的直播视频的特点，自己录制一段直播视频，为家乡的农产品或其他商品进行营销（营销商品不限），并将视频通过学习平台或其他渠道分享。

学习目标

1．能够理解营销的本质，能够理解网络营销方式变化背后的逻辑与趋势。

2．能够分析百度、微信、微博、短视频和直播等网络营销主流平台的特点及区别，对新型营销手段形成自己的见解，能够针对不同情况选择合适形式。

3．能够分析经典营销事件成功背后的逻辑，能够形成自己的认知，为自己从事网络营销工作打下基础。

4．能够与时俱进，时刻关注网络营销的新技巧、新思维、新趋势。

关键问题

▶▶▶ 一、搜索引擎营销，姜还是老的辣

2020 年，中国互联网络信息中心（CNNIC）发布第 45 次《中国互联网络发展状况统计报告》。该报告统计数据显示，截至 2020 年 3 月，中国搜索引擎用户规模达 7.50 亿，较 2018 年底增长 6 883 万。在整体网民、手机网民中，搜索引擎都是第二大互联网应用。

2019 年 10 月，艾瑞咨询发布的主要网络广告占比数据显示，搜索引擎广告在 2019 年第一季度和第二季度的占比分别为 17.3% 与 15.4%，其市场份额有下降的趋势，如图 3-34 所示。有分析认为，虽然搜索引擎广告受到整体市场环境和新兴媒体形式的影响，市场份额有所下降，但随着人工智能（Artificial Intelligence，AI）落地化应用技术不断成熟，其在广告营销领域赋能效果将不断增强，体现为更精准的个性化广告投入与更高的变现效率 AI。

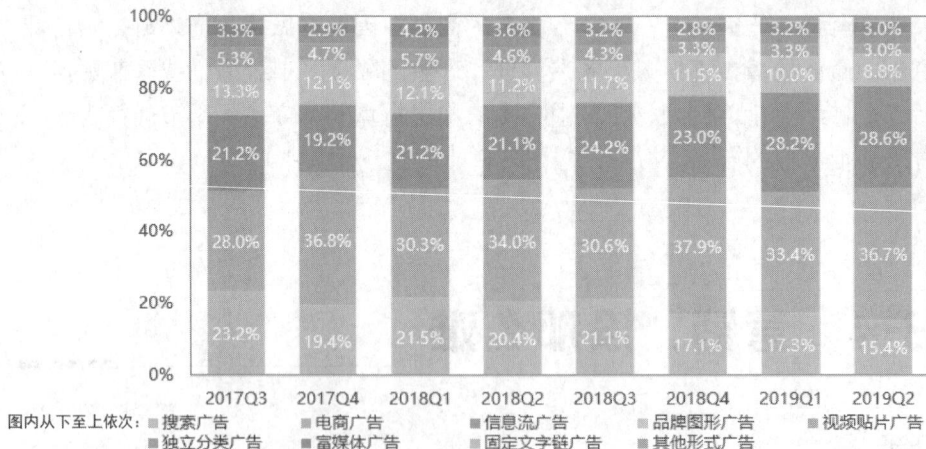

图内从下至上依次：■搜索广告　■电商广告　■信息流广告　■品牌图形广告　■视频贴片广告
　　　　　　　　■独立分类广告　■富媒体广告　■固定文字链广告　■其他形式广告

注释：1.搜索广告包括搜索关键字广告及联盟广告；2.电商广告包括垂直搜索类广告以及展示类广告，例如淘宝、去哪儿及导购类网站；3.分类广告从2014年开始核算，仅包括58同城、赶集网等分类网站的广告营收，不包含搜索等垂直网站的分类广告营收；4.信息流从2016年开始独立核算，主要包括社交、新闻资讯、视频网站中的信息流品牌及效果广告等；信息流广告收入以媒体实际收入为准，未考虑企业财报的季节性波动而导致的收入调差；5.其他形式广告包括导航广告、电子邮件广告等。
来源：根据企业公开财报、行业访谈及艾瑞统计预测模型估算。

图 3-34　主要网络广告占比

（一）搜索引擎营销是什么

搜索引擎营销（Search Engine Marketing，SEM）一般指基于搜索引擎平台的网络营销，利用人们对搜索引擎的依赖和使用习惯，在人们检索信息的时候将信息传递给目标用

户。搜索引擎营销的基本思想是让用户发现信息，并通过点击进入网页，进一步了解所需要的信息。企业通过搜索引擎付费推广，让用户可以直接与公司客服进行交流，进一步实现交易。

以中国最大的搜索引擎网站百度为例，当在百度搜索框中输入"臭豆腐"并点击确认后，会出现很多搜索结果，有些条目的右下方会标注"广告"字样（见图 3-35），这就是广告企业投放广告以后显示的效果。而百度通过关键词定位技术，把结果推送给潜在的客户，同时帮助搜索用户获得相关信息。

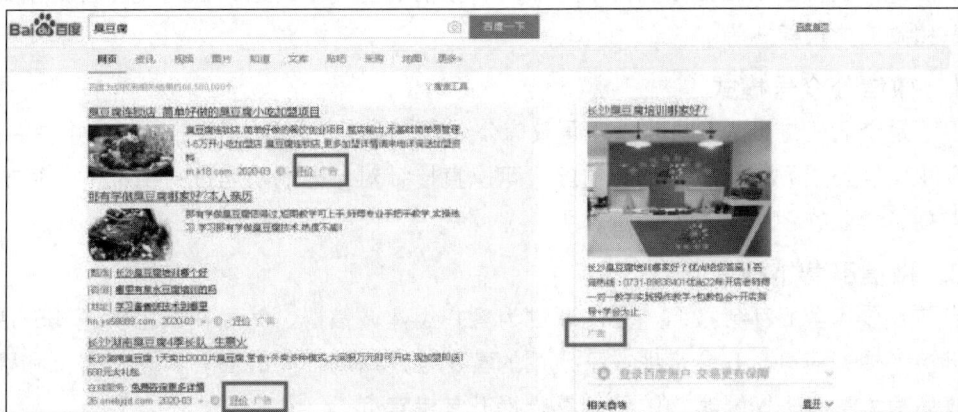

图 3-35　百度搜索引擎广告

（二）搜索引擎营销如何做

搜索营销是一种按效果付费的网络营销方式，也就是广告展示出来不收费，只有用户点击了才收费。

从浏览开始，到打开网站，到咨询，到成交，人数会越来越少，像一个漏斗。用户搜索关键词，在搜索结果中看到广告，广告被看到的次数叫展现量；并不是每一次展现都有点击，只有信息具有吸引力，用户才会点击，形成点击量；用户点击进入网站后，仔细浏览，就可能咨询，产生咨询量；如果可以成交，就产生订单量。

因此，搜索引擎营销只有将推广阶段、网站阶段、销售阶段三个阶段都做好，才能产生较好的效果。

以搜索"臭豆腐"为例，买家在搜索框输入"臭豆腐"，并点击查询后，能在搜索结果中看到商品广告，这就是投放广告的效果。为了获得尽可能多的展现，卖家应分析买家可能用到的关键词，设置尽可能多的关键词。买家搜索出广告后，是否点击广告，取决于广告的创意是否吸引人。当买家通过点击进入网站后，网站需要提供类似 QQ 聊天、客服电话等沟通渠道，帮助买家及时了解信息。

除了百度网站，还有一些百度联盟网站（百度和上百万的网站合作组成的联盟），通过这个联盟，可以把广告投放到他人的网站上，实现资源共享。

▶▶▶ 二、微信营销，创新营销新模式

微信营销是伴随着微信产生的一种网络营销方式，是社会化媒体营销中运用得非常广

泛的手段之一。

（一）什么是微信营销

微信营销是一个系统的营销过程，具体是指利用微信提供的模块和功能，将员工和买家的个人号、订阅号及企业公众号进行合理优化组合，建立有效的微信矩阵，从而形成一套精准的营销体系的营销方式。

（二）微信营销有哪些模式

微信营销模式主要包括微信公众号模式、微信群营销模式、微信朋友圈营销模式、微店营销和微信广告模式等。

1. 微信公众号模式

不管是企业还是个人，都可以开通微信公众号，通过微信公众号推送文章并提供服务。有的企业微信公众号积累了几千万粉丝，可以直接针对自己的粉丝进行精准的信息推送，大大提高了企业的客户管理和运营水平。

2. 微信群营销模式

当前，很多企业都会按照一定的属性为客户组建微信群，然后在群里发送 H5 活动海报、链接等相关信息，开展定期或不定期的营销推广活动，同时回答客户的咨询和疑问，处理售后相关事宜，增强客户的体验感，提升其满意度。

3. 微信朋友圈营销模式

在微信朋友圈可以看到朋友分享的内容，所以有的人就广泛加好友然后在朋友圈发软文做推广。目前微信好友数量的上限是 5 000 人，用户拥有 5 000 个好友，就相当于拥有了一个活跃度很高的微博账户。在朋友圈发信息，然后转入微信聊天模式，进入微店成交，已经成为很多电子商务运营的重点模式。

4. 微店营销模式

很多企业或个人也会在微店上开店，把自己的商品和服务放在微店上，通过微信支付完成交易。

5. 微信广告模式

微信针对中小企业主推出了广点通业务，也就是开通账户后，可以在微信公众号的文章底部插入用户的商品广告链接。有实力的企业还可以尝试投放朋友圈广告、微信群广告等。

（三）微信个人号营销怎么做

微信个人号营销需要综合考虑微信个人号的装修、如何添加更多的微信好友等。

1. 微信个人号的装修

微信个人号相当于自己的一张网络名片，别人可以通过用户微信个人号的号码、头像、签名和背景图片来判断用户是一个怎样的人，所以微信个人号的装修很必要。个人号装修由微信号码、微信头像、个人签名、背景图片四个细节组成。

（1）微信号码

在注册微信的时候，会有设置"个人微信号码"选项，目前只能设置全字母或者字母和数字结合的号码。从运营的角度来说，大部分的微信个人号都设置为字母加 QQ 号码或者字母加手机号码的形式，这样便于将用户从微信平台向其他平台转化，实现沟通的多样化，还可以将微信个人号设置为名字的拼音或姓名及商品拼音的简拼。

（2）微信头像

微信头像以个人真实头像为最佳，给微信好友留下可信任的印象。头像过于明亮或色彩较暗会给人比较高调或阴暗的感觉，都容易造成别人的反感，建议以适中的色彩为主，不要太个性。当然，有些行业 1 需要比较高调的展示，可以选用稍微夸张的头像。尽量不要将微信标志、风景图片、二维码图片、商品图片或其他类图片作为头像。

（3）个人签名

短短 30 字的个人签名是个人微信号的名片，一句有深度的介绍可以俘获无数好友的心，可以是励志、淡薄、优雅的，也可以是单纯的个人介绍，尽量不要直接写商品广告。微信是以社交为基础进行运营的，淡化商业性是必要的。

（4）背景图片

背景图片在微信的展示中是比较重要的一个部分，应以养眼的图片为主。很多微信号都以个人照片为背景，也可以使用美丽的风景图片，注意不要把背景图片广告化。

2．如何添加更多的微信好友

（1）多社交平台引流，添加好友

人们可以在所有活跃的社交平台，如微博、QQ、知乎及头条文章等留下自己的微信号。只要你乐于互动、善于分享，就会有更多的人想认识你，通过搜索微信号添加你为好友。

（2）通过社群添加微信好友

微信群是一个很好的加好友的入口，不过应该注意，平时应该在群里保持活跃，展示自己，让群里的成员对你有印象、有好感，这样添加群里的成员为好友才容易通过，甚至可以吸引群成员主动加你为好友。同时，通过微信群添加好友会相对精确，因为群员多是因共同的兴趣、关系、特征而聚集到某个群中，如健身群、妈妈群等。

（四）微信公众号营销怎么做

想要做好微信公众号营销，卖家需要了解微信公众号的分类、微信公众号营销的策略等。

1．微信公众号的分类

微信公众号有许多类型，在使用方式和功能上有诸多区别。微信公众号有企业微信、服务号、订阅号三种账号类型（见表 3-3）。企业微信主要用于做管理，类似于企业内部的管理系统，面向的是企业内部的员工或者企业运营流程中的上下游客户。对于管理运营不复杂的中小型企业来说，开通企业号的价值不大。订阅号主要用于传播，通过展示自己的特色、文化、理念而树立品牌形象。订阅号每天可发一条推送，有很多传播利用空间，所以大部分企业和媒体都选择开通订阅号。服务号主要用于做服务，如招商银行服务号，将个人招商银行账号与该服务号绑定后，每次消费时招商银行的服务号都会发来消息，服务效率非常高。客户服务需求高的企业可以考虑在开通订阅号的同时开通服务号。

表 3-3　企业微信、服务号、订阅号的功能对比

功能	企业微信	服务号	订阅号
面向人群	面向企业、政府、事业单位和非政府组织，实现生产管理、协作运营的移动化	面向企业、政府或组织，用于对用户进行服务	面向媒体和个人，提供一种信息传播方式
消息显示方式	出现在好友会话列表首层	出现在好友会话列表首层	折叠在订阅号目录中
消息次数限制	最高每分钟可群发200次	每月主动发送消息不超过4条	每天群发一条
验证关注者身份	通讯录成员可关注	任何微信用户扫码即可关注	任何微信用户扫码即可关注
消息保密	消息可转发、分享。支持保密消息，防成员转发	消息可转发、分享	消息可转发、分享
高级接口权限	支持	支持	不支持
定制应用	可根据需要定制应用，多个应用聚合成一个企业号	不支持，新增服务号需要重新关注	不支持，新增服务号需要重新关注

总之，如果想简单地发送消息，做宣传推广服务，达到宣传效果，就选择订阅号；如果想进行商品销售、客户服务，建议选择服务号；如果想用来管理内部员工，可以开通企业微信。

2. 微信公众号营销的策略

卖家要想获得更多的买家，可以从以下三个方面入手。

（1）关注买家所关注的

调查发现，许多买家关注微信公众号都是出于娱乐、学习、兴趣等原因，而他们之所以关注大多是因为朋友的介绍及公众号本身的知名度等，他们关注该公众号是为了获取更多感兴趣的信息。买家为什么关注、买家为什么信任、买家关注微信公众号的价值是什么、买家关注微信公众号的主要渠道是什么……这些问题都是卖家需要考虑的。

（2）吸引买家的内容

做好微信公众号内容的技巧主要有以下几种：取让买家有点击欲望的标题，注重文章摘要，选择买家喜欢的文案语言风格，文案的语言、图片和视频合理搭配，利用节日热门头条事件做文案，在正文中植入软广告又不惹人厌，利用图片或文字向买家主动求赞，善于利用连载性文案吸引买家，文章开头增加关注类图片做宣传，文章结尾做一个阅读推荐文章链接。吸引买家是一个长期的过程，使用微信公众号发布内容要有推广意识，推广须有内容支持。

（3）进行有效的沟通

就像商品有售后服务一样，微信公众号的营销也应该注重与买家的互动、交流、沟通，

如问候语与提示的设置及关键字的回复等。除此之外，微信公众号运营还应该设置一些线上的活动，如有奖游戏和其他优惠活动。

▶▶▶ 三、微博营销，爆炸式传播效果

相较于微信，微博更加开放，互动更为直接，推送不受数量和时间的限制，且因其开放性而容易造成爆炸式的传播效果。因此，越来越多企业与卖家抢占微博营销阵地，利用微博开启网络营销的新天地。

（一）什么是微博营销

微博营销是指通过微博平台为企业、卖家、个人创造价值的一种营销方式，也指企业、卖家或个人通过微博平台发现并满足用户各类需求的商业行为。通过微博营销，企业、卖家或个人可以满足自身的营销需求，进而获得商业利益。

（二）微博营销有哪些模式

1. 媒体模式：从传统媒体到新媒体

使用微博移动端发布新闻有更大的便利性，可以随时随地获取和发布信息，形式也趋于多样：文字、声音、图片、视频、直播……富媒体的优势远远超过平面媒体。

2. 明星模式：当红明星的超强影响力

根据新浪娱乐发布的《2019 微博明星白皮书》，微博平台的娱乐明星粉丝数量再创新高，突破 192 亿人次；微博上有超六成的活跃用户关注娱乐相关内容。

3. "网红"模式："我为自己代言"

"网红"即网络红人，目前泛指通过社交平台走红并聚焦大量粉丝的红人。"网红"模式指"网红"凭借自己的影响力在微博上为企业、卖家或个人进行营销，从而获得商业利益。

4. 商界领袖模式：折射人格魅力标签

360 的周鸿祎和小米的雷军都把微博用到了极致，他们的一言一行都备受瞩目，给企业带来了非常高的曝光率和很好的传播效果。

5. 自媒体模式：个人品牌超越公司品牌

在微博巨大的向心力面前，几乎所有人都被卷入其中，从论坛时代的意见领袖到娱乐明星，从企业、政府机关到商业领袖，几乎"无一幸免"，而微博也成为巨大的"流量"和"用户"聚集地。

6. 专家模式：付费阅读和打赏收入

微博上汇聚了各个领域的专家，在微博兴起后，这些专业人士的成名路径、个人品牌的塑造与传播及变现模式等都发生了变化。作为拥有过硬技能的人，专家的变现相比"草根"有更大的优势。

7. 微商模式：社会化电子商务

微博橱窗、淘宝直联、寻找商机、客户服务、品牌传播……微博和阿里巴巴联手后，

社会化电子商务有了更多的可能性。虽然微信对电子商务会形成一定的冲击，但很多卖家通常是多头开花。

（三）微博营销怎么做

1. 微博的定位策略

个人或企业若想达到好的营销效果，应该优先考虑微博的定位。微博定位可分为两类：一类是个人微博，完全由自己控制，可较随心所欲地发布、转发任何自己感兴趣的博文；另一类是商业微博，有目标、有主题地发布和转发博文。

（1）微博的业务定位

微博的特点就在于一个"微"字上，属于微表达，因此它的定位不应该是广撒网，而应是精播种，做好细分市场。

（2）微博的个性定位

微博虽以社交为基础，但是，为了能被更多人关注，微博也应形成自己的鲜明个性，这样不仅有利于形象塑造，也有利于信息的广泛传播。即使是企业微博，也切忌采用冷冰冰的模式办成一个官方发布消息的窗口。微博要让人感觉像一个"人"，有感情、有思考、有回应、有自己的特点与个性。在发布微博时，可通过关键词为自己打标签，可以是与核心商品和服务价值相关的关键词，也可以是与个性相关的关键词。打好标签之后，再用一些内容来强化标签，让用户建立起认知并强化认知。

（3）设计微博话题

能够引发讨论和转发的微博都具有话题性。为了强化微博的话题性，可以把话题关键词用"#"围住，引发更多人注意。如果某话题引发了很多人讨论，那么这个话题就有可能成为热门话题。一旦话题成为热门话题，就有可能进入新浪微博的热门话题榜，被更多人看见，带来巨大的讨论量。

2. 微博的内容策划

（1）合理设计微博的发布时机

微博发布应把握时机，某些时间段的微博使用者会比较多，这些时间段就被称为热门时间段。任何一个应用平台都有热门时间段与非热门时间段。在热门时间段上网的用户比较多，登录并使用微博的用户也比较多，因此在热门时间段发布的信息被看到的次数自然也比较多，进而转发和评论的数量也会随之增加。

（2）微博内容的形式

随着互联网的发展，微博的内容形式越来越丰富，传统的文字已经不能满足广大粉丝的需求，粉丝追求的形式趋于多样化，常见形式有以下几种。

① 纯文字的简短话题。

② 图片+文字。这是目前最常见的微博发文形式，吸引人的图片配上一段文字，给人的视觉感觉非常好。

③ 短视频形式。微博其实在短视频领域已经试水多年，并且一度是短视频领域最具实力的玩家，但是，之后由于种种原因，先后被快手，抖音超越，并一步一步成为短视频的二线玩家。

④ 新闻类。新闻类微博的内容形式主要偏向于新闻大事，如娱乐大事件、体育大事件等，通过新闻大事来博取人们的眼球。

⑤ "段子"平台。近两年"段子"在微博上深受大众喜爱。"段子"通过短小精悍的话语，让大众获得了一种很好的消遣方式。

⑥ 常识型。现在有很多平台专门做一些生活常识类的微博内容，受众面广而且效果非常好，关注度也很高。

（3）微博内容的发布技巧

① 坚持原创，并适当进行转发。

② 增加发布的次数，提高微博的活跃度。

③ 图文并茂，用视觉冲击力来吸引粉丝的关注，在图片上打上水印，便于宣传。

④ 重视直播报道和现场直播。

⑤ 内容要贴近生活、贴近现实，发布与粉丝生活息息相关的内容。

▶▶▶ 四、直播营销，是新风口

中国在线直播行业用户规模近五年来一直保持稳步增长，直播行业生态已基本形成。艾媒咨询数据显示，2019 年中国在线直播行业用户规模已增长至 5.04 亿人，增长率为 10.6%。预计 2020 年在线直播行业用户规模达 5.26 亿人。2019 年，淘宝直播成交额达到 2 500 亿元，同比增长 150%。艾媒网数据显示，2019 年抖音平台直播电商在线成交额为 400 亿元，较 2018 年的交易额增加 300 亿元，快手平台直播电商在线交易额为 1 500 亿元。

（一）什么是直播营销

直播营销是指采用视频直播形式在 PC 端及移动端上，为企业、卖家达到品牌推广或商品销售目的所进行的营销。必备的特征包括以营销为目的、以直播为方式、以线上为平台（不包括传统的电视直播）。

（二）为什么青睐直播营销

相对于其他电子商务模式，直播电子商务具有吸引力更强、传播路径更短、效率更高等优势，可以降低厂商和电子商务平台的获客成本，解决工厂痛点，所以直播营销一直受到卖家青睐。

1. 提高营销效果

直播营销是一种营销形式上的重要创新，它能体现出互联网的特色。

（1）实时互动性。直播作为一个可以和用户面对面交流的平台，会让用户更有参与感。

（2）用户精准性。直播时间上的限制，能够让主播识别并抓住对企业及商品具有忠诚度的精准目标人群。

（3）高效性。直播营销让用户和主播直接接触，企业可以在短时间内完成商品或品牌特性的宣传、商品使用效果的传递，并能及时解答用户的疑问，用户能够在直播过程中直接下单购买，营销的效果自然成倍增长。

（4）情感共鸣性。直播能让一批志趣相投的人聚集在一起，聚焦在相同的爱好、兴趣上，情绪相互感染，形成情感共鸣。

2. 降低获客成本

根据财报测算，2018年，京东获客成本达到1 503元（2016年仅为142元）。因此"私域流量""社交电子商务"走进了人们的视线。淘宝直播打开了一扇窗，接着，抖音、快手、小红书、拼多多等平台纷纷上线直播。"直播+电子商务"突破了线上获客转化瓶颈，省去了拉新、促活、留存的步骤。直接卖货，使并没有流量沉淀的厂家提升了商品销量，对商品初期品牌营销起到非常关键的作用。

3. 解决工厂痛点

在用户直连制造（Customer to Manufacturer，C2M）、原始设计制造商（Original Design Manufacturer，ODM）模式中，工厂品牌尽管可以对接电子商务平台定制生产，但需要入驻平台，依赖于平台流量，因此工厂的痛点是没有直接的流量。直播带货刚好解决了工厂这一痛点。主播卖货的一大竞争力是价格，他们都会强调"低价"，销量提高到一定量级之后在电子商务平台的搜索排名自然提高，进而带来复购率。

主播跟工厂其实是很好的互补，主播苦于流量无法变现，工厂难于有商品无流量，对那些还没有用户品牌认知的商品来说，使用传统渠道很难提升销量，因此，直播营销是主播与品牌的完美互补。

（三）直播营销怎么做

接下来将从视觉营销、内容营销、体验营销三个方面分析直播营销应该怎么做。

1. 视觉营销

直播中画面的流动性一般不大，人物形象也相对固定，而过于单调的画面容易让观众产生厌倦感从而离开直播间。主播要让直播的画面充满生机，给观众的视觉造成强劲冲击，与观众沟通，以此向观众传达商品信息、服务理念和品牌文化，实现良好的直播营销效果。通常，视觉效果可以从光线、角度、镜头的稳定性和主播这几个方面入手。

2. 内容营销

当前的直播早已不能靠单纯的娱乐取胜，企业真正要做的是用优质的内容打动观众，提升企业品牌的曝光度，实现商品销量的增长。企业利用直播进行内容营销，有以下三个重点方向需要引起足够关注。

（1）专业生产内容（Professionally Generated Content，PGC）

PGC指的是专业生产内容，具有内容个性化、视角多元化、传播民主化、社会关系虚拟化等特点。目前，大多数企业的直播营销的销售转化都依赖PGC。在直播营销领域，PGC的重点在于"P"，即专业，用"P"去聚集话题性人物，包括明星、名人、"网红"。例如，2016戛纳电影节的主赞助商巴黎欧莱雅"零时差追戛纳"的系列直播中，既没有什么话术策划，仅是主持人和明星的日常轻松对话，也没有专业的灯光布景、摄影师跟拍，仅是通过手机完成拍摄。在直播过程中，明星只是重复提及欧莱雅的系列商品，主持人也顺势提醒粉丝在天猫搜索"我爱欧莱雅"即可购买明星同款商品，与官网互动配合进行促销。各明星凭借其强大的影响力和现场推荐，在直播中成功植入了品牌和商品。

（2）品牌生产内容（Brand Generated Content, BGC）

直播营销和视频营销、微信营销没有什么本质区别，它不过是企业营销中的一种新型工具，对工具的运用其实没有多大难处，真正能拉开差距的依然是创意。如果企业在直播中关注外在表现形式而忽略直播内涵的打造，那就绝不可能实现预期的营销效果。直播营销的 BGC，重点在于传播企业的品牌文化。单纯的商品营销已不能满足买家的需求，而 BGC 正好展现了企业品牌的价值观、文化、内涵等。阿迪达斯 Originals 的跨界涂鸦艺术直播就是很好的例子。Adidas Originals 作为阿迪达斯的经典系列，成立于 1972 年，一直以来都在保持经典的同时不停创新，兼具复古内涵与时尚活力。为配合 Adidas Originals ZX Flux 新款发布，Adidas Originals 在上海旗舰店举行了"Flux it! 创作直播"。这场直播邀请了多媒体艺术家，基于 ZX Flux 造型现场绘画，并根据网友弹幕，实时变换鞋面色彩、图案等创作元素，为网友呈现了一场充满无限可能性的跨界涂鸦艺术。

（3）用户生产内容（User Generated Content, UGC）

用户参与度是直播最核心的要素。如果直播中忽视了 UGC，那么就会变为主持人的自娱自乐。智能手机的普及、移动互联网的盛行，使直播成本骤减，让"直播"炙手可热。在"移动+互动"模式的完美结合下，我们看到直播的内容边界被无限延伸和拓展。那么，如何让这种"无边界内容"成为一场网友可参与的内容就成了企业直播营销中的关键问题。

3. 体验营销

随着人们生活水平的提高，人们的消费需求也从实用层次转向体验层次。体验营销能带给用户充分的想象空间，最大限度地提升了用户参与和分享的兴趣，能够提高用户对企业品牌的认同感，增强用户购买商品的欲望。然而，如果直播内容千篇一律，差异化、价值输出存在不足，则会致使用户体验效果大打折扣。利用直播进行体验营销，应从观众的感官、交互、信任等方向入手提升体验感。

"直播+"模式还将赋能传统产业，利用大数据、高流量、多渠道等优势实现政企数字化转型。在线直播行业将与消费场景、商业模式、公益渠道相结合，旨在实现更大的商业潜力与社会价值。2020 年，5G 商用、VR/AR 技术使直播升级，高清流畅、实时互动成为可能。深耕模式，拓展渠道，直播将不再仅是直播。

▶▶▶ 五、短视频营销，流量红利来袭

短视频是随着新媒体行业的不断发展应运而生的。短视频与传统的视频不同，由于其时长较短、入门简单等特性，深受许多创业者青睐。2019"双 11"期间，各类新媒体渠道中，短视频投放金额比例增长最快，在抖音投放的营销金额同比增长了 7 个百分点。"双11"品牌主营销投放的内容形式中，短视频形式占比也达到 39%。短视频发展势头迅猛，随着 5G 商用的进一步落地和高科技的应用，短视频行业将迎来新一轮的创新竞争。

（一）什么是短视频

短视频是指时长在 15 分钟以内，适合移动状态和碎片时间观看的，高频推送的视频内容。与在线网络视频相比，短视频更符合视频移动化、视频社交化趋势，应用场景更为丰富。与直播相比，短视频传播速度快、内容短、观看时长限制少。

（二）为什么青睐短视频营销

短视频在不断发展的过程中，行业日趋完善。由于用户对短视频的接受度较高，随着短视频"风口"的来临，利用短视频进行营销是卖家很好的选择。

1. 短视频行业监管力度加强

相关政策法规出台，政府监管介入，推动短视频行业趋于规范化，提升短视频的用户体验和认可度，进而促进短视频营销市场的规范化和成熟化。2019 年 1 月，中国网络视听节目服务协会发布《网络短视频平台管理规范》和《网络短视频内容审核标准细则》，针对行业乱象进行监督管理和规范。

2. 短视频用户规模大、行业市场规模大

2019 年 6 月，中国短视频行业的用户规模达 8.57 亿人。同时，短视频用户使用时长占总上网时长的 11.4%，超过综合视频（8.3%），成为仅次于即时通信的第二大应用类型。

据艾瑞咨询报告显示，2019 年短视频行业市场规模将达到 1 006.5 亿元。未来，随着短视频逐渐成为用户在线娱乐不可或缺的方式，短视频平台营销变现及其他变现方式将有较大的发展空间，预计到 2021 年市场规模水平将达到两千亿元（见图 3-36）。

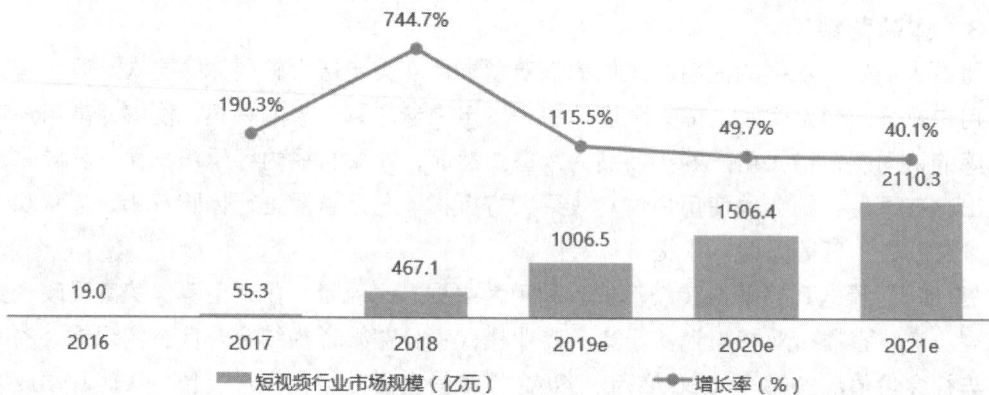

图 3-36　2016—2021 年中国短视频行业市场规模及预测

3. 科技对短视频的创新赋能

5G 的应用将带来大带宽、大连接、低延迟、高传输率。5G 的商用落地，将会推动短视频行业的发展，无论是在短视频的拍摄、操作还是剪辑、再创作等方面，都会带给用户更加流畅的体验，吸引创作者进一步创作，有效降低用户使用门槛。

人工智能的快速发展推动了个性化推荐和广告信息的精准投放，充分利用了用户带来的信息价值。智能封面和字幕、实时美颜，甚至交换面孔和生成动作等都将出现在短视频的创作中。

4. 短视频更容易打动用户

相较软文而言，短视频所展现出的内容更加丰富、立体。短视频通过将背景音乐、标题文案、人物表现、语言语调、标题文案等有机融合，使所产出的内容不再枯燥单调，更容易对用户产生情感传导，打动用户，让用户在不知不觉中与商品或服务建立起情感

纽带。

而且，随着生活节奏的加快，用户的时间越来越碎片化。在短时间内，用户更青睐观看短视频，更直接地获取信息内容，而不愿意花费相对较长的时间阅读一篇软文。

（三）短视频营销怎么做

1. 短视频营销方式

短视频的营销方式丰富多元，大致可以分为硬广告和软广告两大类（见图3-37）。

图3-37　短视频营销方式

（1）硬广告

硬广告具有强曝光、速度快、成本低、门槛低等特点。短视频硬广告具体分为开屏广告、贴片广告和信息流广告三种。开屏广告是指用户打开短视频App时呈现的广告；贴片广告是在短视频内容的首尾加入的广告；信息流广告是指在短视频App的内容推荐页展示的广告。

（2）软广告

软广告具有新鲜度高、互动性强、话题性强、传播性强等特点。短视频软广告具体分为场景植入、内容定制、主题活动、粉丝互动、平台入驻等类型。场景植入是指结合短视频内容呈现的场景植入相关品牌；内容定制是指根据品牌主的需求制作单独的创意视频；主题活动是指品牌方联合短视频平台，发起某一活动或挑战，进行品牌营销；粉丝互动是指邀请网红出席品牌方的线下活动；平台入驻是指品牌方入驻短视频平台，自主进行相关活动和内容发布。

2. 短视频营销策略

（1）挖掘垂直化短视频潜能，聚焦细分人群和场景，助力品牌精准传播

对于品牌而言，垂直内容能够精准直击目标受众，帮助品牌在最短的时间内找到目标受众，完成品牌与受众的无缝对接，激发新的销量增长。例如，携程旅行在国庆旅游黄金周，联手抖音打造"Fun肆之旅，游抖一下"旅行季活动（见图3-38），基于旅行内容，聚焦年轻人群，通过达人实拍示范，展示旅行途中的美好体验，号召用户在黄金周用抖音记录美好旅行，引领"短视频+旅行"全民种草新模式，激发用户"拔草"愿望。

图 3-38　携程联手抖音打造"Fun 肆之旅，游抖一下"旅行季活动

（2）搭乘精品化内容，深度传递品牌信任

精品内容能提升用户的商品偏好度、品牌体验度、品牌价值认同感、消费信心，最终将帮助买家通过好内容感知到好的物品、商品和美好的生活方式，提升精神层面的愉悦感。如香奈儿借助抖音"美好生活映像志"账号（见图 3-39），通过艺术性内容主题与高品质画面的结合，激发用户对美好生活的向往并将之与"香奈儿"的品牌关联起来。

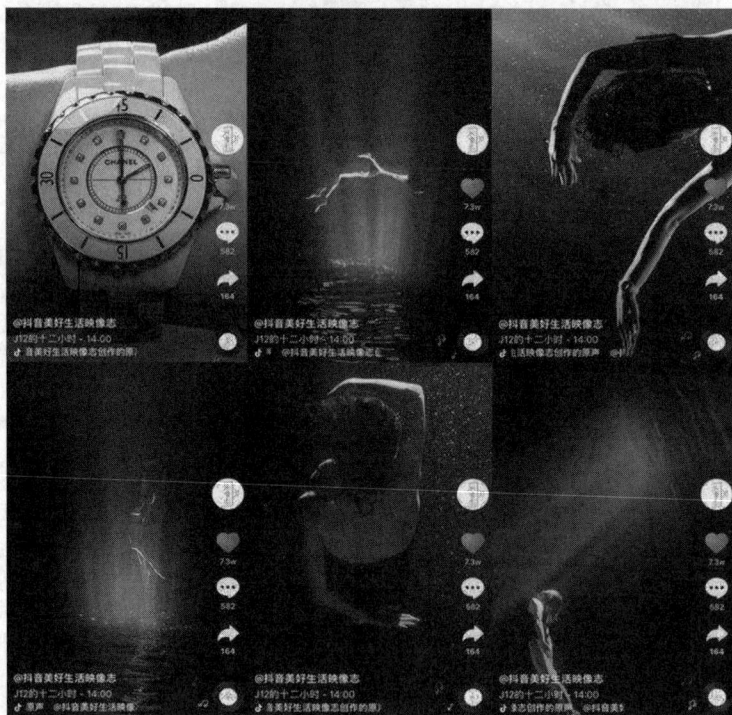

图 3-39　香奈儿联手抖音"美好生活映像志"

（3）借力 AI 内容经营力，制造品牌超感体验

短视频平台通过自身技术优势，不断开发适用于营销的技术产品，激发更多具有创意的内容互动方式，例如创意定制贴纸、背景音乐创作互动等新技术和新体验，为用户提供更为丰富的互动形式，也为品牌合作提供更多创新营销想象力。如 vivo 为推动 vivo X21 魅夜紫新配色产品上市，通过抖音定制魅夜紫彩妆，实现人脸识别精准 3D 上妆，妆容智能动态贴合，给用户带来变装体验，传播 vivo X21 魅夜紫的独特魅力，如图 3-40 所示。

图 3-40　vivo 联手抖音推动 vivo X21 魅夜紫的营销

（4）明星达人引领分享，激发全民参与内容共创，实现品牌声量裂变

数据显示，超过 42.5%的数字营销决策者在短视频营销中选择达人、明星视频定制作为营销的内容，超过 70%的用户因为受明星达人的影响推荐而产生消费行为。在抖音上，明星达人能帮助品牌提升内容曝光度，加速完成前期冷启动。如全新 BMW X3 上市前，品牌方利用明星资源，为宝马新车上市带来了"强曝光、高互动、粉丝沉淀"的营销价值，如图 3-41 所示。

图 3-41　全新 BMW X3 营销

（5）发掘企业营销自有主阵地，构建长效营销生态

营销阵地能帮助品牌实现品牌黏性提升、吸引粉丝、提升传播效果三大价值。作为首批拥抱抖音企业号"蓝 V"账号运营的品牌，vivo 一开始就在抖音短视频平台建立了自己的品牌阵地，开设平台账号，以广告投放，发起挑战赛，赞助活动等方式快速积累粉丝，目前，vivo 抖音官方账号累计集聚近 100 万粉丝，获得超过 730 万的点赞，如图 3-42 所示。

图 3-42　vivo 抖音官方账号

总体而言，短视频已成为移动营销时代的重要入口，要抓住这一新的流量入口，则需要持续的内容运营，通过更好的内容创意激发用户自主通过社交平台扩散，充分挖掘创作者及专业机构的内容生产能力，让人工智能技术为营销赋能，让更好的内容遇见"对"的人。同时，短视频营销还可以与所有的营销体系协同作业，通过内容和平台联动，创造更大的裂变效应。

▶▶▶ 六、网络广告，风云迭起

自中国电子商务诞生之时起，网络广告就是卖家的必争之地。然而，看似热闹非凡的网络广告，"已使英雄泪满襟"，因为"90 后""00 后"只要见到广告瞬间就关闭。网络广告的发展趋势，是值得探讨的话题。

（一）网络媒体类型

通常认为，网络媒体包括自由媒体、付费媒体和口碑媒体三种。

1. 自由媒体

自由媒体是自己可以掌握的媒体，例如企业网站、论坛和社区，以及企业的微博、微信公众号等。使用自由媒体发布信息不用付费，但建设、运维自由媒体需要费用支持。

2. 付费媒体

付费媒体是指发布者需要付费才能使用的渠道，如视频网站、电子商务平台、搜索引擎、App 等。

3. 口碑媒体

口碑媒体是指在用户之间传播的渠道，例如在微博、微信或朋友圈分享信息就属于口碑营销。

利用这三种媒体可以采用的营销形式丰富多彩，包括文本广告、旗帜广告、通栏广告、画中画广告、焦点图广告、悬浮广告、对联广告、弹出广告、全屏广告、栏目赞助、App广告、搜索引擎广告等。

（二）网络广告的投放步骤

不管选用什么媒体，采用什么形式，做好网络广告通常包括如下5个步骤。

1. 确定目标

想要广告效果好，先要确定量化目标，如销售额、流量、注册量等。

2. 准确预算

预算不是拍脑袋定的，而是要先看每单目标的成本，再做预算。例如，每周要开发100个用户，每开发一个用户的合理成本是10元，那么一周的广告预算就是1 000元。至于每单目标的成本，可以根据经验来判断，也可以借鉴行业数据确定，还可以先投几家试试。

3. 选准媒体

媒体必须根据目标客户来选择。投广告前，先要知道目标客户是谁，有什么特点，分析出客户常会到哪些网站、平台，再选择用户比较集中的网站平台。

4. 制作广告

确定投放媒体后，就要制作广告，画面要有冲击力，广告语应画龙点睛，内容要有可读性、有亲和力，还要控制时间。另外，要多准备几套创意方案，一个广告一投到底，很容易让人产生审美疲劳，让广告效果大打折扣。

5. 投放测试

准备就绪后，还要进行测试，效果要让事实说话，要看看不同频道、不同广告位置的效果。

广告在营销体系中逐渐被边缘化，但创意是永远有生命力的，在保证商品和服务优质的前提下，符合品牌价值的创意广告能够带来事半功倍效果。

在线测试

一、单选题

1. 网络广告中，搜索引擎营销占比大概是（　　　）。

　A. 40%　　　　　　B. 25%　　　　　　　C. 20%　　　　　　　D. 10%

2. （　　　）主要面向媒体和个人，提供一种信息传播方式，每天只能群发一条。

　A. 企业微信　　B. 服务号　　　　　　C. 订阅号　　　　　　D. 微信

二、多选题

1. 搜索营销中会产生（　　　）等量化指标。

　A. 展现量　　　B. 点击量　　　　　　C. 访问量　　　　　　D. 订单量

2. 微信公众号号类型主要包括（　　　）。

　A. 企业微信　　B. 服务号　　　　　　C. 订阅号　　　　　　D. 微信

3.（　　　）属于微博营销模式。

    A．媒体模式：从传统媒体到新媒体   B．明星模式：利用明星的超强影响力

    C．"网红"模式："我为自己代言代言" D．商界领袖模式：折射人格魅力标签

4．做好直播营销需要从（　　　）等方面努力。

    A．视觉营销   B．内容营销   C．体验营销   D．娱乐营销

5．卖家青睐短视频营销的原因是（　　　）。

    A．短视频行业监管力度加强

    B．短视频用户规模大、行业市场规模大

    C．科技对短视频的创新赋能

    D．短视频更容易打动用户

三、判断题

1．搜索引擎在企业广告宣传中是很重要的投入手段。（　　　）

2．搜索营销是一种按效果付费的网络营销方式，付费是按照点击量，也就是广告展示出来不收费，只有用户点击才收费。（　　　）

3．只有企业可以开通微信公众号，通过微信公众号推送文章并提供服务。（　　　）

4．传统媒体的特征是单向传播，读者只能看不能发言，而新媒体的特征是互动，读者既可以看，也可以说，而且还有可能会因为读者的互动而扭转事件的发展方向。（　　　）

5．相对于其他电子商务模式，直播电商具有吸引力更强、传播路径更短、效率更高等优势。（　　　）

6．当前的直播早已不能靠单纯的娱乐取胜，企业真正要做的是用优质的内容打动观众，为企业提升品牌曝光度，实现商品销量的增长。（　　　）

7．短视频的营销方式丰富多元，大致可以分为硬广告和软广告两大类。（　　　）

8．短视频硬广告具体来说分为开屏广告、贴片广告和信息流广告三种。（　　　）

四、讨论题

依托"网红"主播李佳琦、薇娅的出圈，电商直播迅速走进大众视野，2019年成为了电商直播爆发的元年。2020年的最热风口，非电商直播莫属，罗永浩、董明珠等纷纷开始直播。你是怎么看待直播营销的？

拓展问题

一、App 营销，真的很厉害

（一）什么是 App 营销

App 营销指的是应用程序营销，App 是英文单词应用程序 Application 的缩写，是企业进行移动运营的直接运营工具。不论 App 的类型和规模如何，只要具备足够的用户数量，就能迅速提升企业品牌形象、扩大影响力、提高商品销售。可以说，App 是移动互联网时代企业进行网络营销的核心载体之一。

（二）App营销怎么做

App营销的关键是嵌入O2O元素，搭建完善的数据后台，充分利用已有的资源，提高用户参与度。

1．App营销嵌入O2O元素

对企业来说，开发App应选择线上线下相结合，也就是O2O。为了吸引用户下载和使用，就需要给用户实惠，开展良好运作、组织线下活动，让用户使用App能够享受消费折扣等。当然，此过程中，企业能够直接面对用户，更直接地了解用户的需求，从而更好地做出商业决策。

2．搭建完善的数据后台

数据的规模性、多维性、完备性和数据的有效使用程度，决定了企业的核心竞争力。因此，在设计开发App时应加入后台的数据统计功能。除了用户数总量、新增用户数、活跃用户数等通用数据，还应根据企业目标、商品特点、用户群体等调整需要采集的数据。例如，购物类App，用户活跃时间是非常有价值的数据，依此在用户使用高峰推送信息能获得最佳效果；对于交易量大的商品，可以进一步分析主要贡献用户及其消费行为特征，然后将商品有目的地倾斜，吸引更多的同类用户。

3．充分利用已有的互联网资源

互联网公司有众多的平台可以选择，电子商务平台、社会化媒体平台、支付平台都已经相当的成熟，还有许多现成的接口可以使用。规模小的传统企业可以在电子商务平台中直接开一个网店，当用户达到一定规模时，再发布App，引导用户迁移到App。最大限度地利用现有资源是聪明的选择，例如优衣库的App中嵌入的便是天猫的网店，无须另外开发销售平台，并保持了各个网络销售渠道的一致性。

4．提高用户参与度

下载和使用App的通常是忠实的买家或粉丝。针对这些主动参与的用户，应当给他们提供更多的参与机会，这对商品迭代升级能够起到推波助澜的作用。例如，"得到"App非常看重与用户的实时交流，专栏设有留言区，用户可以将看法和困惑及时反馈，专栏老师会以周为节点进行答疑，对用户较关注的知识点还会"加餐"讲解，实时调整内容，确保课程交付的完整性，这也是高品质内容输出的关键。

二、社群营销，引爆粉丝经济

互联网的快速发展拉近了人们之间的距离，同时，也带来社群经济的发展。社群电商、兴趣型社群开始崛起。社群营销已成为各大品牌厂商乃至个人品牌推广和营销的重要手段之一。

（一）什么是社群营销

社群营销是在网络社区营销及社会化媒体营销基础上发展起来的用户连接及交流更为紧密的网络营销方式。网络社群营销的方式，主要通过连接、沟通等方式实现用户价值，这种营销方式人性化，不仅受用户欢迎，还可能使用户成为继续传播者。

（二）社群的主要类型

根据有关经验总结，社群可以分为产品型社群、兴趣型社群、品牌型社群和知识型社群。

产品型社群以产品承载具体功能和顾客趣味与情感，还能带来可观的用户粉丝群体，基于此可以开展更多的业务，实现利润的增加，如小米社区、花粉社区等。

兴趣型社群是基于兴趣创建的社群，社群成员通过虚拟网络交流，并且有共同的爱好，这使得社群蕴含着巨大的商业价值，如大众点评是美食类社群；美丽说是时尚类、消费类的社群。

品牌型社群是消费者以品牌为纽带，自发形成的社群，以线下活动为主，比较知名的品牌社群有宝马俱乐部等。

知识型社群是指以学习知识为主要动机的社群，可以提供高质量的文字、视频、分享会、课程、参观等形式的知识内容，比较知名的知识型社群有知乎等。

（三）社群营销怎么做

1．社群构建

社群构建要注重定位、聚粉、运营三个基本要素。定位是指社群定位要清晰、细分、精准，能让成员针对某一个话题展开讨论，协同实现一个目标。例如，虎嗅网专注于贡献原创、深度、犀利、优质的商业资讯，围绕创新创业的观点剖析与交流。聚粉是指聚集和维护粉丝，让粉丝有内容可看、有故事可听，必须保证一定的交流频率，组织创意活动吸引粉丝。运营是社群正式运作，一般来说，要建立仪式感、参与感、组织感、归属感。仪式感是社群必要的规则，能促进良好秩序的形成；参与感是社群运营质量的关键，应多组织讨论、分享等活动，保证群里有话可说、有事可做、有收获；组织感是指社群成员要有组织性；归属感是指要多进行线上线下的活动，保证社群的凝聚力。

2．保持社群的活跃度

可以通过群分享、群讨论、设置社群打卡、社群福利分发、制作并使用社群表情包、建立强关系、线下交流等方式保持社群的活跃度。

3．社群宣传推广

社群作为网络营销的载体，需要进行宣传推广，为社群变现做铺垫。通常，可以利用群主的个人品牌魅力做宣传，例如，"聚美优品"就是陈欧凭借"我是陈欧，我为自己代言"，迅速吸引了大批的粉丝；也可以让群内的成员帮助做宣传，例如，小米社区中会发布各种产品的测试贴（见图3-43），通过让社群中的成员发布相关产品的帖子，从而变相对自己的产品进行宣传；还可以联合其他社群宣传，如小米、百度贴吧，利用资源社群的影响力，为其他社群进行宣传。

4．社群变现的主要模式

社群变现是创建社群的最终目的，主要有发起众筹、分销代理、零售卖货、收取会员费、收广告费、服务、内部创业、投资项目等模式，大家可以自主搜索并学习各种模式的特点。

当前，还有很多人对社群营销存在误解，认为就是拉大群、发广告、卖假货，实际上，社群营销是满足群体需求的一种新的商业形态。伴随着5G的来临，移动社交的霸主地位将更加稳固，社群营销将会被更加关注。

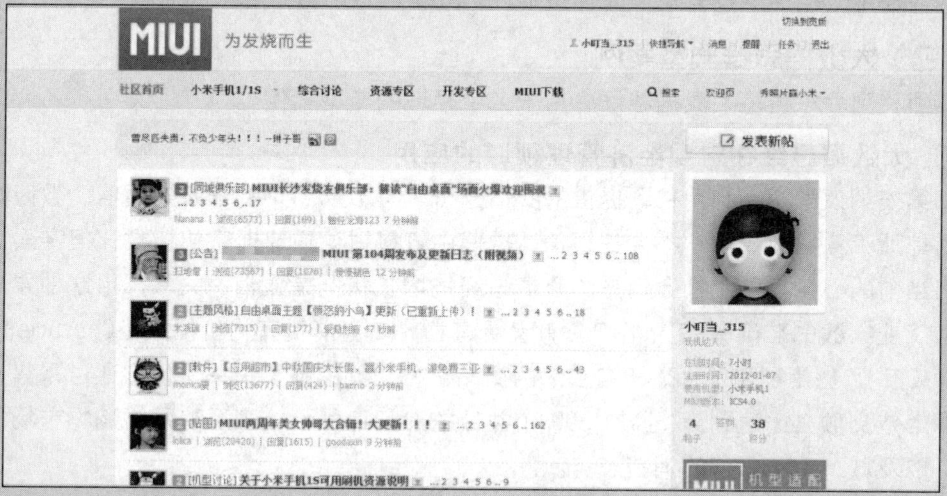

图 3-43　小米社区

话题 3-5　思维，就是要活

学习任务

请分别找到具有网络效应的商品和没有网络效应的商品，思考并回答一个问题：为什么互联网领域的企业只有第一名和第一名，没有第三名？请进行详细分析，以 Word 或 PPT 展示，并通过学习平台或其他渠道分享。

学习目标

1．能够理解大数据思维的本质，能够将大数据思维灵活应用于生活实际。

2．能够理解什么是增长思维，能够运用增长思维解读电子商务领域的一些现象，能够运用增长思维判断电子商务未来的发展，指导自己的创业决策。

3．能够与时俱进，时刻关注互联网思维的变化与发展。

关键问题

▶▶▶ 一、大数据思维，新时代需要新方法

大数据思维是一种全新的思维方式。按照大数据的思维方式，人类做事情的方式与方法正在被改变。

（一）什么是大数据思维

大数据思维的核心是在无法确定因果关系时，为人们提供解决问题的新方法，数据中所包含的信息可以帮助人类消除不确定性，而数据之间的相关性在某种程度上可以取代原来的因果关系，帮助人们得到想知道的答案。利用大数据分析可以找到数据之间的强相关

主题3　玩转电商——电子商务运用

133

关系，前提是数据需要具有规模大、多维性、完备性、时效性四大特征。

（二）大数据思维典型案例

下面将列举一些将大数据思维应用于各个领域的典型案例。

1. 大数据思维在宏观经济管理领域的应用

印第安纳大学学者利用谷歌提供的心情分析工具，从用户的千万条短信、微博留言中预测道琼斯工业指数。用户不会在短信、微博中直接讨论道琼斯工业指数，但字里行间会流露出当前的心情，整个社会用户的心情与经济增长状况是强相关关系，用这种方法预测道琼斯工业指数的准确率高达 87%。淘宝网建立 "淘宝消费者物价指数（Consumer Price Index，CPI）" 也是利用了 CPI 和淘宝热门商品价格之间的强相关关系。它通过采集、编制淘宝网上成交额占比达到 57.4% 的 390 个类目的热门商品价格来反映网络购物市场的整体状况，以及城市主流人群的消费态势。

2. 大数据思维在商业领域的应用

谷歌公司一直使用数据来提高搜索质量，谷歌的广告系统每次播放什么广告，不是由规则决定的，而完全是利用数据的结果。也就是说，对于不同的搜索关键词，用户都点击了哪些搜索结果（网页）。例如，对于 "虚拟现实" 这个词，用户有 31 000 次点击了网页 A，15 000 次点击了网页 B，11 000 次点击了网页 C……在这种情况下，网页 A 就会被排在第一位。沃尔玛通过对买家的购物行为进行分析，了解买家的购物习惯，分析适合搭配售卖的商品，优化商城的布局和货架排列。在美国排行第二的折扣超市 Target 选出了孕妇常购的典型商品，建立怀孕预测指数，针对性派送孕妇用品的优惠广告，还将分析用到各种细分客户群。

3. 大数据思维在金融业的应用

华尔街 "德温特资本市场" 公司通过分析全球 3.4 亿微博账户留言来判断民众情绪，人们高兴的时候会买股票，而焦虑的时候会抛售股票，依此决定公司股票的买入或卖出，从而获得较好的收益。阿里巴巴集团根据淘宝网上的中小企业的交易状况筛选出财务健康和诚信经营的企业，无须担保地向这些中小企业提供贷款，目前，阿里巴巴集团已放贷上千亿元，坏账率仅 0.3%。

4. 大数据思维在农业的应用

谷歌前雇员在硅谷创办 Climate 公司，从美国政府获得近 30 年的气候、60 年的农作物收成和 14TB 的土壤历史数据，同时还利用来自 250 万个地点的气候测量数据和 1 500 亿例土壤观察数据，生成 10 万亿个模拟气候数据点。该公司预测任一农场的下一年的产量，向农户提供天气变化、作物、虫害和灾害、肥料、收获、市场价格等咨询，并出售个性化保险，承诺每英亩的玉米利润增加 100 美元，如果出现未能预测的恶劣天气导致庄稼受损，该公司将及时赔付。

▶▶▶ 二、增长思维，解读互联网行业的成与败

2020 福布斯中国富豪榜前 10 名中有 5 名来自互联网企业。互联网行业的发展历程只

有短短 20 多年，阿里巴巴、腾讯、百度、美团、滴滴打车、携程等互联网巨头似乎已在各自的领域"称霸一方"，为什么会形成这种强者恒强的局面呢？接下来，一起用增长思维，解读互联网行业的成与败。

（一）增长思维的关键词

为了更好地理解增长思维，人们首先需要理解"边际""边际成本"。

"边际"在经济学中指的是每一单位新增商品带来的效用。换句话说，就是"新增量"带来的"新增量"。例如，一个印刷厂，每多印刷一张报纸，成本的"新增量"便是"边际成本"。

（二）互联网行业的增长思维

接下来将从规模效应和网络效应分析互联网行业增长如此快的底层原理。

1. 工业时代的特点：规模效应

人们都知道生活中的一个常识：买东西的量越大，越便宜。这是因为，一个工厂的成本其实分成 2 个部分：固定成本和变动成本。例如，服装企业购买缝纫机的钱属于固定成本，固定成本会均摊至以后生产出的每一件衣服。每件衣服的布料费用和人工费属于变动成本，变动成本会随着生产件数的增加而增加。企业生产规模扩大，只会增加变动成本，而不会增加固定成本，因此均摊至每一件衣服的总成本就会降低，这里也可以描述为"边际成本递减"。

"规模效应"其实就是传统制造型企业一直追求的效果。这就是为什么无数制造企业公司一定要做大，一定要量产和批发销售。因为边际成本下降，企业的效益就会上升。于是，福特推出了流水线生产，全球航运用起了集装箱，世界开始制定国际化标准。自动化大规模生产，就是工业革命的核心竞争力，于是工厂轻松打败了手工制造。

但是，互联网的出现把规模效应做到了极致，也就是说边际成本不只是随着规模变大而下降这么简单，而是边际成本直接降低到几乎为 0。

例如，同样是传播一条新闻，在过去，报社就需要多印刷一份报纸，边际成本虽然随着发行量而降低，但再低还是无限趋近于纸张成本。但在互联网时代，门户网站只需要全网发布一次新闻内容，无数人就可以随时查看，多一个人的成本可以低到 0。类似的还有一部电影、一部综艺、一本电子书籍等，企业都只需要努力制作一份，之后可以用几乎为 0 的成本让更多人享用。当然，维持整个网站正常运转每年依然需要消耗大量的成本，如机房、人力、维修等。但是，互联网行业的边际成本比传统行业要低很多。

2. 信息时代的特点：网络效应

除了规模效应，成就现代互联网产业的还有另一个重要因素——网络效应。

以圆珠笔为例，假设圆珠笔的定价是 2 元钱，它的价值不会随着销量的增加而增加。无论圆珠笔的销量是 100 万支还是 1 亿支，买家还是觉得它的价值是 2 元钱。圆珠笔的价值没有随着使用它的人数增多而上涨，这意味着圆珠笔这种商品没有网络效应。

有网络效应的商品，它的价值会随着使用它的人数增多而增加。以语言为例，一门语言，使用它的人越多，那么它的价值就越高。而互联网商品，如微信、微博、支付宝、微软、Facebook、Twitter，这些世界上最有影响力的商品，都具有网络效应。

以微信为例，用户之所以使用它作为主要聊天软件，是因为对用户而言，使用它的人足够多，用户可以轻松在上面找到自己的伴侣、家人、同事等。淘宝也是具有网络效应的典型互联网商品。一方面，淘宝网的卖家越多，售卖的商品种类也就会越多，买家就更容易找到适合自己的物美价廉的商品。另一方面，淘宝网的买家越多，商品的销量也会越多，卖家就更乐于在淘宝网开店。

在最底层的技术层面上，网络通信协议和操作系统等都具有网络效应。微软的Windows、苹果手机的 iOS 和谷歌旗下的安卓操作系统都具有网络效应（见图 3-44）。使用一个操作系统的用户越多，在这个平台上开发软件的开发者也就会越多，用户进而就会觉得这个平台更实用，价值越高，从而再吸引更多的用户使用这个操作系统。

Windows　　　　**IOS**　　　　**安卓**

图 3-44　各类型操作系统

一个商品的网络效应一旦达成，其他同类型的商品，在没有极大创新的情况下，是很难颠覆该商品的巨头位置的。例如，新浪微博已经有了大量明星入驻和大量的粉丝群，如果这时出现一个新的平台，想让明星和粉丝改换平台，基本上是不可能的。因为明星不会去一个没有粉丝的平台，粉丝也不会去一个没有什么内容的平台。

梅特卡夫曾提出一个著名的理论，叫梅特卡夫定律。他第一次定量地描述了一个有网络效应商品的价值。假设一个具有网络效应的商品，有 n 个用户，那它最多可以和 $n-1$ 个其他用户发生连接关系，那么整个网络存在的总关系数就是 $n \times (n-1)$，约等于 n 的平方（见图 3-45）。因而，梅特卡夫总结出，网络的价值与其用户数的平方成正比关系，用户数的重要性不言而喻。

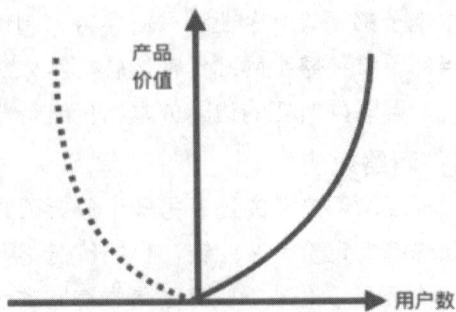

图 3-45　梅特卡夫定律

这也就是为什么一个品类的市场价值，都基本体现在第一名、第二名。因为，从第三名开始，其用户数就可能大幅降低，如降低为第一名的十分之一。这时，其实际价值可能仅有第一名的百分之一而已。这就解释了为什么微信和支付宝能够占据大部分移动支付市场份额，滴滴打车能够占据大部分移动出行市场份额。

（三）增长思维典型案例

1. 谷歌与诺基亚

人们在出行的时候，很自然地就会拿出手机来查看实时路况，这些路况数据究竟从何而来？

2007 年，当时的诺基亚如日中天，每年都会有数款新手机进入市场，塞班系统更是所向披靡。拥有着庞大市场的诺基亚自然也在布局并幻想着未来的智能设备。智能出行就是其中一项，于是，诺基亚的高层决定采用从道路上采集数据的方法收集道路数据。

诺基亚一掷千金，以 81 亿美元的价格，收购了一家总部位于美国芝加哥的公司，名叫 Navteq。这家公司是当时全球道路传感器的领导者（见图 3-46）。仅在欧洲，它的道路传感器就覆盖了 13 个国家（地区）、35 座城市和 40 万公里道路。诺基亚相信，此次收购，让自己把全球道路数据牢牢地抓在了手中。

图 3-46　Navteq 收集道路信息

一个在以色列成立的小到可以忽略的 waze 公司也想收集道路信息，但是它的策略是利用用户手机上的 GPS 传感器直接采集。同时，它还接受用户主动的数据汇报。例如，哪里堵车，哪里有事故，甚至哪里有警察等，用户都可以通过手机快速汇报给 waze，如图 3-47 所示。

图 3-47　用户使用 waze 汇报道路信息

事实证明，waze 完胜。仅仅过了两年，waze 的道路信息数量就赶上了 Navteq。又过了四年，waze 的数据量已经是对手的 10 倍多。这时，时间的巨轮已经滚到了 2013 年。

2013 年 6 月，谷歌以 11 亿美元收购了 waze。虽然 waze 当时连 100 名员工都没有，但是却拥有着 5 000 万全球活跃用户。而且根据预测，它的用户数量增长，将会很快翻倍，达到一亿。3 个月后，微软宣布以 50 亿美元收购诺基亚手机业务，外加 22 亿美元收购其所有专利技术。谷歌在收购 Waze 后，其地图和本地业务得到了全面快速发展。到今天，谷歌地图已经成为全球用户量排名前列，覆盖城市和地区最多的地图应用。

在收购地理数据提供商这件事上，谷歌完胜诺基亚。诺基亚收购的 Navteq，因为 Navteq 要到地面实地架设传感器，整个工程不仅边际成本高，拓展速度也受到很大限制。而谷歌收购的 waze，完全不需要实体资产的投入，用户只需要安装 App，就可以成为他们的"传感器"。waze 获得新的数据，边际成本几乎为 0。同时，waze 还搭上了全球智能移动设备爆发式增长的快车。这些因素使 waze 最终可以实现爆发式增长。

2. Github 的开源软件社区

Github 是一个在软件工程师界举足轻重的开源社区。截至 2018 年 12 月，Github 已经在全球拥有了 3 100 万用户，超过 5 700 万个软件项目在上面运行和维护，是全球最大的开源软件社区，如图 3-48 所示。Github 可以获得爆发式增长的原因有很多，其中最重要的一点就是，它为"写代码"这件通常是一个人进行的事情，注入了社交属性。

图 3-48　Github 开源软件社区

人们可以在 Github 上公开自己程序的全部源代码，并让世界各地的程序员随意查看。更主要的是，当发现源代码有改进空间的时候，程序员会自行修改代码并上传。之后，全世界所有关心这次改动的人，都可以加入在线交流，讨论这样的改动是否合适。在注入社交属性后，Github 立刻就像 Facebook 和微信一样，拥有了网络效应。同时，跟所有平台类型的网站类似，整个 Github 社群高度自治，这就让 Github 的运营成本也降到了最低。到今天，世界上几乎所有最重要的开源项目，都可以在 Github 上找到。

社交的力量如此强大，于是就有人想到是不是可以把社交属性加入企业内部。于是，各类用于企业内交流的社交商品应运而生。如诞生在硅谷，后来被微软以 12 亿美元收购的 Yammer，还有同样在硅谷的 Salesforce 旗下的 Chatter，以及中国的钉钉和企业微信（见图 3-49）。

（a）钉钉 （b）企业微信

图 3-49 钉钉和企业微信

美国的市场调研机构 Forrester 进行了一项研究，研究结果表明，在使用了企业社交软件 Yammer 仅 4 个月后，某公司的投资回报率提升了 265%。其背后的原因是，企业级社交软件可以增强企业内的透明性和连通性，从而显著降低组织内的信息延迟，增强网络效应。这也成就了这些 B 端社交商品的指数级腾飞。

在线测试

一、单选题

1. 增长思维的关键词是（ ）。

A. 边际成本 B. 迭代 C. 用户 D. 场景

2. Github 成为在软件工程师界举足轻重的开源社区，关键在于（ ）。

A. 注入社交属性 B. 规模大

C. 资金雄厚 D. 技术前沿

3. 在使用企业社交软件 Yammer 仅仅 4 个月后，某公司的投资回报率提升了 265%，其背后的原因不包括（ ）。

A. 企业级社交软件，可以增强企业内的透明性和连通性

B. 显著降低组织内的信息延迟

C. 增强网络效应

D. 资金投入

二、多选题

1. 利用大数据找到数据之间的强相关关系，前提是需要数据具有（ ）特征。

A. 规模大 B. 多维性 C. 完备性 D. 时效性

2. （ ）等互联网商品具有网络效应。

A. 微信 B. 微博 C. 支付宝

D. 美国的微软 E. Facebook

3. （ ）是成就互联网产业的重要因素。

A. 网络效应 B. 规模效应 C. 恐惧效应 D. 对比效应

4. 在收购地理数据提供商这件事上，谷歌完胜诺基亚的原因包括（ ）。

A. waze 获得新的数据，边际成本几乎为 0

B．waze 搭上了摩尔定律的快车，全球智能移动设备呈现快速增长

C．规模大

D．资金雄厚

三、判断题

1．数据之间的相关性在某种程度上可以取代原来的因果关系，帮助人们得到想知道的答案。（　　　）

2．印第安纳大学学者利用谷歌提供的心情分析工具，从用户千万条短信、微博留言中预测道琼斯工业指数。（　　　）

3．谷歌的广告系统每次播放什么广告，不是由规则决定的，而完全是利用数据，挖掘相关性的结果。（　　　）

4．梅特卡夫提出网络的价值与其用户数的平方成正比关系。（　　　）

5．互联网的出现把规模效应做到了极致，可以把边际成本直接降低到几乎为 0。（　　　）

6．一个商品的网络效应一旦达成，其他同类型的商品，在没有极大创新的情况下，是很难颠覆该商品的巨头地位的。（　　　）

7．微软的 Windows、苹果手机的 iOS 和谷歌旗下的安卓操作系统都具有网络效应。（　　　）

8．一支钢笔具有网络效应。（　　　）

四、讨论题

"小米模式"一度成为"互联网思维"的另一种表达方式。小米之前，手机行业还是传统制造业，而小米则让一个传统的行业接入互联网。此后，不但手机行业，煎饼、牛腩都在说自己的产品是用"互联网思维"打造的。但为什么小米公司成了唯一成功的"小米模式"公司，能谈谈你的看法吗？

▼ 拓展问题 ●●●

一、成长型思维与固定型思维

固定型思维认为智慧及其他素质、能力与才华是固定特征，不可能发生显著的改变。采用固定型思维的人相信，人在某些特定的领域中拥有特定量的才能与智慧。换句话说，如果某人在某件事情上没有天赋，或者不能立刻跟上进度，就应该选择放弃。成长型思维认为智慧及其他素质、能力与才华是可以通过努力、学习与专心致志培养出来的。与那些采用固定型思维的人相比，采用成长型思维的人，会以一种完全不同的方式来看待他们自己。思维模式就像人的底层操作系统，会影响人的行为及其结果：固定型思维模式会阻碍人们提升能力、获得成长；成长型思维模式会帮助人们提升能力、取得成绩。

二、成长型思维案例：微软如何重回辉煌

（一）微软的"烂摊子"：深陷固定型思维模式

2014 年 2 月，纳德拉出任微软 CEO 时，可以说是接管了个"烂摊子"，当时的微

软已经陷入很深的固定型思维模式中。

1. 故步自封

微软在 PC 时代是个人计算机领域的王者，却又因为 PC 时代的成功而故步自封，只固守 Windows 操作系统，错失了移动互联网时代的很多商机，渐渐在很多方面落后于 Apple、谷歌、亚马逊、Facebook 等竞争对手，开始走下坡路，增长乏力。

2. 内部过度竞争

高管、团队和员工之间充满内斗，当时的末位淘汰考核制度导致员工之间过度竞争，缺乏合作。

3. 机构臃肿，缺乏创新和活力

公司被等级制度和主从秩序所主导，自发性和创造性受到了遏制，公司不鼓励员工进行创新和尝试，人才大量流失。

作为一名在微软工作了二十多年的老员工，纳德拉对这些很清楚。因此，上任之初，他做的最主要的工作，就是重塑微软的企业文化。而要重塑微软的企业文化，首先就要打破微软的固定性思维。

（二）改造微软，成长型思维三步法

《终身成长》的作者提出了培养成长型思维的四步法：接受、观察、命名、教育。纳德拉改造微软，主要用了四步法中最关键的三步。

1. 接受

纳德拉给每位高管送了一本《终身成长》，书中大量的案例展示了不同思维模式给人们带来的不同行为和结果，对照这些案例，高管们可以觉察并接受这一事实：微软以及他们自身都有固定型思维，而且很严重。

2. 观察

纳德拉通过观察发现，导致微软陷入僵硬文化的主要原因有三方面：一是末位淘汰考核制度使员工们"都要证明自己是最聪明的人"，互相之间缺乏合作；二是不重视客户需求，不能创造性地满足客户的需求；三是等级观念严重，包容性不够，限制了员工的自发性和创造性。

3. 教育

这个阶段要做的就是自我修理、自我改造。针对微软陷入僵硬文化的三大主因，纳德拉采取了相应的措施。

首先，改变了考核制度，提倡"一个微软"，提倡员工间的合作。微软原先的末位淘汰考核制度，直接导致员工只注重个人绩效，相互竞争而不合作。纳德拉实施的新考核方案不仅考察员工个人的工作，还考量员工之间如何协作、如何让自己的工作成果为他人所用，这给予了员工更多的合作交流的机会。这样，考核从之前的强调单个组织和个人，变为强调整体和团队，促使员工们相互合作、相互学习、共享成果。这为新理念的实施松了土、打下了良好的基础。

其次，用好奇心来培养员工的成长型思维。当时微软的员工不重视客户的需求和意见，纳德拉要求员工和客户交流时要带着好奇心和同理心，倾听、充分了解并解决客户的需求。同时鼓励员工向外界学习，并将学到的东西带回微软。

最后，提高微软的多样性和包容性。包括招聘多样性的员工、开会时提倡让更多人表达想法、在思考和决策阶段考虑来自各方的观点和建议等。这些举措为微软注入了新鲜的血液和观点，使得微软更包容、更合作。

纳德拉给高管们送书，就是让他们通过书中描述的案例和行为，接受自己有固定型思维这一事实。然后通过观察、反思，找到诱发微软固定型思维模式的主要原因。而改变考核制度、提倡好奇心和多样性，则是纳德拉对微软的固定型思维模式进行自我教育和修理的具体措施和方法。

通过这一系列措施，纳德拉逐渐改变了微软过去的过度竞争和不敢创新的氛围，成功将微软从固定型思维模式的深渊中拉了出来，重新塑造了以成长型思维模式为核心的微软新文化。2019年6月，微软的市值超过1万亿美元，成为全球市值最高的公司。

纳德拉用成长型思维描述的微软新文化，所有公司都可共勉："我们的文化是关于每个人的，任何具有这种态度和思维的人，都能摆脱束缚、战胜挑战，进而推动我们各自的成长，并由此推动公司的成长。我讲的并不是净利润的增长，而是我们个人的成长。如果我们每个人都能在工作和生活中成长，公司也会成长。"

主题 4

透视电商——电子商务新领域

本主题结构图见图 4-1。

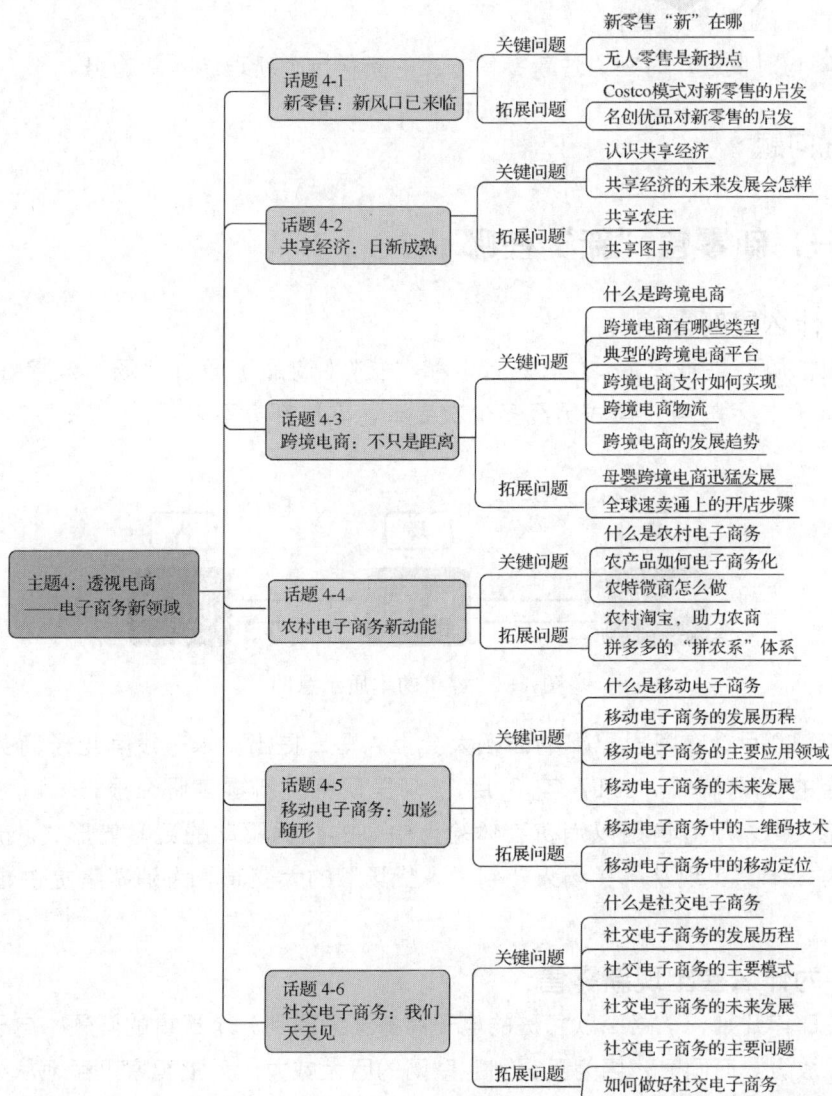

			新零售"新"在哪
	话题 4-1	关键问题	无人零售是新拐点
	新零售：新风口已来临	拓展问题	Costco模式对新零售的启发
			名创优品对新零售的启发

```
                                        ┌ 关键问题 ┬ 新零售"新"在哪
                            话题 4-1      │         └ 无人零售是新拐点
                            新零售：新风口已来临 └ 拓展问题 ┬ Costco模式对新零售的启发
                                                        └ 名创优品对新零售的启发

                            话题 4-2      ┌ 关键问题 ┬ 认识共享经济
                            共享经济：日渐成熟 │        └ 共享经济的未来发展会怎样
                                          └ 拓展问题 ┬ 共享农庄
                                                    └ 共享图书

                                        ┌ 关键问题 ┬ 什么是跨境电商
                                        │         ├ 跨境电商有哪些类型
                            话题 4-3      │         ├ 典型的跨境电商平台
                            跨境电商：不只是距离 │     ├ 跨境电商支付如何实现
主题4：透视电商                           │         ├ 跨境电商物流
——电子商务新领域 ─┤                        │         └ 跨境电商的发展趋势
                                        └ 拓展问题 ┬ 母婴跨境电商迅猛发展
                                                  └ 全球速卖通上的开店步骤

                                        ┌ 关键问题 ┬ 什么是农村电子商务
                            话题 4-4      │         ├ 农产品如何电子商务化
                            农村电子商务新动能 │      └ 农特微商怎么做
                                        └ 拓展问题 ┬ 农村淘宝，助力农商
                                                  └ 拼多多的"拼农系"体系

                                        ┌ 关键问题 ┬ 什么是移动电子商务
                                        │         ├ 移动电子商务的发展历程
                            话题 4-5      │         ├ 移动电子商务的主要应用领域
                            移动电子商务：如影随形 │   └ 移动电子商务的未来发展
                                        └ 拓展问题 ┬ 移动电子商务中的二维码技术
                                                  └ 移动电子商务中的移动定位

                                        ┌ 关键问题 ┬ 什么是社交电子商务
                                        │         ├ 社交电子商务的发展历程
                            话题 4-6      │         ├ 社交电子商务的主要模式
                            社交电子商务：我们 │     └ 社交电子商务的未来发展
                            天天见          └ 拓展问题 ┬ 社交电子商务的主要问题
                                                  └ 如何做好社交电子商务
```

图 4-1 主题 4 结构图

话题 4-1　新零售：新风口已来临

学习任务

请主动搜索和查阅相关信息，加深对新零售的理解，形成自己的认识，分析新零售的特点。从盒马鲜生、小米线下店小米之家、Costco（开市客）、名创优品中任选一个案例，分析其特点，撰写分析报告，分析内容和报告格式不限，并通过学习平台或其他渠道分享。

学习目标

1．能够了解零售的发展历程，并理解其发展背后的逻辑。

2．能够理解零售和新零售的本质、概念和特点。

3．能够从"人"的角度理解新零售，而不是局限于技术，能够用新零售的思维模式看懂电子商务行业的发展趋势。

4．能够与时俱进，时刻关注新零售方面的新科技、新理念、新趋势。

关键问题

▶▶▶ 一、新零售"新"在哪

（一）什么是新零售

零售的本质，是把"人"（消费者）和"货"（商品）通过"场"连接在一起（见图 4-2）。不管技术与商业模式历经多少次变革，零售都离不开"人""货""场"这三个基本要素。

图 4-2　零售的本质示意图

2016 年 10 月，在阿里巴巴的云栖大会上，马云提出"未来没有电子商务，只有线上线下融合的'新零售'"。2017 年 3 月，《阿里研究院新零售研究报告》对"新零售"做出了新定义——新零售是以消费者体验为中心的数据驱动的泛零售形式。新零售以消费者需求为根本，实现从"货场人"到"人货场"的大变革，为消费者提供超出期望的"内容"。

（二）为什么会出现新零售

从 2015 年开始，一路高歌猛进的电子商务渐渐遇到一个严重的问题：电子商务用户的增速开始放缓。而同时，因为见识到互联网的巨大威力，大批卖家迅猛地从线下转移到线上。用户数量增速放缓，电子商务数量却在迅猛增长。卖家比买家增长快，直接导致一个结果：电子商务获得一个潜在客户的成本，即所谓的"流量成本"越来越高，在网上做生意越来越难，互联网的流量红利迅速消失。

据国家统计局数据，2019 年全国网上零售额 106 324 亿元，仅占社会消费品零售总额的 20.7%。这时，依旧被传统零售占据着的 80% 左右的广大线下市场，自然而然成为互联网电子商务的进军目标。

电子商务带着最先进的装备，攻打传统零售的市场，这就是"新零售"。阿里巴巴、小米、京东，以及其他加入战局的公司，虽然战术各不相同，但战略概莫能外。

阿里巴巴大举投资传统零售业（欧尚、大润发等），正式提出为小卖家提供一站式供应链服务（Supply to business，S2b）的商业模式，并启动天猫小店计划。阿里巴巴的新零售一号工程"盒马鲜生"一夜蹿红（见图 4-3）。

（a）天猫小店　　　　　　　　　　（b）盒马鲜生

图 4-3　新零售

同时，曾经号称只做线上的雷军也开始大举进军线下实体店，20 个月内，小米开了 240 家"小米之家"，并提出 3 年内开 1 000 家线下店的"小目标"，如图 4-4 所示。

图 4-4　小米之家

京东紧随阿里巴巴的步伐，提出"无界零售"。对应"天猫小店"，京东开设了"京东便利店"；对应"盒马鲜生"，京东开设了"7Fresh"（线下生鲜超市），如图 4-5 所示。

（a）京东便利店

（b）7Fresh

图 4-5　京东的新零售

在新零售的战场上，除阿里巴巴、小米和京东三支大军外，还涌现出无数举着新零售大旗的战斗力量，他们把自己叫作"无人超市""无人货架""快闪店"……

回归线下，就一定是新零售吗？无人超市能扛起新零售的大旗吗？到底什么是新零售？

（三）新零售典型案例

1．日本茑屋书店

在电子书大行其道的今天，"茑屋书店"不仅没有受到冲击，还不断开设分店，仅是在东京的门店，每月营业额就达上亿日元。"茑屋书店"的电子商务做得并不强，但是大数据的优势非常突出。

"茑屋书店"的书籍不是按照作者名、出版社名进行机械化的分门别类摆放，而是按照书中的内容、生活场景进行分类，将与书中内容相关的商品摆放在一起，在书中所看到的商品，就摆放在书籍旁边，让书籍成为最好的广告，如图 4-6 所示。

图 4-6　日本茑屋书店的陈列

日式料理菜谱的展示台上，书中介绍的制作和果子所需的食材及料理工具就在书旁边，可以和书籍一起购买。介绍手工啤酒 DIY 和世界啤酒文化史的图书，旁边就摆放着英国精酿，在书里看到就能买到，买到就可以在沙发区坐下品尝。烹饪类图书导购是一位出版了 20 多本旅游指南的记者。文学类导购是深受一流作家信赖的知名书店骨干店员。音乐类书籍及唱片的导购，甚至是举办过 200 场演唱会、做过爵士乐制作人。他们通过选书、陈列、内容企划、买家服务等全方位的服务，对买家的生活交出了一份优质的提案，给买家带来智能手机无法带来的心情和感觉，以及即时性的达人服务。

同时，"茑屋书店"开在一个小小的坡地之上，由三栋相连的建筑物构成，建筑周围设计了很多绿色植物。玻璃外观的设计不仅利于采光，还能通过反射绿叶形状来营造"藤蔓满屋"的意境，如图4-7所示。书店还专门打造了极致生态的绿色休憩区，布置多种绿植，读者眼睛看得累了休息一下，遇到喜欢的绿植也可以购买带走。

图4-7　日本茑屋书店"藤蔓满屋"的意境

为了方便读者，这里的书读者可以拿出营业空间到另一栋楼里。无论是建筑、内部装饰以及书的摆放，还是园区留出来的林荫道，都是为了让读者感到舒适。日本50%的人是"茑屋书店"的会员，书店的利润20%来自图书音像制品的销售，80%来自相关商品的特许经营。

2. 盒马鲜生

盒马是阿里巴巴集团旗下，以数据和技术驱动的新零售平台。盒马希望为买家打造社区化的一站式新零售体验中心，用科技和人情味带给人们"鲜美生活"。

（1）现买现吃，打造极致

生鲜商品不是标准品，很难保证买家体验到生鲜商品时，都有一样的感受。例如，海鲜的新鲜程度，水果的大小、色泽与口感等。在传统生鲜超市，买家可以主动挑选，而在线购买却只能被动接受。买家对在线购买生鲜商品缺乏一份信任感。为此，盒马鲜生规定，完全接受无条件、无理由退货。这样就把"不确定性"的风险，从买家身上转移到盒马鲜生，帮助买家建立信任感。

同时，盒马鲜生在超市内部设立大面积的活鲜展区、特色的水产加工区——海鲜吧，以及餐饮体验区，如图4-8所示。在活鲜展区买了海鲜后，买家可以选择直接在海鲜吧加工，按照价目表支付一定的加工费后，就可以在餐饮体验区品尝到美味的海鲜，这就相当于在超市里做餐饮。现买现吃的目的，是让买家对盒马鲜生的品牌和它的生鲜商品产生极大的信任和好感。把线下的体验做到极致，是为从线下往线上导流做准备。

（a）海鲜吧

（b）餐饮体验区

图 4-8　盒马鲜生内部场景

（2）必须用 App 才能买单

使用 App 买单可以把用户从线下往线上引流，如果线上销售额能与线下相同，就意味着盒马鲜生单店的总体收入可以翻倍。那么，同样的店租所产生的收入，将会是原来的 3 倍，这就是只能用盒马鲜生 App 付款的最终目的。从数据来看，盒马鲜生用户的黏性和线上转化率相当惊人，营业半年以上的成熟店铺线上订单占比已超 50%，而盒马鲜生在上海的第一家实体店，线上占比甚至已达 70%，即线上是线下的 2 倍以上。

（3）3 千米 30 分钟物流

有了极好的现场体验性和线下往线上导流的 App，盒马鲜生下一步要解决的痛点就是物流速度。30 分钟快递到家是一种极致的服务体验，只有把买家体验放在第一位，才能让买家形成消费黏性。3 千米 30 分钟，这两个数字是综合运用了大数据、移动互联网、智能物联网、自动化等技术及先进设备之后得出的，可以实现人、货、场三者之间的最优匹配。

设置 3 千米的范围限制，除了时间方面的考虑外，还有成本控制方面的考量。冷链物流配送体系是制约生鲜电子商务发展的瓶颈，让生鲜电子商务很难实现成本控制和商品保鲜的两全其美。而 3 千米的范围，可以用常温配送替代冷链物流配送，大大降低了生鲜电子商务的物流成本。

"30 分钟物流"与"店仓结合"的物流体系看似简单，其实需要强大的 IT 系统来支持，其中还包括常温物流、冷链物流、中央厨房、鲜活海鲜的物流配送中心和暂养池等。据说，为了建设这一套物流体系，盒马鲜生花了 1 亿元人民币。但当这些核心能力建设起来以后，盒马鲜生的竞争力远远超过了一般企业。

▶▶▶ 二、无人零售是新拐点

（一）无人零售基本定义

无人零售是一种无人值守服务，是指基于智能技术实现的无导购员和收银员值守的新的零售服务。与传统零售相比，无人零售具有自助服务或自动结算、收集消费数据分析消费行为、提供更高定制化和更贴合需求的服务等特点，目前有无人货柜、自动贩售机、无人便利店或超市等形式。

（二）无人零售是新零售吗

风头正盛的无人零售是否可以视为新零售？接下来将从信息流、资金流、物流三方面来分析。

在信息流方面，无人零售依然用同样的面积去展示商品，负担同样的库存、水电等成本，其信息流成本跟传统的零售相比，并没有得到提升；在物流方面，买家买完商品后，仍然需要自行把商品带走，因此，其物流成本也没有得到节省。

无人零售最大的改变是少了收银人员，它在每个商品上粘贴 RFID 标签，买家出门之前会经过一个长长的过道，自动识别技术能够识别买家身上带了哪些从超市拿走的商品，然后直接通过在线支付结算。

在资金流环节省掉了收银员，这是无人零售"节省的成本"，但与此同时，也有"新增的成本"，比如复杂设备的成本、信息标签的成本。因为没有人管理超市，货品的摆放会变得越来越乱，还会增加一些理货成本。从成本结构来看，节省的成本不一定高于新增的成本。

（三）无人零售的主要技术流派

无人零售目前主要应用互联网技术、物联网技术和人工智能技术三大技术流派。

1. 互联网技术流派

互联网技术流派是指应用二维码识别技术的无人零售。自助贩售机、便利货架，以及便利蜂、小 e 微店等无人零售店，均属于这一类，如图 4-9 所示。买家通过 App 扫描二维码进入门店，然后扫描商品二维码进行识别，并在线支付，这种购物体验与常规超市的差别并不大，流程较为烦琐，但是重构成本低，能大大减少人力投入，因此应用得比较多。

（a）自助贩售机

（b）便利货架

（c）便利蜂

（d）小 e 微店

图 4-9　互联网技术流派

2. 物联网技术流派

物联网技术流派是应用 RFID 技术的无人零售。缤果盒子、7-Eleven 无人便利店等均属于这一类，如图 4-10 所示。店内商品都贴有 RFID 电子标签，购物流程比较简单。买家扫描二维码进店，选好商品后，将商品整齐地放置于收银台或检测区，检测台旁边的显示屏会自动显示收费二维码，买家可以利用微信或者支付宝扫描二维码完成交易。RFID 技术目前已经非常成熟，广泛地应用在服装等领域，如图 4-11 所示。但是，电子标签成本较高，一个标签约一块钱，并且粘贴麻烦，一旦撕毁就无效，且不适用于铝箔等包装，传播信号容易遭到屏蔽。对此，缤果盒子推出了 2.0 版本，用图像识别技术取代 RFID，收银台通过图像识别、超声波传感器等多重交叉验证，实现多个商品同时识别，但是买家仍需要扫码支付才能离店。

（a）缤果盒子　　　　　　　　　　　（b）7-Eleven 无人便利店

图 4-10　物联网技术流派

图 4-11　RFID 技术在服装领域的应用

3. 人工智能技术流派

人工智能技术流派应用视觉传感器、融合技术、生物识别等前沿技术，主要代表是亚马逊无人便利店 Amazon Go，阿里旗下的"淘咖啡"和深蓝科技 Take Go，如图 4-12 所示。相比于互联网和物联网流派，人工智能技术流派的优势是能够实现购物即拿即走，免去了买家人为的支付环节，买家在智能手机上安装应用软件，打开手机在商店入口处会进行人脸识别确认用户身份，买家在货架前停留并选择商品时，摄像头会捕捉并记录买家拿起或放下的商品。同时，摄像头会对手势进行识别，判断买家是将商品放置于购物篮内，还是只是看看后就放回原处。买家的行为信息通过货架上的红外传感器、压力感应装置及荷载装置传输至信息中枢，不会有任何延迟，买家拿走或者放回物品，手机系统会自动更新清单，并自动结算出相应的金额，购物完成直接离店，系统自动从账户上扣除费用。当然，视觉传感器很难准确识别有相似特征的买家、相似的商品或者包装，也无法防止买家随便乱拿乱放，不能准确归位等问题。

（a）亚马逊无人便利店 Amazon Go

（b）阿里旗下的"淘咖啡"

（c）深蓝科技 Take Go

图 4-12　物联网技术流派

　　综上所述，无人零售店各具特色，规模化复制后可应用于更多场景。在节省人力成本的同时，无人零售店可以跟踪顾客的购物行为帮助卖家优化店面设计，调整商品摆放位置，制定更好的经营策略。无人零售店也面临着挑战，如商品类型多、类内差异小、样本不均衡等，复杂的遮挡和光照环境也增加了商品识别的难度。此外，传感器识别能力和物品追踪算法水平欠佳，需要增加技术人员的投入和物流的工作强度。

一、单选题

1.（   ）不属于零售业的最核心要素。

    A．钱　　　　　　　B．人　　　　　　　　C．货　　　　　　　　D．场

2．"未来没有电子商务，只有线上线下融合的'新零售'"，这句话是（   ）最开始提出来的。

    A．刘强东　　　　　B．马化腾　　　　　　C．马云　　　　　　　D．雷军

3．2017 年 3 月，《阿里研究院新零售研究报告》对"新零售"做出的新定义中，提出新零售以（   ）为中心。

    A．消费者体验　　B．商品　　　　　　C．价格　　　　　　D．技术

4．无人零售的互联网技术流派应用的主要是（   ）。

    A．应用二维码识别技术

    B．应用 RFID 技术

    C．应用视觉传感器、融合技术、生物识别等前沿技术

    D．应用大数据技术

二、多选题

1．2016 年马云在杭州云栖大会上提出的未来五大新趋势是（   ）。

    A．新零售　　　　　B．新制造　　　　　　C．新金融

    D．新技术　　　　　E．新能源

2．2017 年 3 月《阿里研究院新零售研究报告》对"新零售"做出的新定义是（   ）。

    A．以消费者体验为中心

    B．以消费者需求为根本

    C．实现从"货场人"到"人货场"的大变革

    D．为消费者提供超出期望的"内容"

3．（   ）属于物联网技术流派。

    A．缤果盒子　　　　　　　　　　　B．7-Eleven 无人便利店

    C．便利蜂　　　　　　　　　　　　D．小 e 微店

4．（   ）属于互联网技术流派。

    A．自助贩售机　　B．便利货架　　　　C．便利蜂　　　　　D．小 e 微店

5．无人零售主要有（   ）等技术流派。

    A．互联网技术　　B．物联网技术　　　C．人工智能技术　　D．大数据技术

6．与传统零售相比，无人零售具有（   ）等特点。

    A．自助服务　　　　　　　　　　　B．收集消费数据分析消费行为

    C．提供更高定制化和更贴合需求的服务　D．自动结算

三、判断题

1．无人零售是一种无人值守服务，是指基于智能技术实现的无导购员和收银员

值守的新零售服务。(　　　)

2．"新零售"的发展就是以用户为核心的一次转变，从根本上实现"生意的本质是为人服务"，为买家创造不同于传统领域的价值点。(　　　)

3．3千米的范围，可以用常温配送替代冷链物流配送，大大降低了生鲜电子商务的物流成本。(　　　)

四、讨论题

对于新零售，不同行业、不同领域的人有着不同的看法。请谈谈你对新零售的理解。

拓展问题 ●●●

一、Costco 模式对新零售的启发

人们对新零售模式有各种解读版本，有人说新零售就是 O2O，也有人说新零售就是线下体验，线上下单……接下来一起来分析 Costco 模式，看看它对新零售的一些启发。

Costco（开市客）是美国最大的连锁会员制仓储量贩店之一。Costco 是会员制仓储批发俱乐部的创始者，成立以来即致力于以可能的最低价格给会员提供高品质的品牌商品。2015 年，Costco 已是全球排名第二的零售商，成了沃尔玛强劲的敌手。

Costco 传统实体零售店销售额增长迅猛，其增长的秘诀是什么呢？

（1）Costco 真正实现了物美价廉。Costco 规定所有商品的毛利率不超过 14%，平均 7%，低于一般超市的毛利率（15%～25%）。在盈利模式上，Costco 更大的利润来源是会员年费（55～110 美元）。进入 Costco 进行购物的买家需要持有会员卡，或者同伴持有会员卡。会员分为执行会员和非执行会员，执行会员有资格在一年内享受消费总额 2%、最高 750 美元的返现以及一部分保险优惠。其会员续费率达到了惊人的 90%。Costco 把商品毛利润率做到不超过 14% 还能赚钱，是因为它的会员制，从营收上也体现了这点。例如，2018 财年，Costco 会员费收入为 31.42 亿美元，Costco 净利润为 31.34 亿美元，换句话说，Costco 的主要盈利来自会员费。

（2）Costco 对商品数量与效率的把握非常到位。Costco 模式的核心在于，在广告和促销上花钱少，但在挑选商品、陈列商品等环节下大力气，让体验环节与服务环节增值。Costco 表面上卖的是商品，实际上卖的是服务和体验。例如，Costco 产品的库存量单位（Stock Keeping Unit，SKU）数非常少，以牙膏为例，Costco 售卖的牙膏只有 4 种，而沃尔玛有 60 多种。少量的 SKU 也大幅降低了 Costco 的运营成本，提高了产品的周转率。当前 Costco 的运营费用占收入的比重是 9%，而竞争对手沃尔玛是 19%，是 Costco 的两倍还多。

（3）Costco 的服务真正做到了以买家为中心。除了替买家提前选好商品，还可以让买家无条件退换货。一般超市的退换货只限 7 天，而全世界的 Costco 都可以无条件退换，甚至连吃一半的饼干、用过的电器都可以退换，Costco 这样全球罕见的退换货

政策让买家能放开手脚消费。与此同时，退换货是一个很好的检验商品和供应商的方式，被退货太多的供应商自然压力很大，以后会更加注重品质。

Costco 实现了国内不少互联网企业梦寐以求的目标，即商品本身不赚钱，从商品严选、会员服务等模式中赚钱。通过"商品严选"的模式，高品质，低 SKU，提供大而全的商品，已经帮助买家做了一层选择。这就类似"星美达人"社群，设置付费门槛，先做一次筛选，只有价值观相同的人才能在这个平台上获得相应的服务价值。这样无形中就锁定了一部分消费群体，先服务好一部分群体，并不断向其提供价值和服务。通过会员模式，将服务做到极致，一切从买家利益出发，另辟蹊径，获得成功。

Costco 的商业模式不是赚取商品差价，而是在于提供的核心价值服务。对于新零售来说也是一样，未来不论商业模式怎么变，唯一不变的是要向买家提供核心价值服务，只有这样企业才能经营得更长久。况且电子商务和实体零售的本质仍然没有改变，都是要实现商品的成交，唯一不同的是渠道的差异性，可以明确地说互联网仅仅是一种工具而已，新零售必将在原有基础上完善各种新兴渠道，实现全渠道销售，并不断向买家提供价值服务。

二、名创优品对新零售的启发

2013 年，叶国富创立了一家名叫"名创优品"的经营日用杂货的公司，卖眉笔、充电线、小玩具等。这看上去是再传统不过的零售生意。但是，它的销售价格，基本就是别人的出厂价格。所以，短短三年的创业期，名创优品在国内开了 1 800 多家门店，还在 50 多个国家和地区开了 300 多家店。成立 4 年后，名创优品一年的销售额达到 100 亿元，这样的成绩离不开对新零售方面的应用。

（一）黄金地段的小生意

名创优品旗下的店铺，都是 100～200 平方米左右的小店，与 Costco、家乐福等两层楼的超市相比，它的店铺面积非常小。店铺虽小，但选址都很好，其门店几乎都开在购物中心和主流步行街，而绝大部分购物中心及其周边、主流步行街都能提供吃喝玩购一条龙服务，人们在享受完吃大餐、喝咖啡、看电影、练瑜伽等体验式服务之后，顺便走进名创优品的门店挑挑选选，这极大地减少了买家购物的时间成本。

但是，人流聚集区的店铺租金必定不菲，名创优品是怎么做到在这么贵的地方，把日用杂货卖出超低价的？其实，名创优品的模式就是典型的"短路经济"。名创优品最厉害的地方，就是携着 1 000 多家小企业的购买力，直接去制造商（M）拿货，中间没有什么总代理、省代理等各级代理。日用百货的商品供应链被短路成了 M2b。

（二）别人投资，自己管理

叶国富曾说："今天的互联网时代，信息高度透明，层层代理、层层加盟的时代已经过去了。"

名创优品在全国没有一家加盟店，直接从工厂到店铺，中间没有任何环节。店长、店员直接向总公司汇报工作。这样的模式带来渠道极短、效率极高、价格极低的效果。

叶国富用了一种介于直营和加盟之间的开店模式，叫作"直管"。直营，就是自己投资，自己管理；加盟，就是别人投资，别人管理；而直管，就是别人投资，自己管理。也就是投资人带着两种东西来找名创优品：好的店铺位置和钱。然后，投资人就等着利润分成，管理的事情由名创优品来做。

（三）聚沙成塔的规模效应

叶国富通过直管的模式，迅速聚集了 1 000 多家小企业。然后，他用这 1 000 多家小企业的议价能力，直接找到了制造商，进行大规模采购，而且是一次性付款。再然后，名创优品作为品牌商，再加价 8%～10%，作为品牌的运营费用，支持中后台的数据、仓库、采购的运营。为了完全去掉所有的渠道，叶国富在全国建了七大仓库，每一个工厂生产完成，直接把商品按照指定数目送到各地区仓库，这些仓库是名创优品和工厂的共享仓库。根据每家门店的经营数据，中台的工作人员负责从七大仓库里调配货物，送到每家门店。门店只加价 32%～38%，这笔钱用于支付门店的租金、员工工资和最后一段物流的成本。过去，商品的出厂价 1 元，零售价 3 元。现在，商品的出厂价降为 0.5 元，加上 8%～10% 的品牌费和 32%～38% 的门店毛利，最后的零售价连1 元都不到。对于体积较小的商品，名创优品实现了从制造商到仓库到小企业的短路经济。对于较大的商品，比如行李箱，名创优品希望能"共享工厂"，将工厂作为仓库，下单后，直接从工厂到店铺，想尽一切办法缩短中间环节，提高效率。

这就是名创优品的"短路经济"，缩短了供应链，在短短 4 年内，获得了巨大的成功。可见，新零售并非线上和线下之争，而是高效和低效之争。叶国富的名创优品，就是一个典型的案例。

话题 4-2　共享经济：日渐成熟

学习任务

随着用户认同度和参与度不断提高，技术和商业模式日渐成熟，共享经济相关产业快速发展。共享经济模式孕育着未来社会生产分工的巨大变革，在共享经济模式下，很多企业都可以换个方式更好发展。

在共享经济中，哪些是可以共享的？请你将所想到的领域和理由整理并上传至学习平台或其他渠道分享。

学习目标

1．学习共享经济的特点和内涵，能够准确研判哪些是共享经济、哪些不是共享经济。

2．分析共享经济的发展和现状，对共享经济的未来发展趋势形成自己的观点。

3．了解滴滴出行和快的打车公司的发展情况，能理解其最初"砸"钱的目的，对手机支付的发展有新认识。

4．能理解共享雨伞、共享充电宝、共享篮球、共享按摩椅等免费做法的出发点，理解大数据的重要性。

✎ 关键问题

▶▶▶ 一、认识共享经济

近年来，我国共享经济发展非常迅速，截至 2019 年 10 月，共享经济市场规模达 73 580 亿元。为进一步营造公平规范的市场环境，促进共享经济更好更快发展，充分发挥共享经济在经济社会发展中的生力军作用。

（一）共享经济的基本定义

共享经济是整合线下的闲散物品或服务者，以较低的价格提供商品或服务。供给方可以通过在特定时间内让渡物品的使用权或提供服务，来获得一定的金钱回报；需求方不直接拥有物品的所有权，而是通过租、借等共享的方式使用物品。

（二）共享经济的创业案例

近年来，我国共享经济非常火爆，发展非常快，有很多成功的案例。

城市化进程的加快与汽车工业的发展给我国居民出行结构带来了巨大的改变，共享单车解决了居民"最后一公里"的出行痛点。摩拜单车、ofo 共享单车等共享单车平台以无桩自行车切入市场空白点，解决用户痛点，受到用户青睐。目前摩拜单车已被美团收购，更名为美团单车（见图 4-13）。

图 4-13　美团单车

1969 年出生的毛大庆，2009 年至 2015 年担任万科集团副总裁、万科北京公司总经理。2015 年 3 月辞职，创办优客工场（见图 4-14），整合分散闲置的办公空间，为小微企业、创业公司提供服务，改变近 2 000 名创业者和 190 家企业的办公生态，成立一年估值 3 亿美元。

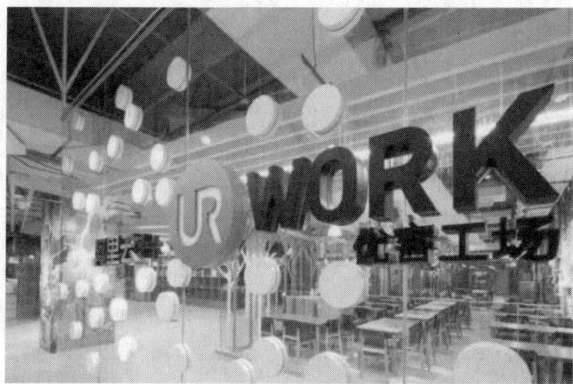

图 4-14　优客工场

张荣耀于 2013 年 11 月创建移动互联网智能洗护平台——e 袋洗（见图 4-15），共享社区中人的空闲时间。用户可通过移动终端（微信公众号、App 等）下单，由专业取送人员提供上门取送服务，按袋或按件计费，衣物会经过 15 道严格的专业清洗工序，订单状态实时可查。现已拓展为用户提供取送、做饭、接送孩子等上门服务，已覆盖 30 个城市。

图 4-15　e 袋洗服务流程

58 同城共享人们的专业技能，提供保洁、美甲、搬家速运等服务。还有共享度假、共享游戏、共享资金价值、共享饮食等。

（三）我国共享经济的发展

我国早期有蚂蚁短租等公司学习美国共享经济模式，做过房屋共享，因为种种原因没有成功。后来，有了滴滴出行和快的打车，这两个公司最开始做的是出租车业务，左手汇聚出租车资源，右手汇聚出租车乘客（也有专家认为，严格来说共享出租车不是共享经济，因为出租车本身就是租赁服务，不属于分散的闲置资源，不具备共享经济的基本特点，只是冠有"共享"二字）。接下来，"共享"越来越多，酒店门口的共享雨伞、篮球场边上的共享篮球、饭店吧台上的共享充电宝、机场和火车站附近的共享睡眠等，都打着"共享"的旗号。

手机支付可以认为是共享经济模式的推手，也可以说是背后的商业逻辑。财付通和支付宝为了推动手机支付，以滴滴出行和快的打车为突破口，改变了人们的支付习惯，做大了手机支付业务。时至今日，这种共享经济模式又有了新的推手，那就是大数据。因为，智能服务、智慧生活都建立在大数据的基础上，其数据来源于日常行为数据。

▶▶▶ 二、共享经济的未来发展会怎样

共享经济可以整合分散闲置资源，促进资源的充分利用，使资源高度集约，已得到公众的普遍认可和应用，已渗透到人们生活的各个角落中，是人类技术进步的标志。中国的共享经济可提升、可发展的空间巨大，未来发展可能呈现七大趋势。

（一）共享主体不断换位

在"互联网+"时代，商业活动的最大变化就是交易主体的融合，买者和卖家的界线不再明晰。共享经济使得传统意义上的买家，开始扮演生产者、创造者和服务者的角色，它既能够充分满足市场多元化、个性化的需求，也使每一个人都可能成为个体企业家、消费商，真正让"大众创业，万众创新"变为现实。

（二）共享理念不断更新

共享并不是一个新概念，其内涵是随着社会的发展而不断更新扩展的。在"互联网+"时代，共享的资源从最早的车辆，发展到床位、停车位、家庭工具、自行车、服装，甚至土地种植，共享经济理念在不同领域的渗透，必然会给这些领域的传统发展模式带来冲击。

（三）共享规模不断扩大

互联网的发展普及重塑了人们的思维方式和消费行为，开放、合作、共享的价值理念被越来越多的人所接受和认可。

（四）共享内容不断丰富

从知识、数据、经验、资源到基础设施等内容，在"互联网+"的推动下，共享经济的覆盖范围越来越广，内容不断丰富，并形成了四大相互联系协作的内容：海量的数据管理、移动通信、社交媒介和云计算。

（五）共享增量不断做大

互联网时代，社会资源已经极大丰富，可以充分满足每个人的消费需求。因此，人们对资源"占有"的关注，转移到了如何最大化地整合利用资源，创造出更多价值上。借助互联网技术和平台，人们可以更加方便快捷地实现不同资源信息的交流共享，通过共享，人们可以将手中闲置的资源暂时性地有偿转让出去，这既会使社会的整体资源存量变大，又能使共享主体得到额外的收益。

（六）共享价值不断提升

总部型的传统经济模式已经越来越无法满足市场个性化、多元化、碎片化和分散化的消费需求。而共享经济模式，依托移动互联网、云计算、大数据以及社交网络等技术和平

台，实现了超越时间和空间限制的资源信息的沟通和分享，既能够对分散闲置的资源进行最大化的利用，又以此满足了"互联网+"下市场的个性化、多元化和碎片化需求，是向服务型与创新型经济发展的重要途径。

（七）共享技术不断优化

从某种意义上来说，正是互联网和信息技术的发展，让"共享"这个并不新鲜的理念变成了现实，并焕发出巨大的发展活力。例如，云计算是一种按使用量付费的模式，这种模式提供可用的、便捷的、按需的网络访问，用户可进入可配置的计算资源共享池（包括网络、服务器、存储、应用软件、服务）。这些资源能够被快速利用，只需投入很少的管理工作，或与服务供应商进行很少的交互。

▼ 在线测试 ●●●

一、单选题

1．曾担任万科集团副总裁的毛大庆，辞职创办优客工场主要是共享（   ）。

　　A．办公空间　　　　B．汽车　　　　　　C．自行车　　　　　D．时间

2．张荣耀创建移动互联网智能洗护平台 e 袋洗，实际上是共享（   ）。

　　A．办公空间　　　　B．汽车　　　　　　C．自行车　　　　　D．时间

3．（   ）是目前共享经济模式新的推手。

　　A．手机支付　　　B．资源集中　　　　C．大数据　　　　　D．个人爱好

4．（   ）是共享经济最重要的特征。

　　A．整合分散闲置资源　　　　　　　　B．大家都用过

　　C．获取大数据　　　　　　　　　　　D．互惠互利

二、判断题

1．我国很长一段时间国内共享经济都没有做起来，这与我国的体制、法制和文化有关。（   ）

2．共享经济能够改变经济组织和消费习惯。（   ）

3．滴滴出行严格意义上不属于共享经济。（   ）

4．滴滴出行和快的打车最早解决的是手机支付的问题。（   ）

5．借助于互联网，人们可以将自己闲置的物品、信息等资源有偿地共享给需要的人。（   ）

6．共享经济理念在不同领域均有渗透。（   ）

三、讨论题

有专家认为，共享汽车、共享单车的模式不属于真正意义的共享经济，请谈谈你的观点。

▼ 拓展问题 ●●●

一、共享农庄

"共享农庄"是指将有条件的村庄、农场、基地通过基础设施、产业支撑、公共

服务、环境风貌等建设，实现农村生产生活生态"三生同步"、一二三产业"三产融合"、农业文化旅游"三位一体"的新型产业模式。共享农庄是以共享经济为理论支撑，互联网为技术支撑，中高收入家庭及"候鸟"群体需求为市场支撑，以私人定制服务为核心，联合政府、企业、农户等多元力量，培育的农旅融合发展的新业态。

（一）"共享农庄"的类型

1．商品定制型

对买家认养的农作物建立档案，严格按照约定标准进行生产。商品成熟后，按照买家的要求配送到指定地点或进行代销，将销售收入返还买家。

2．休闲养生型

鼓励农村集体组织和农民以出租、合作等方式发展特色民宿客栈，吸引买家特别是"候鸟"前往农庄休闲养生度假。打造"民宿+农地"休闲养生商品，把经营权租赁给"候鸟"人群、城市居民，用于农业生产或农事体验。

3．投资回报型

买家及投资主体通过众筹等方式募集资金用于发展"共享农庄"，农庄为买家及投资者提供农资供应、技术指导、托管代种代养、商品销售等配套服务，买家及投资者按约定获得实物或投资收益回报。

4．扶贫济困型

引导买家及投资主体与贫困村或贫困户直接对接，买家认养贫困户的农作物或者承租贫困户的农地、农房，贫困户通过出租土地、房产或以土地、房产入股获得财产性收入以及通过打理农庄获得务工收入，实现贫困户持续稳定增收。

5．文化创意型

立足特色资源，吸引各类艺术家、创客利用品牌设计、故事挖掘、艺术再造、农业科普等文创艺术方式，打造特色农庄。

（二）"共享农庄"的特点

1．提升农业综合效益

共享农庄使农民转变为股民、收成转变为收入、农产品现货转变为期货、农村转变为农庄，实现农民增收、农业增效、农村增美、"庄主"增福。

2．引领潮流的新型生活方式

共享农庄作为一种生活、一个自由呼吸的场所，是介于城乡生活之间的第三种生活方式，使城市消费群体可以暂时摆脱烦闷的日常，拥有真正属于自己的田园生活。

"共享农庄"的主要特征是：以农民合作社为主要载体；以企业经营为主，让农民参与和受益，集循环农业、创意农业、农事体验于一体；以移动互联网、物联网等信息技术为支撑，以现代农业和民宿共享为主要业态。

（三）"共享农庄"的规划要点

1．理念普及

理念普及指向农户等生产经营者普及共享理念，帮助农户弱化所有权观念，强调使用权思想，即每个人都是生产者和买家的双重角色，资源和商品都是共享的，不是任何人独有的。让农户手中的生产资料、生活资料、生态环境等能够通过共享农庄平台转化为商品，实现农户与买家商品"共享化"。通过商品培育逐渐培育农庄独特的"共享"文化。在商品中注入共享理念，通过商品培育，让共享文化逐渐内化为农庄的文化，成为其独特的旅游吸引物。

2. 资源整合

资源整合是将产业资源、文化资源、特色建筑等个体资源进行有效整合，针对主要客群需求确定商品打造的方向，对其进行综合开发。

3. 顶层设计

顶层设计包括从资源开发到农庄运营的一体化过程，需要整合政府、村集体、农民、买家各方的利益与诉求，以期实现社会效益、经济效益、文化效益的最大化，顶层设计决定旅游者进入农庄的直观感受。

4. 平台打造

利用云端互联网技术打造共享平台，为全国乃至全球的需求者配对。可以采取联盟的方式，将全国共享农庄的信息进行整合，建立共享农庄网站，向全国乃至全球进行共享资源的宣传推广。

目前，在广州等地已经诞生了一些专注于做共享农场的运营商，他们在全国各地接收闲置土地，将其规划改造成统一管理的农场，然后实行标准化生产。这些运营商有专门的团队，确保农场进行标准化的有机种植，并且将农场分割成若干片区，由城市家庭在线下单来认领土地的收获权。

（四）"共享农庄"的优势

"共享农庄"作为平台化思维的产物，可以实现政府、农庄主、农民以及城市买家的"四赢"。

对于政府而言，"共享农庄"模式，通过使用权的交易，将农庄的闲置资源与城市需求之间进行最大化、最优化的重新匹配，将不确定的流动性转化为稳定的连接，间接地缩减了城乡差距问题。

对于农庄主和农民而言，商品认养、托管代种、自行耕种、房屋租赁等多种私人定制形式不仅可以降低其经营风险、提升商品附加值，还能够和以往低频消费的用户建立强连接。

对于城市买家而言，有一方良田，播撒夏秋之繁实，有一处宅院，纳三五好友，赏四季之风月，可以说是人生最大幸事。

二、共享图书

目前"共享图书"分为书店式和售货柜式两种。

1. 书店式"共享图书"

以合肥新华书店三孝口店"共享书店"（见图4-16）的经营模式为例，这家因被写进2017年山东高考作文题而成为"网红"的24小时书店又一次吸引了舆论的眼球。

此前很难想象的是，这种"共享"理念几乎将一家书店变成了图书馆。开业当天迎来了2万人次的客流量，有4 000本左右的图书被借阅，如果按人均2本的借阅量来算，大概有2 000人参与了借阅活动。

图 4-16　共享书店

书店内所有图书都参与借阅服务。而出借的图书归还后，基本还可用来销售或再次借阅；如果有破损，可能会进行打折出售或捐赠。

用户来到书店只需下载东莞市迪尔西信息科技有限公司开发的专用 App，在线支付一定的押金即可享受单次扫码借阅总价低于 150 元的两本图书，不过需要在 10 天之内归还。用户还可以在此 App 中展示自己的藏书，记录图书的评价并以书会友。

为了突出"共享"理念，用户可以将自己的看过的书捐赠或者租给书店，捐赠或租借的书越多，缴纳的定金就越少，借出的时间就越长，还可享受返现等优惠。

"共享书店"模式为用户消除了阅读成本、降低了阅读门槛、提高了阅读频次。这种方式能促进图书资源的有效利用，并利用借阅的时间期限督促大家读书。

2. 售货柜式的"共享图书"

售货柜式"共享图书"（见图 4-17）主要指在小区周围 500 米范围内铺设的智能书柜，用户交纳一定的押金，即可自动借还书。第 1 天免费，以后每天按图书定价的 2%计费，最低 0.5 元/天，最高 1 元/天。

图 4-17　共享图书

如果用户想长期借书，可采取会员方式交一定的会员费，例如 18 元/月，158 元/年。此外，平台还可让用户在平台上出租书籍，平台与出租者五五分成。使用模式和东莞市迪尔西信息科技有限公司研发的"共享充电宝"类似，注册支付押金后开始使用，归还后可退还押金。

盈利主要以会员费为主，安卓屏的广告收入、销售导流收入等方向尝试获利为辅。此类型"共享图书"的成本主要包含 4 块：设备成本、图书成本、落地成本（包括商务、场地费用、安装）、运营成本。其中设备成本和图书成本占了大部分。

目前售货柜式"共享图书"的优势在于消费场景离消费人群近，容易刺激用户去消费。同时又不可过度依赖线下的流量，应与线上的读书社交模式相融合，完美实现 O2O 模式。

衣食住行这类刚需市场已经是一片红海，做精神文化服务符合消费升级的大环境和大趋势；而在互联网线上流量已经瓜分完毕的情况下，以线下服务终端切入细分领域获取流量会是一个突破点。"共享图书"未来的发展不可估量。

话题 4-3 跨境电商：不只是距离

学习任务

我国跨境电商发展非常快，目前交易规模超过了 10 万亿元，相应的平台也越来越多，典型的有全球速卖通（AliExpress，下文简称速卖通）、亚马逊（Amazon）、eBay、Wish、敦煌网（DHgate）等。请你对比分析各平台的主要特点，撰写分析报告，格式不限，并通过学习平台或其他渠道分享。

学习目标

1. 通过分析不同模式下的跨境电商交易流程、付款方式和物流途径，获取相关的跨境电商创业参考信息。

2. 通过分析跨境进口和跨境出口的支付方式，会表述其特点和程序，能为跨境电商创业支付提出设计方案。

3. 通过对比分析典型跨境电商平台，理解各自的异同和优劣势，形成自己的独到见解。

关键问题

▶▶▶ 一、什么是跨境电商

跨境电商是指分属不同关境的交易主体，通过电子商务平台达成交易、进行支付结算，并通过跨境物流及异地仓储送达商品、完成交易的一种国际商业活动。具体来说，跨境电商的概念又有狭义和广义之分。狭义的跨境电商基本等同于跨境零售，是指分属于不同关境的交易主体，借助计算机网络达成交易、进行支付结算，并采用快件、小包等方式通过跨境物流将商品送达买家手中的交易过程。广义的跨境电商基本等同于外贸电子商务，是指分属于不同关境的交易主体，通过电子商务的手段将传统进出口贸易中的展示、洽谈和成交等各环节电子化，并通过跨境物流送达商品、完成交易的一种国际商业活动。与境内电子商务相比，跨境电商的业务环节还需要经过海关通关、检验检疫、外汇结算、出口退税、进口征税等多个环节。在商品运输上，跨境电商的商品需要通过跨境物流出境，与境内电子商务相比，跨境电商的商品从售出到送到买家手中所用的时间更长。

▶▶▶ 二、跨境电商有哪些类型

（一）按交易模式分类

跨境电商按交易模式的不同，可分为 B2B 跨境电商、B2C 跨境电商和 C2C 跨境电商三种类型。

1. B2B 跨境电商

B2B 跨境电商是指分属不同关境的企业之间，通过电子商务平台达成交易、进行支付结算，并通过跨境物流送达商品、完成交易的一种国际商业活动。B2B 跨境电商的代表性企业有阿里巴巴国际站、敦煌网、中国制造网和环球资源网等。

跨境电商模式中，B2B 是主体。在 B2B 跨境电商、B2C 跨境电商和 C2C 跨境电商三种模式中，B2B 跨境电商模式交易占比占据绝对优势。B2B 跨境电商平台主要有"交易佣金+服务费"和"会员制+推广服务"两种经营模式。

（1）"交易佣金+服务费"模式

这种模式采取注册免费、商品信息展示免费，只收取交易佣金的方式，按照平台类目设定固定佣金比例来收取佣金，并实施"阶梯佣金"政策。另外，平台还为卖家提供了一系列的服务，如开店、运营和营销推广等，但使用这些服务要交纳一定的服务费。

（2）"会员制+推广服务"模式

这种模式平台主要为卖家提供贸易平台和资讯收发等信息服务，通过收取会员费和服务费的方式进行运营。

2. B2C 跨境电商

B2C 跨境电商是指分属不同关境的企业直接面向个人买家在线销售商品和服务，通过电子商务平台达成交易、进行支付结算，并通过跨境物流送达商品、完成交易的一种国际商业活动。天猫国际、速卖通、网易考拉、兰亭集势、米兰网等都属于此类网站。

B2C 跨境电商平台主要有"保税进口+境外直邮""自营"和"自营+招商"三种经营模式。

（1）"保税进口+境外直邮"模式

该模式的典型平台主要有亚马逊、天猫和 1 号店等。亚马逊在各地保税物流中心建立了跨境物流仓储，在全球范围内拥有自己的物流配送系统。天猫与宁波、上海、重庆、杭州、郑州、广州六个城市的试点跨境电商贸易保税区签约合作，全面铺设网点，在保税区建立了自己的物流中心。

（2）"自营"模式

该模式中，跨境电商企业直接参与采购、物流、仓储等境外商品买卖流程，对物流监控和支付都有自己的一套体系。典型的"自营"模式如聚美优品，其通过整合全球供应链，直接参与采购、物流、仓储等境外商品的买卖流程。

（3）"自营+招商"模式

该模式发挥了企业的内在优势，并通过招商的方式来弥补自身的不足。苏宁是"自营+招商"模式的典型平台。苏宁在发挥其供应链和资金链内在优势的基础上，通过全球招商来弥补其国际商用资源的不足。

3. C2C 跨境电商

C2C 跨境电商是指分属不同关境的个人卖家对个人买家在线销售商品和服务，个人卖家通过第三方电子商务平台发布商品和服务售卖信息等，个人买家进行筛选，最终通过电子商务平台达成交易、进行支付结算，并通过跨境物流获取商品、完成交易的一种国际商业活动。

（二）按进出口方向分类

跨境电商按进出口方向可分为进口跨境电商和出口跨境电商。

1. 进口跨境电商

进口跨境电商指的是境外卖家将商品直销给境内的买家，一般流程是境内买家访问境外卖家的购物网站选择商品，然后下单购买并完成支付，由境外卖家发国际物流给境内买家。在跨境进口贸易中，传统海淘是一种典型的 B2C 模式。所谓海淘是指境内的买家在境外的 B2C 网站上购物，然后通过直邮或转运的方式将商品运送至境内的购物方式。

除了海淘模式，还有进口零售电子商务平台的运营模式、海外代购模式、直发/直运平台模式、自营 B2C 模式、导购/返利平台模式和境外商品闪购模式等。

2. 出口跨境电商

出口跨境电商是指境内卖家将商品直销给境外买家，一般流程是境外买家访问境内卖家的网店，然后下单购买并完成支付，由境内卖家发国际物流给境外买家。中国电子商务研究中心监测数据显示，2018 年上半年，中国跨境电商的进出口结构中，出口占比为 77.1%，进口占比为 22.9%。从进出口结构上来看，在一定时期内，出口跨境电商贸易额的比例将持续高于进口跨境电商。

我国出口跨境电商商品的品类主要有手机和手机附件、服装、健康与美容用品、母婴用品、家居用品、消费类电子商品、运动与户外商品、计算机和网络商品等。

▶▶▶ 三、典型的跨境电商平台

各大跨境电商平台各有自己的特点、行业优势以及客户群。因此，选择适合自己行业、适合自己商品、适合自己销售计划的跨境电商平台显得尤为重要。典型的跨境电商平台有全球速卖通（AliExpress）、亚马逊（Amazon）、eBay、Wish、敦煌网（DHgate）等。

（一）全球速卖通

全球速卖通是阿里巴巴帮助中小企业接触终端批发零售商，进行小批量、多批次快速销售，拓展利润空间而全力打造的集订单、收款、物流于一体的外贸在线交易平台。

1. 速卖通基本情况

速卖通创建于 2009 年，2010 年 4 月正式上线。经过多年的发展，速卖通已成为全球领先的跨境在线交易平台。2016 年 8 月，速卖通完成了从跨境 C2C 平台向 B2C 平台的转型升级，同时，速卖通规定入驻速卖通的企业必须有品牌。也就是说，卖家入驻速卖通的标准连上两个台阶：企业身份和品牌。2018 年底，速卖通累计买家数已经超过 1.5 亿，支持 18 种语言。目前，速卖通是我国最大的 B2C 跨境电商交易平台；俄罗斯、美国、西班牙、巴西、法国是速卖通的重点市场，是交易量排名前五位的国家，占据了速卖通 60%~70% 的交易量。速卖通的买家以个人买家为主，约占平台买家总数的 80%，还有 20% 为境外批发商和零售商。

2. 速卖通盈利模式

平台会在交易完成后，根据卖家订单成交总金额（包含产品金额和运费）收取交易手续费（即交易佣金）。其中产品的交易佣金按照该产品所属类目的佣金比例收取，运费的交易佣金目前是按照 5% 收取。另外，速卖通还提供付费营销工具，如速卖通直通车和联盟推广。

（二）亚马逊

1. 亚马逊概况

亚马逊的总部位于美国西雅图，其旗下的站点分布于美国、中国、澳大利亚、新西兰、巴西、加拿大、法国、德国、印度、墨西哥、意大利、日本、英国、西班牙和挪威等国家或地区。亚马逊在 2012 年通过"全球开店"项目，对中国卖家开放出口跨境电商服务。2014 年 11 月，亚马逊中国正式上线亚马逊海外购商店，这是亚马逊第一个本地化的全球商店。在 2016 年至 2017 年两年时间内，亚马逊海外四大站点——美国站、英国站、日本站、德国站先后接入亚马逊海外购。

2. 亚马逊的优势

和其他跨境电商平台相比，亚马逊有以下几项优势。

（1）国际货源丰富，买家遍布全球。亚马逊在全球运作多年，其平台上已经聚集了大量的境外供应商和买家。

（2）物流全链条的系统性。亚马逊通过布局大型仓储运营中心，建立了较为完善的物流体系，降低了整个供应链的运行成本。

（3）利润高。亚马逊平台的买家对商品价格敏感度相对较低，大部分买家更在意商品品质，因此商品利润较高。全球较大的电子商务平台的单价比较：平均客户价格为 10 美元，eBay 平均客户价格为 12 美元，Wish 平均客户价格为 12 美元，亚马逊平均客户价格超过 17 美元。

3. 亚马逊的服务模式

亚马逊平台能够为卖家提供包括物流、推广、商业顾问在内的一系列服务。

（1）物流服务。利用亚马逊物流服务（Fulfillment by Amazon，FBA），亚马逊将自身平台开放给第三方卖家，将其库存纳入亚马逊全球的物流网络，为其提供拣货、包装以及终端配送的服务，亚马逊则收取相关服务费用。

（2）推广服务。亚马逊平台提供免费的站内推广服务，卖家的商品可以在主题活动中得到免费推广；亚马逊也提供付费推广服务，包括关键词搜索、页面广告服务等。

（3）商业顾问。亚马逊拥有专业的顾问团队，向平台卖家免费提供技术支持和咨询服务，并定期向卖家提供网络培训服务。

（三）eBay

1. eBay 概况

eBay（见图 4-18）成立于 1995 年。成立之初，eBay 定位于全球网民买卖物品的线上拍卖及购物网站。1998 年，eBay 在纳斯达克成功上市；2002 年 6 月，eBay 收购了 PayPal 网络支付公司；2003 年，eBay 在中国开展跨境电商业务。在 eBay 平台上，美国、英国、澳大利亚是中国卖家的主要市场，出口总交易额排名前 15 位的市场还包括德国、加拿大、俄罗斯、法国、巴西、以色列、西班牙、挪威、阿根廷、意大利、希腊和瑞典。

图 4-18 eBay

2. eBay 的销售方式

在 eBay 平台上，卖家发布的商品主要有拍卖和一口价两种销售方式。拍卖就是通过竞拍的方式进行销售，卖家设置商品的起拍价格和拍卖时间，对商品进行拍卖，最后中标者拍得商品；一口价就是以定价的方式来销售商品。卖家采用的销售方式不同，eBay 向卖家收取的费用也不同。卖家在 eBay 上开店铺、刊登物品进行销售并不是免费的，而是需要支付一定的手续费。eBay 平台的手续费主要包括刊登费、成交费、特色功能费、PayPal 收款手续费、店铺费五部分。

（四）Wish

1. Wish 的概况

Wish（见图 4-19）于 2011 年成立于美国旧金山，是一个基于移动端的商业平台。起初，Wish 只是向买家推送信息，并不涉及商品交易；2013 年，其升级成为购物平台。Wish 的系统通过对买家行为等数据的计算，判断买家的喜好，并且选择相应的商品推送给买家。与多数电子商务平台不同，Wish 上的买家一般不会通过关键词搜索来浏览商品，更倾向于无目的地浏览。Wish 平台向卖家免费开放注册，但从 2018 年 2 月起，卖家需要缴纳 10 000

美元作为保证金。Wish 对每笔交易收取 15%的佣金。Wish 的主要销售类目是服装服饰，尤其是时尚类服装服饰，其他销售类目还有母婴用品、家居用品、3C 配件、美妆、配饰等。Wish 上的商品具有种类丰富、使用更换频率高、具有话题性等特点。

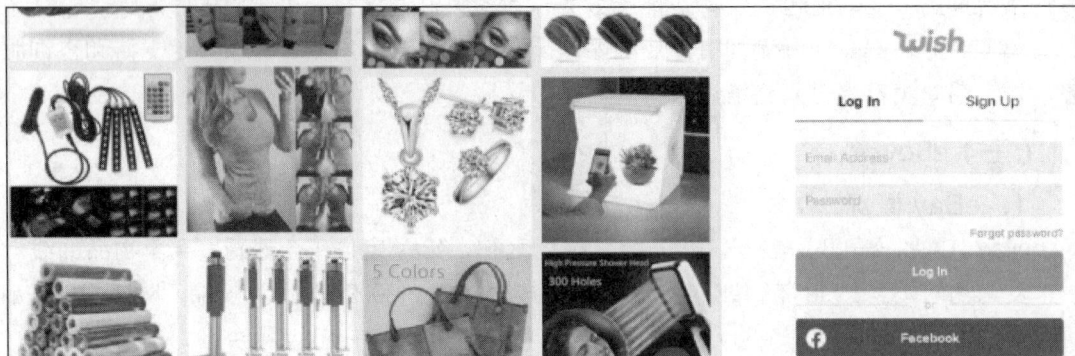

图 4-19　Wish

2．Wish 的特点

（1）专注移动端

Wish 平台是一个专注移动端的平台，Wish 通过了解买家的偏好，智能地将买家想要的商品展现给对应的买家，极大地增加了买家由于感兴趣下单的可能性。

（2）独特的推荐算法

Wish 拥有一套自己的推荐算法，根据买家在 Wish 上的购买行为和买家的喜好，以瀑布流的形式向买家推荐其可能感兴趣的商品，以最简单、最快捷的方式帮助卖家将商品销售出去。相比而言，亚马逊、eBay、速卖通虽然都推出了自己的 App，但都只是对 PC 端的补充。

（3）图片质量很重要

不少 Wish 的买家并不看重商品的描述，而是对商品的图片更加关注，图片的精美度和清晰度决定了转化率。因此，在 Wish 上销售的商品以图片展示为主，而且图片清晰度要高，并应从多角度拍摄。此外，商品要具有差异性和独特性。Wish 在同一页或同一推送下，会将重复或相似度高的商品自动屏蔽。

（4）标题和标签（Tags）匹配很重要

Wish 弱化了搜索功能，做的是个性化推送，Wish 会给平台上的所有产品都打上很多标签，再将标签与买家一一匹配。也就是说，Wish 上所有商品的标题信息、标签都会去和买家匹配，所以，做好 Wish 的一个关键点就是写好标题和标签。

（五）敦煌网

1．敦煌网的概况

敦煌网（见图 4-20）是全球领先的在线外贸交易平台，是境内首个为中小企业提供 B2B 网上交易的网站。敦煌网于 2004 年创立，致力于帮助境内中小企业通过跨境电商平台走向全球市场，让在线交易变得更加简单、安全、高效。作为 B2B 跨境电商的创新者，敦煌网采用电子邮件营销模式，低成本、高效率地拓展境外市场，其自建的平台为境外用户提供了高质量的商品信息。用户可以自由订阅英文电子邮件营销（Email Direct Marketing, EDM）商品信息，第一时间了解市场最新供求情况。

图 4-20 敦煌网

2．商业模式

（1）交易佣金模式

敦煌网采用统一佣金率，实行"阶梯佣金"政策。当单笔订单金额低于 300 美元时，平台佣金率为 12.5%～19.5%（中国品牌手机平台佣金率为 5.5%）；当单笔订单金额大于等于 300 美元且少于 1 000 美元时，平台佣金率调整至 4.0%～6.0%；当单笔订单金额大于等于 1 000 美元时，平台佣金率调整至 0.5%～1.5%。

（2）服务费模式

敦煌网为卖家提供物流、金融、代运营等一系列服务，并从中收取相应的服务费。基本服务费：敦煌网为卖家提供入驻开店、平台运营、营销推广、资金结算等一系列服务，并收取一定的费用。营销推广费：为了帮助卖家提高商品曝光度，平台提供了多种营销工具，包括定价广告、竞价广告、展示计划等。代运营服务费：平台为卖家提供培训、店铺装修及优化、账号托管等服务，并根据服务类型收取相应的费用。一体化外贸服务费：平台能够为卖家提供跨境交易一体化服务，包括互联网金融服务、物流集约化、境内和境外仓储服务，通关、退税、质检等服务，并收取相应的服务费。

▶▶▶ 四、跨境电商支付如何实现

随着全球国际化程度越来越高，跨境电商交易额也在不断增加。跨境交易与传统境内交易相比，其支付更加复杂，因为买卖双方在不同的关境，其银行、制度都不同，特别是还涉及汇率的问题。

（一）进口跨境电商的支付

境内买家只需要有国际支付功能的银行卡，比如 MasterCard、VISA 卡，就可以在境外网站、平台消费，用人民币兑换外币，平台将自动折算出相应的金额。进口跨境电商的购物流程和在境内购买差不多，境内买家到网站、平台采购商品和服务，用国际信用卡支付，支付信息会传达到第三方支付平台。第三方支付平台收到信息后，和发卡的合作银行确认信息，得到可以扣款的回复后，将信息反馈给卖家，卖家发货，买家收货后，打款给银行。

（二）出口跨境电商的支付

出口跨境电商的支付，主要涉及卖家如何把钱收回来。卖家可以委托境内银行或第三方支付机构完成收款。第三方支付机构一定要具有相应资格，也就是能够帮助卖家收外汇，再帮卖家兑换成人民币。

目前，有多个这样的第三方机构，比如支付宝就有国际支付宝，其与境外银行签订协议，可以接受对方买家付款到境内卖家。境内卖家可以到阿里巴巴速卖通平台开店，境外买家通过平台下订单，同意用国际支付宝，收到的外汇可以转成人民币。

当然，卖家也可以用国际平台开店，例如亚马逊、eBay 等平台有专门的支付工具。以 PayPal 为例，卖家需要在 PayPal 申请一个账号。境外买家在亚马逊、eBay 上购买商品后，就可以用 PayPal 支付，PayPal 收到这笔钱之后，将其转到卖家账户，卖家可以把这笔钱取出来兑换成人民币。

值得说明的是，人民币与外币兑换，是有限额的，国家规定一个人一年有 5 万美元的兑换额度。超过额度，就需要通过国家外汇管理局审核，需要海关、物流机构提供相关证明，以及支付宝或贝宝等第三方支付机构提供到账证明，以此来验证外币来路是正当的，才可以进行兑换。

因此，跨境电商选择境内还是境外的支付机构，其限制的条件是不一样的，承担的风险也是不一样的。随着国家对跨境电商的政策支持力度越来越大，人民币自由兑换的难度会越来越小，建议卖家尽可能使用境内有代表性的第三方支付机构。

▶▶▶ 五、跨境电商物流

跨境电商物流是跨境电商的重成部分，是跨境电商运营的关键。从事跨境电商的卖家越来越多，每当有订单时，卖家必须要考虑的问题就是怎么把货发到境外去。

（一）跨境电商物流渠道的选择

卖家在选择物流服务商的时候需要遵循三个原则：安全、可追踪性强，尽量让买家能随时了解商品的物流信息；时效性和可控性强，尽量保证商品能在买家期望的运送时间内送达；服务好、性价比高，在保证安全、可追踪、时效性强的前提下，选择性价比高的物流方式。跨境电商卖家在选择物流服务商的时候，需要注意以下三个方面。

1. 根据自身需求选择

国际物流有多种渠道，如邮政小包、邮政大包、商业快递、专线物流等。每种渠道针对的国家（或地区）优势均有所不同，这就需要卖家根据自身需要来筛选符合自己要求的物流方式。

2. 根据物流方式的特点选择

卖家要清楚各种物流方式都能提供何种服务，如能否提供仓储服务、能否提供打包服务、能否提供系统软件服务等。以仓储服务为例，卖家需要清楚其提供的仓储在何处、仓储条件如何等。

3. 多方对比，选择最合适的物流方式

卖家最好选择几家符合自己要求的物流方式进行对比，再从中选择最合适的一家。

（二）跨境物流的主要模式

跨境物流的主要模式有邮政包裹模式、国际快递模式、国内快递模式、专线物流模式和海外仓储模式等。

1. 邮政包裹模式

邮政物流是各个国家邮政部门的物流系统，网络基本已经覆盖全球，是覆盖范围最广的物流模式。中国邮政与世界上各个国家和地区建立了通邮关系，其中与 180 多个国家和地区建立了邮件总包直封关系；与 110 多个国家和地区建立了国际 EMS 业务关系；国际邮政速递业务可以通达 200 多个国家和地区。中国在 2002 年与日本、韩国、美国、澳大利亚的邮政部门成立了卡哈拉邮政合作组织（Kahala Post Group，KPG），提高了跨境电商邮政物流的竞争力。邮政包裹模式主要包括特快专递（Express Mail Service，EMS）、国际 E 邮宝（ePacket）、中邮小包、中邮大包及其他邮政小包。例如，从中国发往美国的邮政包裹，一般 15 天以内就可以到达。据不完全统计，中国出口跨境电商中 70% 的包裹都是通过邮政系统投递的，其中中国邮政占 50% 左右。

2. 国际快递模式

国际快递模式主要是指借助四大国际商业快递巨头，即 DHL、TNT、Fed Ex 和 UPS 的国际快递业务邮寄商品。这些国际快递商通过自建的全球网络，利用强大的信息系统和遍布世界各地的本地化服务，为跨境电商用户带来了极好的物流体验。例如，通过 UPS 公司寄送到美国的包裹，最快可在 48 小时内到达。然而，优质的服务总伴随着昂贵的价格，中国卖家一般只有在买家对时效要求很高的情况下才使用国际快递来派送商品。

3. 国内快递模式

国内快递主要是指 EMS、顺丰和"四通一达"等国内快递企业的跨境物流业务。"四通一达"中，圆通从 2005 年就开始关注跨境电商，2006 年成立了海外事业部，正式进入跨境物流领域，是国内最早布局跨境物流的快递公司。从 2012 年开始，各大快递公司明显加快了向跨境电商领域进军的步伐，但在 2014 年才发力拓展，例如，美国申通在 2014 年 3 月才上线，圆通也是在 2014 年 4 月才与 CJ 大韩通运开展合作，而中通、汇通、韵达则是在 2014 年才开始启动跨境物流业务。顺丰的国际化业务则要成熟些，在 2014 年就已经开通了到美国、澳大利亚、韩国、日本、新加坡、马来西亚、泰国、越南等国家或地区的快递服务，发往亚洲国家或地区的快件一般两三天就可以送达。在国内快递中，EMS 的国际化业务是最完善的。其依托邮政渠道，可以直达全球 60 多个国家或地区，费用相对四大国际商业快递巨头要低，出关能力很强，邮包到达亚洲国家或地区只需要两三天，到欧美国家或地区则需 5～7 天。

4. 专线物流模式

跨境专线物流一般先通过航空包舱方式将快件运输到境外，再通过本地合作公司派送到目的地。专线物流模式的优势在于能够集中大批量商品到某一特定国家或地区，通过规模效应降低物流成本。因此，其价格一般比商业快递低。在时效上，专线物流稍慢于商业快递，但比邮政包裹快得多。市面上最普遍的跨境物流专线有美国专线、欧洲专线、澳大利亚专线、俄罗斯专线等，也有一些物流公司推出了中东专线、南美专线、南非专线等。

5. 海外仓储模式

海外仓储服务是指由网络外贸交易平台、物流服务商独立或共同为卖家在销售目的地提供的商品仓储、分拣、包装和派送的一站式控制与管理服务。确切地说，海外仓储包括头程运输、仓储管理和本地配送三部分。头程运输是指卖家通过海运、空运、陆运或联运将商品运送至海外仓库。仓储管理是指卖家通过物流信息系统远程操作海外仓储商品，实时管理库存。本地配送是指海外仓储中心根据订单信息，通过当地邮政或快递企业将商品配送给买家。

▶▶▶ 六、跨境电商的发展趋势

跨境电商是未来国际贸易发展的必然趋势。在由互联网重塑的国际贸易中，跨境电商已经成为中国贸易新的增长点。在未来的发展过程中，跨境电商必将向着有利于降低交易成本、促进全球贸易活动便利化、营造良好的商务环境的方向发展。

（一）交易规模继续保持高速增长

从出口角度来看，出口跨境电商卖家所在的地域范围从广东、江苏、浙江等沿海地区向中西部拓展，商品品类也由 3C 等低毛利率标准品向家居园艺、户外用品、汽配、服装、健康美容等新品类扩展。这些都将为中国出口跨境电商的发展提供新的发展空间。从进口的角度来看，随着巴西、俄罗斯等新兴市场的不断加入，再加上互联网技术的发展、基础设施的不断完善，以及不断开放的政策，中国进口跨境电商的发展空间将得到进一步拓展。研究表明，随着人均购买力的不断增强、国际物流水平的提高、网络支付水平的改善以及政策红利的支持，未来中国跨境电商的交易规模仍将持续高速增长。

（二）B2C 模式将获得迅猛发展

在跨境电商模式中，B2B 模式占主导地位。据艾媒咨询数据显示，2018 年，跨境 B2B 电子商务交易额占到整个跨境电商交易规模的 84%，但跨境 B2C 模式的交易规模增长迅速。在未来的发展中，跨境电商 B2C 模式的市场规模将不断扩大，预计到 2020 年，全球跨境电商 B2C 模式的交易额将达到 1 万亿美元；全球跨境电商 B2C 买家人数的年均增长率将超过 21%，总数将超过 9 亿。而中国将成为全球最大的跨境 B2C 消费市场，跨境 B2C 的境内买家将超过 2 亿人。

（三）出口占比仍将较大

在未来的一段时期内，中国出口电子商务仍将占据较大比例。

（四）逐渐走向阳光化

对进口跨境电商来说，海关对邮包的综合抽查率不高，并非每个邮包都会被拆包查验货值和商品种类，因此，存在一些灰色通关的现象。随着跨境电商规模的不断扩大，针对跨境电商的管理"堵偏门、开正门"势在必行，将灰色清关物品纳入法定行邮监管是必然要求。同时，跨境电商的阳光化发展是保障正品销售、降低物流成本、完善售后服务的前提条件，也是跨境电商的必然发展方向。未来，随着跨境电商试点阳光化的不断推进，和监管经验的不断积累，跨境电商将进一步向阳光化、规范化、制度化发展。

（五）进口保税模式潜力巨大

进口保税模式，是指卖家借助分析，将具有热卖潜力的商品通过海运等物流方式提前进口至保税区，待境内买家在网上下单之后，卖家从保税区直接发货，将商品送达买家手中的模式，这非常类似于 B2B2C 模式。与散、慢、小的国际直邮方式相比，保税模式采用海运等物流方式集中进口，可以降低物流成本。此外，卖家从保税区发货的物流速度较快，几乎相当于境内网购，缩短了买家等待收货的时间，从而提高了买家的购物体验。从监管上来说，保税模式对于提高税收监管的便利性具有积极意义。虽然保税模式对卖家的资金实力有更高的要求，但目前来看，这种模式是最适合跨境电商发展的集货模式，也是传统电子商务平台采取的主要经营模式。

在线测试

一、单选题

1.（　　）不是跨境电商平台。
  A．淘宝网   B．全球速卖通
  C．阿里巴巴国际站   D．网易考拉海购

2.（　　）不是跨境电商 B2B 平台。
  A．阿里巴巴国际站   B．敦煌网
  C．中国制造网   D．Wish

3.（　　）平台是一个专注于移动端发展的平台。
  A．Wish   B．亚马逊   C．eBay   D．速卖通

二、多选题

1. 跨境电商包括（　　）。
  A．进口跨境电商   B．出口跨境电商
  C．境内跨境电商   D．境外跨境电商

2. 和其他跨境电商平台相比，亚马逊有（　　）优势。
  A．国际货源丰富，买家遍布全球   B．物流全链条的系统性
  C．利润高   D．价格非常便宜

3.（　　）是跨境电商的物流途径。
  A．邮政包裹   B．国际快递   C．国内物流   D．专线物流

4. 国际商业快递巨头主要包括（　　）。
  A．DHL   B．TNT   C．FedEx   D．UPS

三、判断题

1．跨境电商是一种国际商务活动。（　　）

2．跨境电商可以不通过电子商务平台交易。（　　）

3．B2B 跨境电商平台主要有"交易佣金+服务费"和"会员制+推广服务"两种经营模式。（　　）

4．跨境电商交易可以分为商品、买方、卖方、支付结算、物流快递、海关 6 大模块。（　　）

5．在跨境电商中，不能直接在线上完成跨境支付。（　　）

6．支付宝不能购买跨境商品。（　　）

7．亚马逊、eBay 等平台的支付工具是 PayPal（贝宝）。（　　）

8．中国出口跨境电商中 70%的包裹是通过邮政系统投递的。（　　）

拓展问题 ●●●

一、母婴跨境电商迅猛发展

随着拥有自主平台的母婴跨境电商的兴起，母婴电子商务行业的生态发生了根本性变化。最初，母婴商品从境外进入境内的渠道主要是"海淘"：买家在境外电子商务网站下单，然后再将商品发回境内。与人们轻车熟路的境内网购相比，"海淘"的确有一定的门槛。在"海淘"之后，海外代购逐渐兴起，然而这种"蚂蚁搬家"式的购买方式一直都游走在法律和质量的"灰色地带"。随着母婴跨境电商平台的崛起和京东等电子商务平台推出全球购业务，海外代购逐渐被取代。跨境电商依托公司背景，比个人代购更加正规，使货源品质从根本上得到了保障。

二、全球速卖通上的开店步骤

卖家申请在全球速卖通开设店铺的步骤非常简单，如图 4-21 所示。

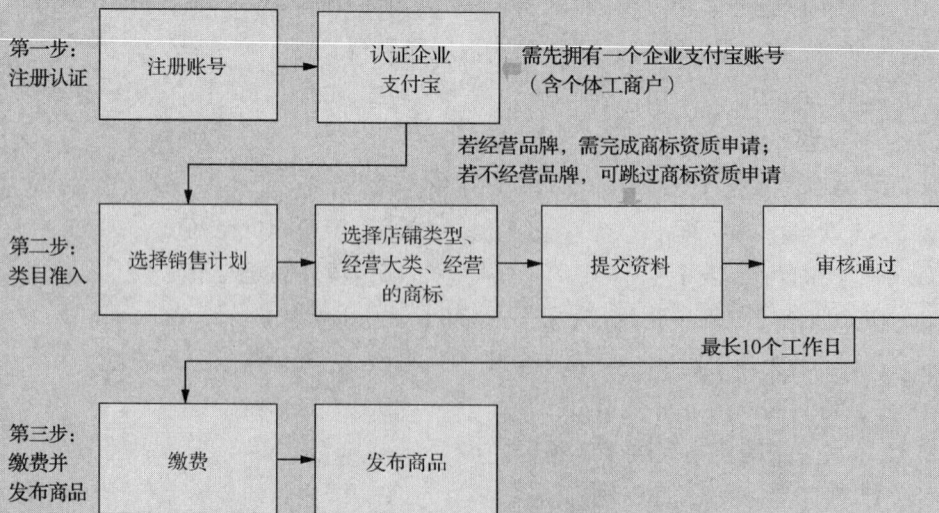

图 4-21　申请速卖通开设店铺的基本流程

（1）注册账号。登录全球速卖通卖家端首页，单击页面右上角的"立即入驻"按钮。按要求输入邮箱和手机号码，根据页面提示完成注册，如图4-22所示。

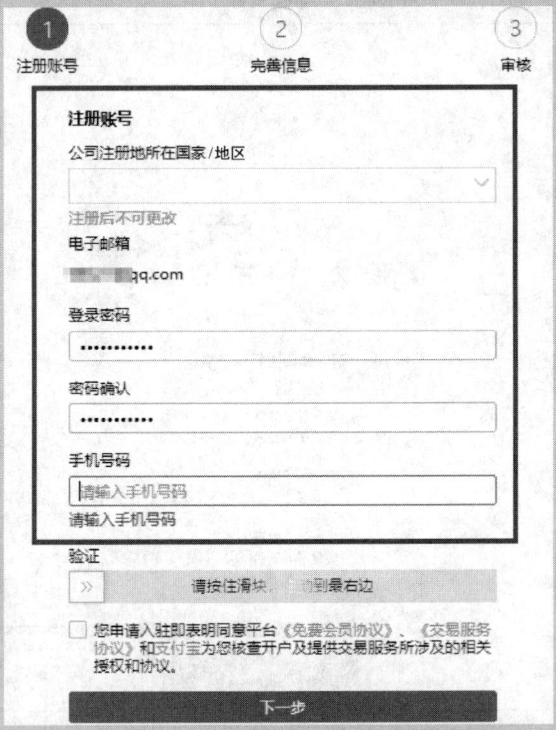

图4-22 账户注册

（2）认证。完成注册后单击"去认证"按钮，进行支付宝认证，如图4-23所示。

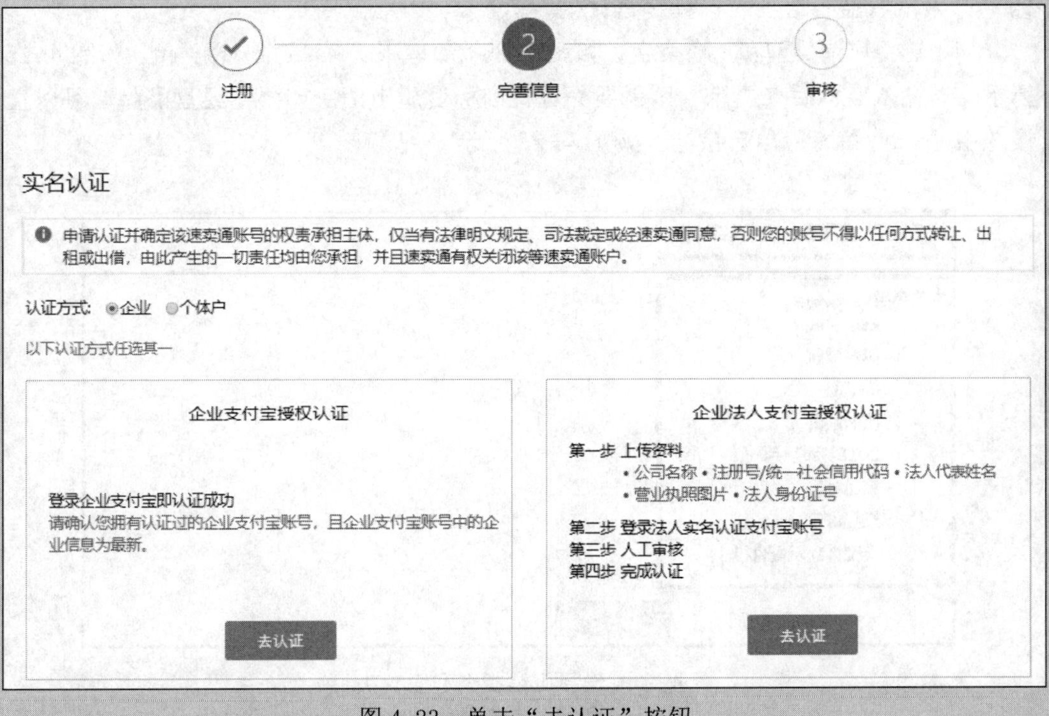

图4-23 单击"去认证"按钮

输入企业支付宝账户名和密码，登录支付宝账户。单击"授权"按钮，连接速卖通账户与企业支付宝账户，如图 4-24 所示。

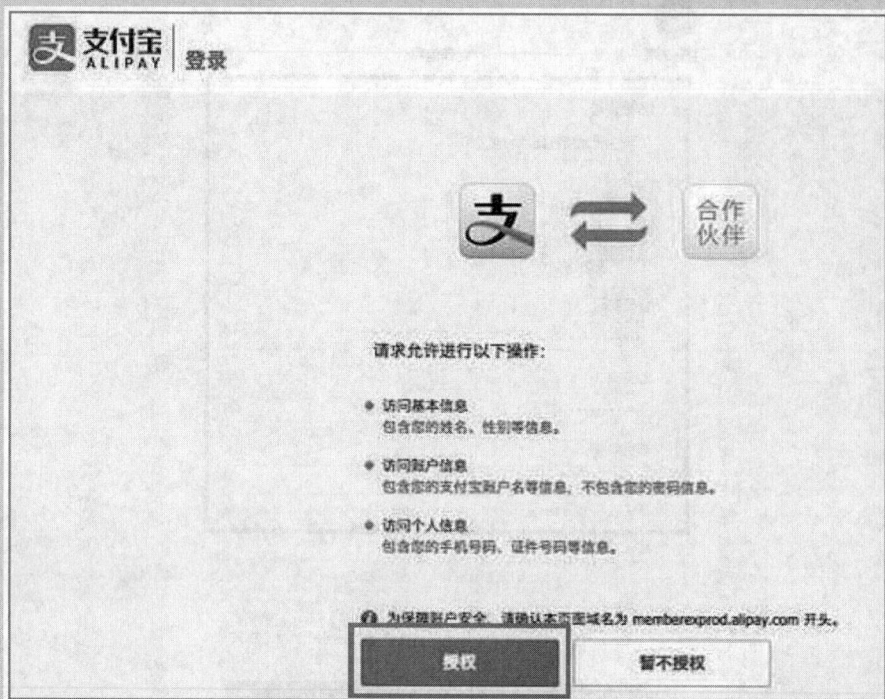

图 4-24　授权速卖通账户连接企业支付宝账户

（3）选择销售计划。进入"我的速卖通"页面，单击"账号及认证"|"品牌商标"|"我的权益"选项，选择销售计划。

（4）选择店铺类型和主营类目，如图 4-25 所示。输入商标并选择类目，如图 4-26 所示。若输入商标后未显示，则需要先进行商标资质申请。如果不经营品牌，可以直接选中"None 品牌"单选按钮，如图 4-27 所示。

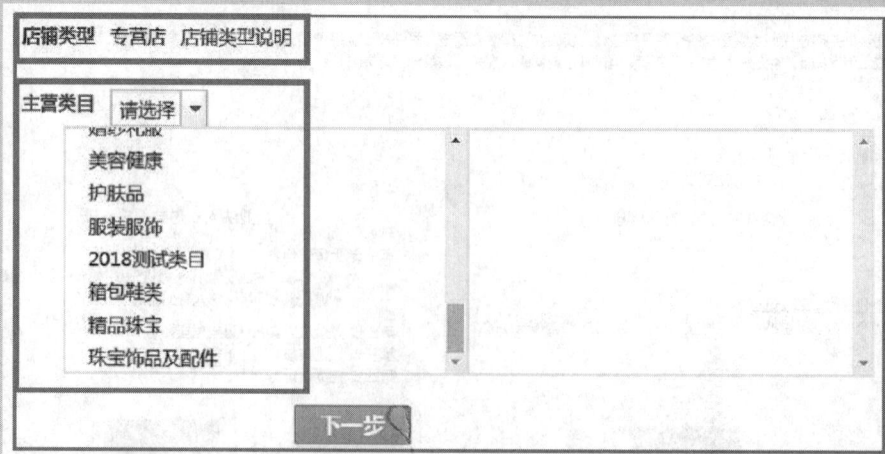

图 4-25　选择店铺类型和主营类目

图 4-26　输入商标

图 4-27　选中"None 品牌"单选按钮

（5）提交资料等待审核。个别行业需要同时提交类目资料，绝大部分行业只需提交商标资质申请材料即可。商标资质申请资料根据品牌差异略有不同，三选一（商标注册证/全链路授权书/全链路发票）即可，如图 4-28 所示。提交资料后预计最长 10 个工作日审核完成。若审核未通过，可以登录速卖通店铺的后台页面，单击右上角的"联系客服"按钮进行咨询，或根据审核未通过的原因重新提交相关资料。完成审核后，卖家缴费后即可完成入驻，随后即可选择类目发布商品。

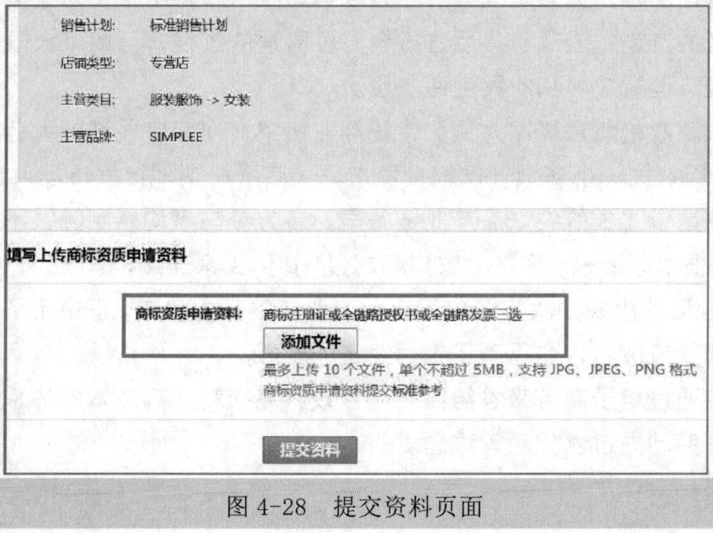

图 4-28　提交资料页面

话题 4-4　农村电子商务新动能

学习任务

电子商务的出现，为农村扶贫提供了新的途径和思路。专家指出："近年来，电子商务成为推动'互联网+'发展的重要力量和中国新经济的重要组成部分，在推动国家供给侧结构性改革等方面发挥着先导、纽带作用。"电子商务尝试在助力农村地区发展、农业现代化和农民的脱贫致富方面贡献一己之力，为解决中国发展深层次的问题提供了有效解决方案。

请你查阅有关资料和案例，列举农村电子商务助力精准扶贫的举措，将你的案例上传至学习平台或其他渠道分享。

学习目标

1．学习农村电子商务特点，能够将其应用到当前国家精准扶贫的战略中进行分析。

2．学习农村电子商务的发展现状和未来趋势，能分析目前存在的问题，并对今后发展提出个人见解。

3．学习拼多多的"拼农货"体系，分析农村电子商务体系对比传统农产品销售体系的优势，能举一反三地分析其他相关的体系。

关键问题

▶▶▶ 一、什么是农村电子商务

农村电子商务主要是围绕农产品（加工品）进城和消费品下乡开展的一系列电子化的交易和管理活动，包括农业生产管理、农业信息服务、农产品（消费品）线上销售以及电子商务、物流管理、客户关系管理等。它是以信息技术和网络平台为支撑，对农产品（加工品）和消费者的产销、流通、售后进行全方位管理的过程，可以最大限度地降低交易成本，提高农村经济运行效率和农民生活质量。

以将河南大蒜卖给北京买家为例，传统产业链中，河南农民种的大蒜要到达北京买家的餐桌，需要经历农民—小商贩—产地批发市场—商贩—销地批发市场—超市/菜市场—买家 7 个环节。在这个冗长的农产品产业链条里，各方参与者均感到赚钱不易，买家则感觉"越买越贵"。其根本原因是 2.3 亿小农户和超过 10 亿买家连接，是"天量生产者"对接"海量买家"，这种分散的小农户决定了中国农业产业链的基本状态，也决定了交易需要付出高昂的交易成本和物流成本，这阻碍了农村经济的发展。

因此，需要通过电子商务来重组旧式、低效、高损耗、高成本的体系，破解整个产业链无利润及对于劳动力过度依赖等难题。

▶▶▶ 二、农产品如何电子商务化

要做好农产品电子商务化，前期详细的市场考察及资源配置和优化是必要的。

（一）互联网市场数据化分析

首先，卖家需要做好市场数据分析，可以从以下几个方面入手：对项目所处行业整体前景的了解、对竞争对手的分析、对自身情况的分析、对目标买家的分析。市场数据分析的前提是获取准确的数据，卖家可以用问卷调查或百度指数等互联网工具来获取数据。

（二）农产品卖点挖掘

结合农产品本身的特殊属性，可将卖点的挖掘定位在地域优势上。生长地区的不同可以赋予当地农产品很难被套用的优势卖点。除此之外，做农产品电子商务还需学会利用农产品的悠久历史，挖掘传统优势中潜藏的卖点，并借此打造买家黏性。同时，农产品电子商务还需要注意从品牌上培育卖点，只有建立品牌，商品才能最终成功打开市场并具有持久的消费吸引力。如果缺乏品牌化，那么即使商品拥有一时的卖点也不会走得长远。

农产品卖点挖掘可以从以下几个方面考虑："土"是农产品主要的特色及最重要的卖点，土鸡店、原生态蜂蜜、修江源皇菊等都是"土"商品的典型代表；塑造人物与讲故事也可以提高农产品的知名度与买家对农产品的好感度，创业、公益、爱心义卖、扶贫、明星代言等都是很好的故事；味道好是王道，可以大力宣传农产品的绝妙口感吸引买家来购买；独特的种植方式、祖传的采摘方式、独家的制作工艺等都可以建立农产品的独特优势；买家好的评价也可以加以利用。

（三）价格定位

价格定位关乎成败。价格定位就是卖家通过对商品质量和市场现状等多方面的综合考虑，把商品价格确定在一个合适的水平，从而尽最大可能吸引买家并实现收益的最大化。对于卖家来说，无论经营的是哪一类商品，其定价都和成本有着直接的关系。卖家可以从以下几个方面综合考虑商品定价：市场行情和竞争程度、商品成本、促销成本、商品区间（如引流款、利润款、锚商品定价策略不同）等。

（四）农产品拍摄

农产品的拍摄是一门较大的学问。首先，拍摄时必须要让农产品的形、质、色充分展现，诱人却不过分夸张。所谓"形"就是指农产品的整体形态以及外形特征。"质"则是指农产品的质地、质量、质感。这就需要拍摄者掌握一些高超的拍摄技巧，将农产品的优点恰到好处地呈现在买家面前。农产品拍摄对色彩同样有较高的要求，在色彩的处理上应避免给人以繁、杂、乱之感。

具体来说有以下拍摄技巧：真实展示商品外观、细节、生长环境及采摘、制作加工、包装发货等过程；吃的动作和场景展示；单个农产品拍摄时，图片尽可能简洁，采用素色背景；细节拍摄使用微距镜头；拍摄多个农产品时，注意构图；注重拍摄的创意、艺术性等。

（五）农产品包装

农产品的包装既要注意经济实用又要注意美观，其实用性主要表现在有效控制成本的基础上保证包装的方便和清洁。而由于农产品本身的特殊性，在运输过程中需要特别注意。因此，农产品的包装要特别注意防挤压，对于以中药材为代表的特殊性农产品，最好能够在包装上附以详细的说明。此外，作为食用商品，包装材质的安全性也是非常需要注意的，最好采用可以反复利用的高科技清洁包装。

农产品按包装规格可分为三类：一是保存时间较短、易损坏、易撞伤、易腐烂的商品，如樱桃、荔枝、桃子、芒果、草莓等不耐储存的水果；二是保存时间较长、不易腐烂的商品，如橙子、苹果等耐储存的水果；三是保存时间较短且需一定储存条件的商品，如海鲜类、手工制品类。针对一种农产品，要进行具体分析，多次测试，找出最合适的包装方式。另外，还需注意包装的耐摔性、透气性和美观度。

（六）农村电子商务团队架构设计

对于农村电子商务来说，足够的运作资金和高素质的电子商务团队是企业发展的前提。中小型企业的电子商务团队架构较为灵活。一般来讲，企业在成立初期需要进行运营部门、客服部门、设计部门和物流部门四大团队的建设（见图4-29）。

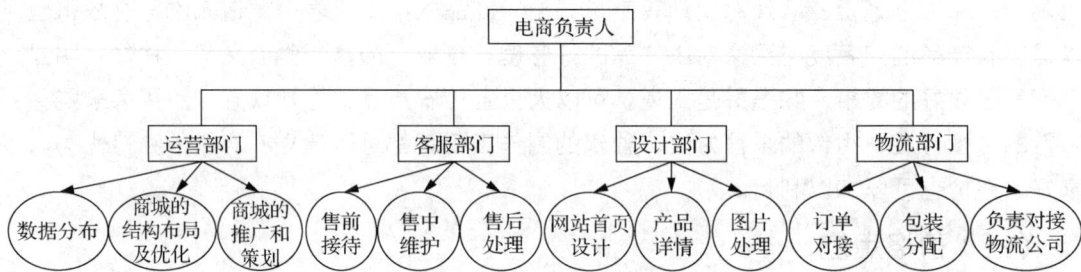

图4-29 电子商务团队结构示意图

▶▶▶ 三、农特微商怎么做

和其他销售模式相比，微信这种分享式销售显然更适合农产品。当买家了解了自己食用的商品是如何生产出来、如何采摘、用什么材质包装之后，就会对商品产生一种信任感，愿意购买，这种效果是其他销售渠道无法取得的。

（一）农特微商的营销策略

我国的农特微商近年来发展迅速，若能利用好微商的营销手段，便将更好地帮助农民致富，给买家带来绿色好食品。农特微商在营销过程中运用以下四种营销策略，可能会达到事半功倍的效果。

1．讲述好的故事

微商的本质是社交电子商务，它决定了农特微商经营者必须对商品的文化打造加以重视。如果卖家能讲述一段十分精彩、励志、感人的故事，商品会更加吸引买家的注意。如果能将自己的生活与商品结合起来，向买家讲述一个好听的故事，与他们产生共鸣，那么商品的销售就会变得更加容易。例如，众所周知的褚橙，就是通过塑造褚时健的个人创业励志故事，打造品牌进行营销的，如图 4-30 所示。

图 4-30　褚橙

从褚橙这个品牌可以看出，"好的故事+好的商品"是营销的制胜武器。除了讲人的故事之外，也可以在商品上做文章。例如，销售一款与同类商品差异化不大的蜂蜜，如果按照"土蜂蜜、十分正宗"进行宣传，可能难以引起买家的注意。此时，卖家可以在蜂蜜上做文章，针对某类特定人群进行重点营销，如蜂蜜的主要消费人群是女性，包装的设计可以偏柔美，从而达到销售的目的。

2．使农产品有趣味性

微信的用户以"80 后""90 后"居多，他们除了关注商品的功能和自身的需求外，更加关注商品的趣味性。目前，市场上的很多商品都通过结合互联网上的趣味因素来抓住买家的眼球。现在大多数微商销售的农产品，不管是名字、文案，还是包装，都特别有趣，能达到吸引买家目光、加深他们对商品印象的目的。想要把农产品打造成一个好玩有趣的商品，可以从以下几个方面着手。

（1）品牌名称。农产品的品牌名称一定要容易记忆，而且要与商品有很强的关联性。例如，芒果叫"你好芒"，蘑菇叫"蘑蘑哒"，柚子叫"李金柚"等，买家一看名称就知道是什么商品。

（2）商品包装。包装非常重要，它直接影响客户收到商品后对商品的第一印象。农产品一般利润不高，包装除了考虑成本之外，还要考虑实用、美观和特别性。传统的农产品包装不适合在微信上推广营销，除了不适合拍照外，也不符合现在年轻人的审美观，因此，要想在微信上推一款农产品，必须在包装上下功夫。

（3）农产品文案。好的农产品要搭配好的文案才能赢得客户。因为农产品本身不会说话，因此卖家在微信上主要靠图片和文字传播。同样一款商品，用不同的文案阐述，所产生的销售效果是不同的。

（4）附加服务。要想做好一款商品，就要站在买家的角度思考，以细致的服务取胜。例如，柚子不好开，三只松鼠赠送买家一个开柚器，成本也不高，买家会觉得卖家很贴心。

（5）营销方案。做好包装、品牌和文案之后，后续的营销也很重要。卖家要不断在网络和朋友圈中推出一系列有效、有利的促销方案，不断吸引买家的注意力，让农产品深入人心。

3．打造爆点

将农产品推向市场后，卖家要思考如何将它引爆。爆点可以是基于农产品的，也可以是基于需求或者时间点的。制造爆点时，一定要结合商品的实际情况，只有这样，后面的推广工作才能更加顺利。

4．代理分销

商品也可以采用代理分销的方式，只是农产品利润微薄，代理层级应适当减少。农产品的代理层级一般最多不超过两级，每一层级的利润不同。

（二）农特微商的运营模式

农特微商可分为以下三大运营模式，每种模式有不同的操作方式，也各有优缺点。

1．自营

自营可以理解为自产自销，这种模式非常符合农特微商的特点。农特微商的自营模式十分简单，经营者无须为商品的生产发愁。自营模式的优势表现在：没有中间商收取差价，农户得到的利润更高；自产自销，农户接受度高。这种模式也存在一些缺点：农户可能对互联网和电子商务的认知不够，自营操作困难，而且对开店、上货等流程不够了解，使销售效果受到影响，电子商务优势大打折扣。

2．代理经营

农特微商代理经营具有以下三大作用。

（1）化解产销矛盾，促进产销结合

代理经营具有互惠互利的特性，这有助于产销之间的货源渠道保持稳定，生产企业以前要解决原材料采购问题，现在只需集中精力生产。代理人过去需要紧盯货源，现在只需紧盯客户，与厂商的关系由讨价还价变为互惠互利，这些转变大大促进了产销的有机结合。

（2）加快资金周转，降低经营成本

农产品生产企业由直接面向买家和流通企业，转而面向以契约形式固定下来且具有长期合作关系的代理商，有效解决了与流通企业交易时容易出现的资金拖欠问题，加快了资金周转。农产品代理商从委托企业中获得佣金，节省了流动资金，降低了农产品的经营成本。

（3）构建良好的流通秩序，有效衔接产销关系

市场上的供求关系和价格处在不断变化之中。在商品短缺时，农产品生产企业争相购买，流通的各个环节价格提升；在商品过剩时，农产品生产企业无法持续经营，农产品堆积严重，造成流通秩序混乱。采用代理经营可以使农产品生产企业的进货和销售渠道相对稳定，构建稳定的流通秩序。同时，农产品代理商可以将市场中关于农产品的信息及时告知农产品生产企业，有助于农产品生产企业按需生产，防止盲目生产造成商品积压，能够实现产销关系的有效衔接。

3．自营+代理

自营+代理模式是指将自营和代理两种模式相结合的模式。自营+代理模式既可以保证货源的充足，也可以保证销售渠道，非常适合农特微商发展。农特微商刚刚起步，无论是自营还是代理经营，都有弊端，因此在发展中要扬长避短。自营模式难以对市场形成十分清晰的认识，而"自营+代理"模式则不同，在这种模式下，虽然从商品单价看，农民的利益有所减少，但商品的销量却有很大提升，进而提高了农户的最终利润。因此，在农特微商的发展过程中，自营+代理才是最适合的模式，这种模式可以最大限度地拉动农村的经济，提高农民的收入。

（三）农特微商的销售技巧

目前，农特微商的销售技巧主要有土地认领、预售、众筹和会员制四种。

1．土地认领

土地认领采取的是主人制模式，农户把土地放到网上进行征集，认领土地者便成为土地的"主人"，这块地的所有产出均归"主人"所有。采用这种模式经营的商品大多为有机绿色农产品，如土豆、有机大米等。"主人"可以自己打理土地，也可以交由农户统一打理，或者采取两者结合的方式，平时由农户打理，周末可以带朋友、家人到认领的土地上进行种植、施肥等活动，体验田园生活。

土地认领模式具有强大的吸引力，"主人"除了可以体验之外，还可以实时了解土地的情况，并监控自己种植的果蔬，确保自己食用的食品是绿色安全的。土地认领模式通过抓住买家的关注点获得了买家的青睐。

2．预售

农户担心的不是农产品种植和生产的问题，而是遭遇供大于求的市场环境，导致农户种植或生产的农产品无法销售出去，或者需要亏本甩卖。如果能采用预售模式，就可以在种植前了解市场需求，控制风险。微信是了解市场需求的有效工具，农户可以通过朋友圈、微信公众号和社群进行预售，做到先收钱再种植，最大限度地控制风险，获取利益。

预售模式还有以下三大好处。

（1）掌握市场反馈信息

通过预售，农户可以了解商品的市场反馈信息，进而了解买家对商品的认可程度及需求情况，在种植初期作出适当的调整，更好地满足买家的需求。

（2）收集买家数据

在预售时，农户会收集买家的资料（如姓名、手机号、地址等信息），通过这些信息可以了解购买者是谁、地区在哪里。此外，通过预售模式，农户可以根据数据，分析出哪种农产品卖得最好，不同地区的人都喜欢购买哪种农产品，进而更有针对性地进行种植。

（3）降低生产风险

以前的销售方式是把农产品种植或是生产出来后再推向市场，这种方式经常导致商品不被认可、买家不买单的情况发生。同时农产品都有一个特性——保质期短、季节性强，如果在一定的时间内卖不出去，就只能采取打折的方式损利出售，甚至直接烂在地里或仓库里，造成极大的损失。现在通过预售，农户可以先收钱，然后根据买家的订单进行生产，可以说是零风险。

预售模式虽然很好，但并不容易操作，农户在预售之前要解决好以下问题。

（1）人脉。如今是粉丝经济时代，没有粉丝什么都是空谈。预售的前提就是有足够的粉丝、庞大的人脉。如果没有人脉，就要借助"大V"的合作。

（2）信誉。预售是建立在人与人的信任上的，如果农户没有信誉，就不会有人预先付款，在进行预售之前，农户一定要建立起良好的信誉。

（3）品质。预售代表的是买家对农户的高度信任，因此要保证商品的质量过硬，使其经受住市场和买家的考验。

3．众筹

众筹作为互联网金融的一种方式，热度迅速飙升。农产品领域的众筹可以分为多种模式。

（1）农业众筹

农业众筹是最简单的众筹模式：先向买家筹集资金，然后农户根据需求进行种植，农产品成熟之后直接送到买家手中，过程和预售类似。这种模式也被称为订单农业——根据销售组织生产，降低生产风险。农业众筹在我国的落地时间较短。2014年创立的综合性众筹平台上线以来，农产品众筹的项目才陆续出现，图4-31所示为京东的惠民扶贫项目。

图4-31　京东的惠民扶贫项目

（2）农业技术众筹

农业技术众筹是指通过众筹，研究和提高某项农业技术水平，成功后通过推广和使用该技术获得收益。目前国内可考虑以下农业技术的众筹。

① 杂交水稻的增产技术。粮食在全世界都占据重要位置，粮食增产技术当然也格外受到青睐。

② 引种新型农作物的种植技术。这项技术的价值点在于该农作物被世界公认有价值并具有极大的稀缺性，通过该项引种技术可以解决稀缺性问题。

③ 有机化肥农药技术。随着有机食品的热度逐渐升温，围绕着"有机"会形成一条系统的产业链，每一个不可替代的环节都是值得投资的。

④ 农业信息化。虽然农业物联网在我国推广还为时尚早，但是农业信息化技术已经可以开始着手实现了。

（3）农场众筹

农场众筹即筹集资源开发农场。农场众筹可围绕着农场的个性化特色来做文章，围绕着该农场的商业价值来分析确定。众筹的资源包括土地、农畜产品、技术、资金等。

（4）公益众筹

公益众筹就是农业中的"希望工程"，主要用于西北沙治和农村建设，可以使社会资源得到更加有效的优化配置。

4．会员制

会员制除了可以在百货商店、酒店、餐饮等行业运用之外，也同样适用于农业。会员制与认领土地、众筹在形式上类似，但在服务内容上有很大的区别。与认领土地和众筹模式相比，会员制的适用范围比较小，适合农场经营者使用，其好处可以被归纳为独享、专属与定制。例如，一个农庄采用会员制，会员费为 6 万元/年，会员除了每年享有 6 万元的农产品之外，还可以免费到农场体验，而普通买家没有这种权利。大多数会员制模式要求买家定制一年的商品，农户每个月给买家快递商品。彬彬农庄采用的就是会员制模式，每年的会员费达到上万元，一年纯收入就达到了几千万元。彬彬农庄的销售渠道是微博和微信。农庄主每天通过微博和微信分享优质农产品，感兴趣的会员可以自行下单，他的微博虽然都是广告，但互动性很强，因为粉丝都是精准客户。

以上四种模式各有好处，农特微商可以根据自己的实际情况进行选择。

在线测试 ◀◀◀◀

一、多选题

1．农村电子商务主要解决传统农产品销售体系中的（　　　）问题。

  A．低效率　　　　B．高损耗　　　　C．高成本

  D．无利润　　　　E．对于劳动力过度依赖

2．农产品卖点挖掘可以从（　　　）等方面考虑。

  A．"土"商品特色　　　　　　　　B．人物塑造与讲故事

  C．独特的种植方式　　　　　　　　D．买家好评

3．农产品定价需从（　　　）等方面综合考虑。

  A．市场行情和竞争程度

  B．商品成本

  C．促销成本

  D．商品区间（引流款、利润款、锚商品）

4．农产品按包装规格可分为（　　　　）。

    A．保存时间较短、易损坏、易撞伤、易腐烂的商品

    B．保存时间较长、不易腐烂的商品

    C．保存时间较短且需一定储存条件的商品

    D．以上都不是

5．农特微商的营销策略主要包括（　　　　）。

    A．讲述好的故事　　B．使商品有趣味性　　C．打造爆点　　　　　D．代理分销

6．农特微商的销售技巧主要包括（　　　　）。

    A．土地认领　　　　B．预售　　　　　　　C．众筹　　　　　　　D．以上都不是

二、判断题

1．结合农产品本身的特殊属性，可将农产品卖点的挖掘定位在地域优势上。（　　　）

2．做好农产品电子商务化，前期详细的市场考察，以及资源配置和优化是必要的保障。（　　　）

3．农产品拍摄时必须要让农产品的形、质、色得以充分展现，诱人却不过分夸张。（　　　）

4．传统农产品产业链条很长，导致"越买越贵"。（　　　）

5．农特微商经营者如果能采用预售模式，就可以在种植前了解市场需求，控制风险。（　　　）

6．农产品自营微商模式可以理解为自产自销。（　　　）

三、讨论题

马云曾预言未来的机会会出现在农村。2019 年，拼多多、京东等成为"电商扶贫"主力军，其他各种电子商务企业也开始向乡村拓展业务。请谈谈你对农村电商未来发展趋势的看法。

▼ 📍 拓展问题 ● ● ●

一、农村淘宝，助力农商

农村淘宝是阿里巴巴集团的战略项目。阿里巴巴与各地政府深度合作，以电子商务平台为基础，通过搭建县村两级服务网络，充分发挥电子商务优势，突破物流、信息流的瓶颈，实现"网货下乡"和"农产品进城"的双向流通功能。农村淘宝于 2017年 6 月 1 日正式升级，升级后的农村淘宝和手机淘宝合二为一，手机淘宝针对农村市场增设"家乡版"。阿里淘宝村数量从 2013 年的 20 个发展到 2017 年的 2 118 个，四年间增加 2 000 多个淘宝村。

农村淘宝一直在为构建商业的新生态做努力，以农民为中心，创新农业，缩小城乡差距。农村淘宝近四年里深入村县，建设基础设施，打通渠道，做的都是"点"，现在，这些"点"将被连接成"面"，让农村生活从量变到质变。通过构建营销、销售、物流、服务供应链四合一渠道体系，让卖家、村小二（原"农村淘宝合伙人"，后改名为"村小二"）、村民感受到电子商务带来的价值。

二、拼多多的"拼农货"体系

拼多多创新构建了"拼农货"体系，主要分为三个链条（见图 4-32）。

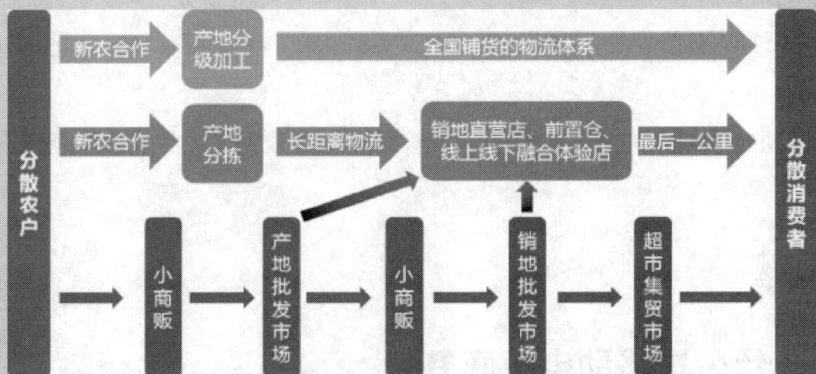

图 4-32 "拼农货"体系

第一条是分散农户同新农（新型职业农民）合作，将农产品送入本地分级加工，再依托拼多多的全国铺货的物流体系直接送达买家。

第二条是分散农户将农产品送入本地分拣，通过长距离的物流送入城市直营店、前置仓、线上线下融合体验店，突破"最后一公里"，到达分散的买家手中。

第三条则是依托拼多多的城市直营店、前置仓、线上线下融合体验店，改造传统的销售链条，缩短两个环节，破解整个产业链无利润、对于劳动力过度依赖等难题。

这种模式成功建立起了"农户+经销商+买家"的链条，帮助千万级小农户和 4.832 亿买家打造出了农业"超短链"，不仅解决了买家出高价、生产者不赚钱的难题，更让中国农业突破土地分散化制约，实现大规模上行。

除了拼多多的"拼农货"体系，还有很多种农货上行模式，无论是哪种形式，都能大幅降低整个产业链对劳动力的依赖程度，为原价值链增加更多附加值。

话题 4-5 移动电子商务：如影随形

学习任务

微博改变了新闻业，优酷改变了电视业，百度改变了广告业，淘宝重新定义了集市，美团把吃喝玩乐都搬到了互联网。互联网产业化是非常明确的趋势，它颠覆了传统产业。现在移动互联网来了，移动互联网不是对互联网的简单延伸，而是重新定义，通过移动互联网可以实现基于位置的服务和 O2O 应用，而这些将使商业生态产生巨大变化。从传统商业到互联网商业是一次重大改变，从互联网商业到移动互联网商业也是一次巨大的改变。在互联网时代有互联网思维，在移动互联网时代则有移动互联网思维。

请你分析移动互联网思维和互联网思维的区别，撰写分析报告，格式不限，并通过学习平台或其他渠道分享。

学习目标

1．了解微信智慧生活，观察和分析生活中的变化，能够将其应用于专业学习和未来就业、创业中。

2．学习移动电子商务的定义和特点，能够形成个人理解和独到见解，善于总结和分析生活中移动电子商务的应用。

关键问题

▶▶▶ 一、什么是移动电子商务

传统的电子商务通过 PC 端进行交易沟通，而移动电子商务通过手机、iPad 等进行沟通。传统电子商务是通过浏览器购物，而移动电子商务是通过 App 购物。众多卖家均推出了移动 App 来吸引买家，可以提供银行业务、交易、订票、购物、娱乐、无线医疗、移动应用服务提供商（Mobile Application Service Providers，MASP）等方方面面的服务，让手机既是移动通信工具，又是移动销售点（Point of sales，POS）、自动取款机（Automatic Teller Machine，ATM）。公交车上、地铁上，公司、餐厅、电影院里，人们能随时随地地获取服务、应用、信息和娱乐，因此可以说"移动电子商务，如影随形"。

▶▶▶ 二、移动电子商务的发展历程

根据工业和信息化部统计，2014 年移动互联网接入流量是 20.6 亿 GB，2019 年则达到了 1 220 亿 GB；App 在架数量近两年始终维持在 367 万款左右（见图 4-33）。根据中国互联网络信息中心（China Internet Network Information Center，CNNIC）发布的数据显示，2019 年中国手机网民规模接近 9 亿，占全部网民的 99.3%（见图 4-34）。中国网民的周上网时间在 2020 年约为 30.8 小时，平均每天达到 4.4 小时（见图 4-35）。

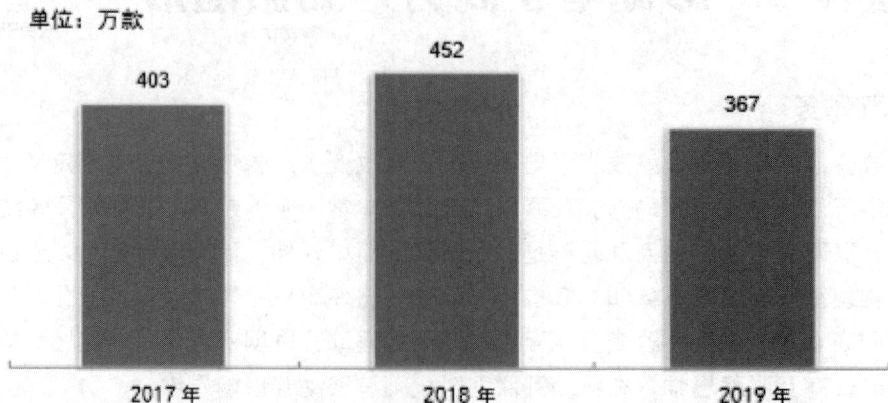

单位：万款

图 4-33　2017—2019 年 App 在架数量

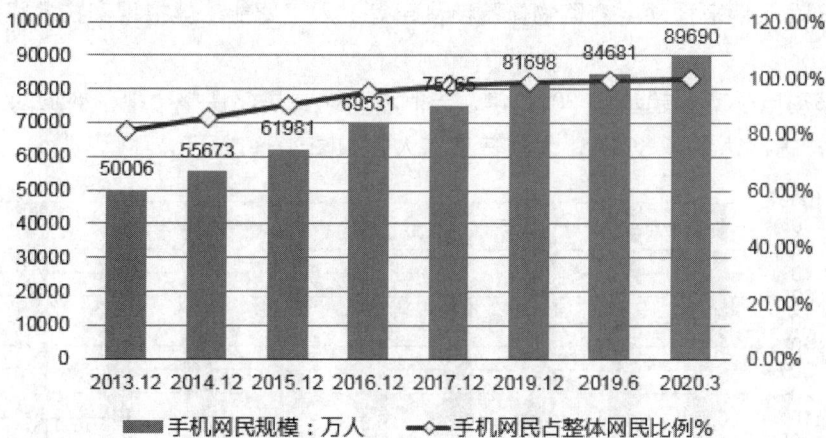

图 4-34　2013—2020 年中国手机网民规模及其占网民比例

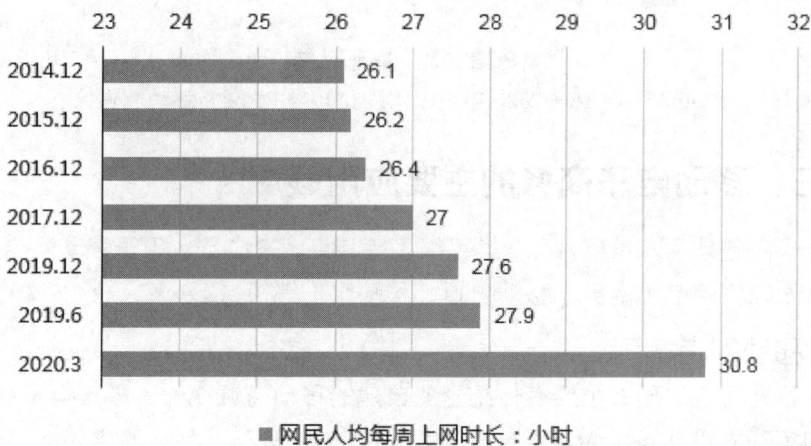

图 4-35　2014—2020 年网民平均每周上网时长

　　这足以说明我国移动互联网发展迅猛。正是移动互联网的快速发展，支撑了移动电子商务的迅猛发展。实际上，移动电子商务的发展经历了三个阶段，正在迈向第四个阶段。

　　第一阶段的移动电子商务是以短信技术为基础的，它的局限性显而易见，虽然现在还有卖家在应用，但一般都被当成"垃圾短信"处理，基本上很难发挥作用。

　　第二阶段采用基于无线应用协议（Wireless Application Protocol，WAP）技术的方式，主要是通过手机浏览器访问 WAP 网页。第二阶段部分解决了第一阶段的问题，但是由于 WAP 网页的交互性差，限制了电子商务的灵活性和便利性，此外，WAP 网页访问的安全性也比较差。

　　第三阶段融合了 3G、4G 移动技术、移动智能终端、虚拟专用网络（Virtual Private Network，VPN）、数据库同步、身份认证及 Web Service 等多种前沿技术，使得电子商务系统的安全性和交互性明显提高。

　　第四阶段的移动电子商务融合 5G 移动技术，使用物联网帮助供应链结构转型，并利用实时数据和智能算法优化物流网络；人工智能基于数据做精准营销、自动问答节省人工成本；VR、AR 设备带来移动电商购物体验新变革等。人工智能、虚拟现实技术将会实现大规模普及。

中国移动电子商务起步于 2012 年，当时移动端交易额占整个电子商务的 5.8%。截止到 2020 年，占比达到了 86.8%，发展速度惊人，如图 4-36 所示。

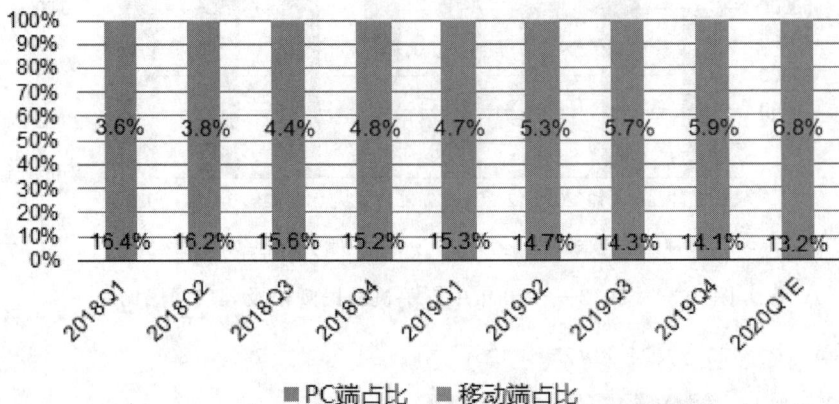

图 4-36 2018—2020 年中国网购交易额 PC 端和移动端占比

▶▶▶ 三、移动电子商务的主要应用领域

移动电子商务具有入口碎片化、类目繁多等特点，被广泛应用于移动网店、移动金融、无线医疗、无线旅游电子商务、移动出行、移动娱乐等领域。

（一）移动网店

当前，移动网店的形式主要有传统企业自建的移动商城 App、零售电子商务平台的移动端 App 和第三方移动网店 App 平台三种。其中，借助第三方移动网店 App 平台搭建微店、微商城是最常见的移动网店形式。

1. 企业自建的移动商城 App

许多传统企业早已开始涉足电子商务领域，搭建电子商务平台。随着移动互联网的兴起，这些企业也以原有的电子商务平台为基础，推出各自的移动商城 App，与原有的电子商务平台相互配合，实施全方位的市场战略。例如，苏宁易购、唯品会等。

2. 零售电子商务平台的移动端 App

国内最有代表性的零售电子商务企业有阿里系（淘宝和天猫）、京东系和拼多多三大阵营，它们都开发出了各自的移动端 App，以供买家在移动端浏览购物。

3. 利用第三方平台构建微店、微商城

中小企业及个人卖家利用第三方平台（如微盟商城有赞微小店等）提供的网店入驻、经营、商品管理、订单处理、物流管理和买家管理等服务开通微店、微商城。

（二）移动金融

移动金融使用户能随时随地在网上安全地进行个人理财，用户也可以使用其移动终端核查账户、支付账单、进行转账及接收付款通知等。移动金融的即时性非常适合股票等在

线交易活动。

（三）无线医疗

医疗产业的显著特点是对急症病人而言，在紧急情况下，借助无线技术，救护车可以在行驶中同医疗中心和病人家属进行快速、动态、实时的信息沟通。在无线医疗的商业模式中，病人和医院都可以从中获益，因此也都愿意为这项服务付费。

（四）无线旅游电子商务

无线旅游电子商务是指用户利用移动终端设备，通过无线网络，采用某种支付手段来完成和旅游商品提供者之间的交易活动。无线旅游电子商务可提供的服务主要有：旅游信息服务，各种旅游服务的查询和预订，旅游电子商务网站的个性化服务，为旅游爱好者提供自主交流的平台等。相对于传统的旅游电子商务，无线旅游电子商务使用的终端可随用户移动，并支持地理定位，从而使游客可以随时随地获取基于位置的服务，如导航、定位、餐饮、住宿、景点介绍等。

（五）移动出行

消费者渴望体验更佳的出行方式，社会需要绿色环保的汽车技术。这两大需求的融合，推动着未来移动出行朝着网联服务、自动驾驶、共享经济等方向发展。网联服务可以使汽车不仅可以与其他车辆互联，还可以与周边设施互联，从而保证车辆的安全性和出行效率。根据高德纳（Gartner）公司预测，2020 年的上路车辆中将有五分之一实现互联，全球网联汽车的总数也将达到 2.5 亿辆。目前，移动出行已成为传统整车制造企业、造车新势力、共享出行公司和互联网公司争夺的新领域。中国互联网络信息中心发布的第 45 次《中国互联网发展状况统计报告》中的调查数据显示，截至 2020 年 3 月，我国网约车用户规模达到 3.62 亿，占网民整体的 40.1%。

（六）移动娱乐

移动电子娱乐的内容丰富多彩，涵盖了多种形式。

（1）移动沟通服务的典型应用如移动 QQ、微信等。

（2）移动信息服务的典型应用如天气预报 App、手机广播等。

（3）纯娱乐服务是目前移动电子娱乐的主要发展方向，也是移动产业的主要收入来源之一，其中的移动游戏、移动音乐、移动阅读、移动视频等因其能为移动运营商、服务商和内容提供商带来附加业务收入，而成为移动业务的利润增长点。截至 2020 年 3 月，手机网络游戏用户规模已达 5.29 亿，手机音乐用户规模已达 6.33 亿，手机网络文学用户规模已达 4.53 亿，手机网络视频用户规模已达 8.50 亿。

▶▶▶ 四、移动电子商务的未来发展

伴随着 5G 技术的应用，移动电子商务与大数据、物联网、人工智能技术的结合会更加紧密，更好地解决带宽不足、安全隐患、功率消耗、GPS 精准、人机界面宜人等问题。因此，可以预言，移动电子商务将成为各个商务领域的主战场，移动电子商务与人们的关系会越来越亲密。

在线测试 ◀◀◀

一、多选题

1. 微信可以帮助人们完成（　　　）。

    A. 浏览信息　　　B. 在线学习　　　　　C. 在线购物　　　　　D. 在线支付

2. 移动电子商务可以提供（　　）等服务。

    A. 银行业务　　　B. 购物交易　　　　　C. 娱乐活动　　　　　D. 无线医疗

3. 现在的手机已经成为（　　　）。

    A. 通信工具　　　B. 移动 POS 机　　　C. ATM

4. 移动电子商务的发展经历了三个阶段，具体包括（　　　）。

    A. 以短信技术为基础　　　　　　　　B. 基于 WAP 技术的方式

    C. 融合 3G、4G 移动技术

5. 未来移动电子商务可能会和（　　　）等技术融合。

    A. 现代制造技术　　　　　　　　　　B. 大数据技术

    C. 物联网技术　　　　　　　　　　　D. 人工智能技术

6. 目前，移动网店的形式主要有（　　　）。

    A. 传统企业自建的移动商城 App　　　B. 零售电子商务平台的移动端 App

    C. 第三方移动网店 App 平台　　　　　D. PC 端的网店

二、判断题

1. 微信确实让人们的生活"智慧"了许多，但是真正的"智慧"是在人的大脑里。（　　　）

2. 移动电子商务是通过手机、iPad，以及其他智能终端进行沟通。（　　　）

3. 移动电子商务主要是通过 App 购物。（　　　）

4. 移动金融的即时性非常适合股票等的在线交易活动。（　　　）

5. 未来人们对移动电子商务会越来越不认可。（　　　）

三、讨论题

小米从手机产业的红海市场中脱颖而出，与三星等巨头相抗衡，它的底气到底来自哪里？雷军曾说："小米不一定能成功，但小米模式一定能成功。"你认为小米模式的核心是什么？

拓展问题 ◀◀◀

一、移动电子商务中的二维码技术

二维码是用特定的几何图形按一定规律在平面（二维方向上）分布的黑白相间的矩形方阵，以记录数据符号信息的新一代条码技术。其具有信息量大、纠错能力强、识读速度快、可全方位识读等特点。将手机需要访问、使用的信息编码应用到二维码中，利用手机摄像头识读，这就是手机二维码。

（一）二维码的用途

二维码是移动互联网最强大的入口。以前，买家看到某种商品后，要查询详细信息或者获取优惠券，需要通过搜索引擎搜索该商品，而现在，买家只需要扫描该商品的二维码，就可以直接导入条码中隐藏的网页。流通环节的任何买家，只要使用二维码扫描枪或装有二维码阅读软件的手机就可以读取商品相关信息，如生产者信息、运输者信息等，在一定程度上可以帮助买家识别商品的真假。

（二）二维码的特点

与一维码相比，首先，二维码的信息容量大，是一维码信息容量的几十倍，能够对图片、声音、文字、指纹等可以数字化的信息进行编码并将其表示出来；其次，二维码的容错能力强，具有纠错功能，译码时可靠性高，即使二维码因穿孔、污损等造成局部损坏，仍可以正确识读，其译码错误率不超过千万分之一，远低于一维码百万分之二的错误率；最后，二维码可以引入保密措施，其保密性较一维码强很多。而与射频识别相比，二维码的最大优势在于成本较低。互联网上有不少免费的二维码生成软件，只要输入相关的文本、网址、名片、图片、多媒体和微信账号等，即可直接生成二维码。常见的二维码生成器有草料二维码、联图网、微微在线等。

二、移动电子商务中的移动定位

随着科学技术的不断更新，移动定位的用途越来越广泛。从最开始的侦查破案，到后来的老人小孩安全保障，到现在的用于获取周围商家信息、企业人员考勤等，移动定位技术已经慢慢走向大众化。

（一）认识移动定位

移动定位是指通过特定的定位技术来获取移动手机或终端用户的位置信息（经纬度坐标），并在电子地图上标出被定位对象的位置的技术或服务。定位技术有两种，一种是基于 GPS 的定位，另一种是基于移动运营网的位置服务（Location Based Service，LBS），即基站定位。基于 GPS 的定位方式是利用手机上的 GPS 定位模块将手机用户的位置信号发送到定位后台来实现定位。基站定位则是利用基站相对手机距离的测算来确定手机位置。前者定位精度较高，后者不需要手机具有 GPS 定位能力，但是精度很大程度依赖于基站的分布及覆盖范围的大小。此外还有利用 Wi-Fi 在小范围内定位的方式。

（二）GPS 定位服务

GPS 定位服务依托 GPS 系统提供定位服务。GPS 系统包括三大部分：空间部分，即 GPS 卫星；地面控制部分，即地面监控系统；用户设备部分，即 GPS 信号接收机。

GPS 定位服务具有高精度、全天候、高效率、多功能、操作简便、应用广泛等特点。

（三）LBS 定位服务

1. LBS 定位服务及其特点

LBS 定位服务是通过电信移动运营商的网络获取移动终端用户的位置信息（经纬度坐标），在电子地图平台的支持下，为用户提供相应服务的一种增值业务。LBS 定位服务的覆盖范围可以包括室内。此外，LBS 定位服务能根据用户服务需求提供不同的精度服务，并可以提供给用户选择精度的权利。

2. LBS 定位服务构成

总体上看，LBS 由移动通信网络和计算机网络结合而成，两个网络之间通过网关实现交互。移动终端通过移动通信网络发出请求，经过计算机网络的网关将信息传递给 LBS 服务平台；LBS 服务平台根据用户请求和用户当前位置进行处理，并将结果通过网关返回给用户。

3. LBS 定位服务的应用模式

LBS 定位服务主要应用于休闲娱乐、生活服务、社交、商业等领域。

话题 4-6 社交电子商务：我们天天见

学习任务

按照流量获取方式和运营模式的不同，目前社交电子商务可以分为拼购类、会员制、社区团购和内容类四种，请分析拼多多、贝店、兴盛优选、小红书这四个社交电子商务平台的特点，分析维度参考表 4-1，并撰写分析报告，格式不限，通过学习平台或其他渠道分享。

表 4-1　社交电子商务平台调研表格

平台名称	运营模式及特点	目标用户	适用商品
拼多多			
贝店			
兴盛优选			
小红书			

学习目标

1．了解社交电子商务的定义与现状，明确其与其他类型的区别，能表述其模式特点，形成个人准确判断。

2．能够理解四种社交电子商务运营模式的特点及其区别。

3．能够分析社交电子商务的未来发展趋势，准确研判未来发展中需要解决的问题，为可能从事的社交电子商务创业奠定基础。

关键问题

▶▶▶ 一、什么是社交电子商务

社交电子商务是通过社交网络或者 Web 2.0 社交软件工具开展的商务活动，以社交交往、用户创造内容为主体，把人们的社会活动和商务活动有机融合。社交电子商务本质上是电子商务行业营销模式与销售渠道的一种创新。

▶▶▶ 二、社交电子商务的发展历程

社交电子商务发展时间不到 10 年。2011 年左右，微店兴起，标志着微商市场的启动。2011—2014 年属于探索期，这个时期，很多人通过朋友群、朋友圈发布商品和服务信息，达成交易。2015 年之后，社交电子商务不断发展，进入爆发时期。2018 年，社交电子商务步入了高速发展时期。《2019 中国社交电子商务行业发展报告》显示，2018 年社交电子商务市场规模达 11 397.78 亿，增长速度高达 66.7%。阿里巴巴试水"淘小铺"，京东试水"拼购"，唯品会推"云品仓"，苏宁上线"苏宁拼购"，小米上线"小米有品有鱼"等，社交风席卷电子商务圈。2019 年社交电子商务产业图谱如图 4-37 所示。

图 4-37　2019 年社交电子商务产业图谱

▶▶▶ 三、社交电子商务的主要模式

按照流量获取方式和运营模式的不同，目前社交电子商务可以分为拼购类、会员制、社区团购和内容类四种，其中拼购类、会员制和社区团购均以强社交关系下的熟人网络为基础，通过价格优惠、分销奖励等方式引导买家进行自主传播；内容类社交电子商务则起源于弱社交关系下的社交社区，通过优质内容与商品形成协同，吸引买家购买。随着行业的不断发展，未来有可能涌现出更多社交与电子商务相结合的创新模式。

（一）拼购类社交电子商务

拼购类社交电子商务是指聚集 2 人及以上的买家，通过拼团减价模式，激发买家分享形成自传播（见图 4-38）。拼购类社交电子商务以低价为核心吸引力，每个买家成为一个

传播点，再以大额订单降低上游供应链及物流成本。采用该模式的平台有拼多多、京东拼购、苏宁拼购等。

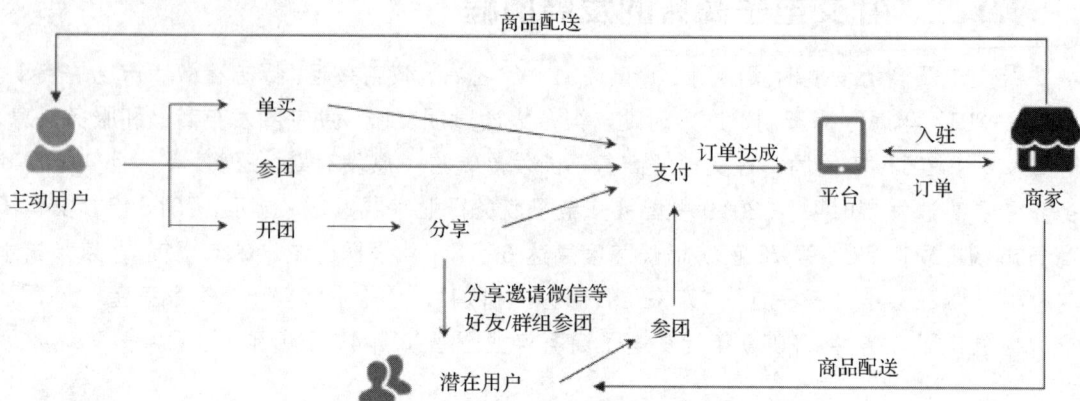

图 4-38　2019 年拼购类社交电子商务模式

（二）会员制社交电子商务

会员制电子商务是指 S2b2C（S：大供货商，b：渠道商，C：终端消费者）模式，平台负责选品、配送和售后等全供应链流程，如图 4-39 所示。通过销售提成刺激用户成为分销商，利用其自有社交关系进行分享裂变，实现"自购省钱，分享赚钱"。会员制电子商务通过分销机制，让买家主动邀请熟人加入，形成关系链，平台统一提供货、仓、配及售后服务。采用该模式的平台有贝店、云集、环球捕手、爱库存、花生日记等。

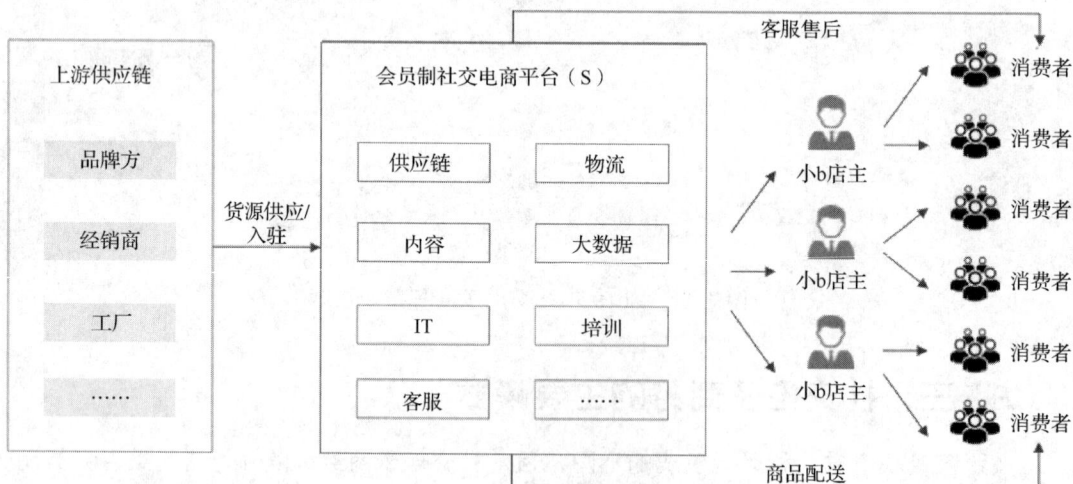

图 4-39　2019 年中国会员制社交电子商务模式

（三）社区团购

社区团购是指以社区为基础，社区居民加入社群后通过微信小程序等工具下订单，社区团购平台在第二天将商品统一配送至团长处，买家上门自取或由团长进行"最后一公里"的配送的团购模式，如图 4-40 所示。社区团购以团长为基点，降低获客、运营及物流成本；采用预售制及集采集销的模式提升供应链效率。采用该模式的平台有兴盛优选、你我您、松鼠拼拼等。

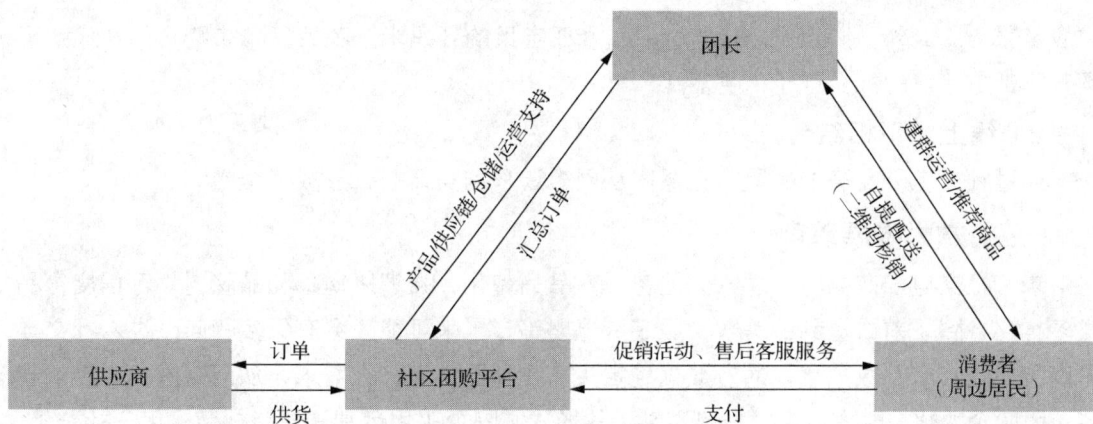

图 4-40　2019 年中国社区团购模式

（四）内容类社交电子商务

内容类社交电子商务通过形式多样的内容引导买家进行购物，实现商品与内容的协同，从而提升电子商务营销效果，如图 4-41 所示。内容类社交电子商务形成发现—购买—分享的商业闭环，通过内容激发买家的购买热情，同时反过来进一步了解买家喜好。采用该模式的平台有小红书、蘑菇街、小红唇、抖音电子商务、快手电子商务等。

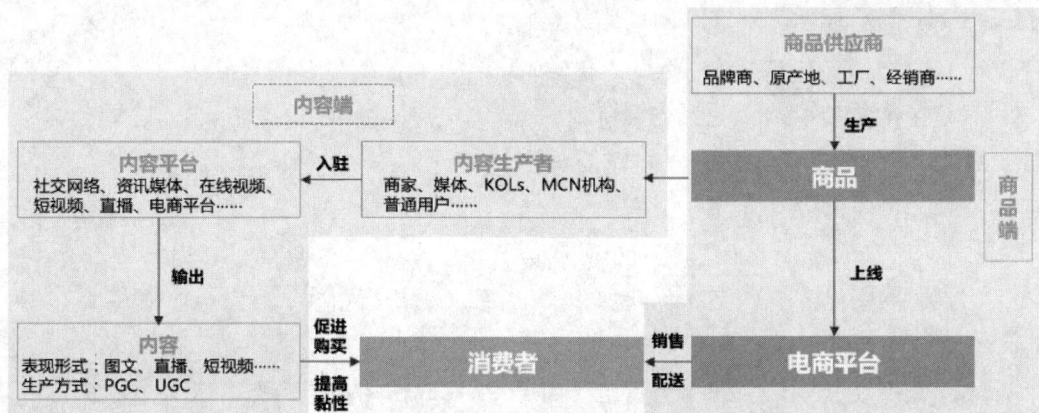

图 4-41　2019 年中国内容类社交电子商务供应链

四、社交电子商务的未来发展

社交电子商务凭借社交网络进行引流的商业模式在中短期内为社交电子商务的高速发展提供了保证。但这种模式的创新并非难以复制，无法成为企业的核心竞争壁垒。对于买家来说，无论采用什么营销方式，商品的物美价廉和配送服务的快速高效才是其对平台产生忠诚度、愿意持续复购的关键。行业专家认为，未来社交电子商务主要有两个发展方向、六大趋势。

（一）两大发展方向

1. 微商与跨境电商的结合

例如，兰亭集势就是以微信交互为主要宣传渠道，为全世界中小零售商提供全球整合供应链服务。此外，腾讯的"WeStore"、米亚宝贝的"妈米"项目、口袋购物的"代购现场"等都是跨境的社交电子商务。

2. 线上线下相结合

通过社交电子商务的手段，把买家从网上迁移到实体店，形成一个闭环。

（二）六大发展趋势

未来社交电子商务将呈现六大趋势：商品品牌化，强调以质量和品牌树立可信度；品类多样化，除了前面提到的美妆、服装、母婴等，未来可能还会有更多的商品进入社交电子商务领域；运营数据化，通过数据确定买家在哪里，有什么需求，从而开展针对性的宣传；团队企业化，改变以前"单打独斗"的形式，以企业化运营进一步规范；用户社群化，通过论坛、集群等方式，把用户集合到一起，建立信任机制；行业规范化，消除恶性竞争，提高从业人员的水平。

▾ 在线测试 ••••

一、多选题

1. 社交电子商务的主要模式包括（　　）。

    A. 拼购类　　　　B. 会员制　　　　　C. 社区团购　　　　D. 内容类

2. （　　）属于拼购类社交电子商务。

    A. 拼多多　　　　B. 京东拼购　　　　C. 苏宁拼购　　　　D. 云集

3. （　　）属于会员制社交电子商务。

    A. 贝店　　　　　B. 云集　　　　　　C. 环球捕手　　　　D. 爱库存

4. （　　）属于社区团购社交电子商务。

    A. 兴盛优选　　　B. 你我您　　　　　C. 松鼠拼拼　　　　D. 爱库存

5. （　　）属于内容类社交电子商务。

    A. 小红书　　　　B. 抖音电子商务　　C. 快手电子商务　　D. 蘑菇街

二、判断题

1. 社交电子商务本质上是电子商务行业营销模式与销售渠道的一种创新。（　　）

2. 社交电子商务出现了卖假货、传销等现象，应该要限制甚至关停。（　　）

3. 社交电子商务是电子商务二次崛起的全新风口。（　　）

4. 拼购类社交电子商务以低价为核心吸引力，每个买家成为一个传播点，再以大额订单降低上游供应链及物流成本。（　　）

5. 会员制社交电子商务通过分销机制，让买家主动邀请熟人加入，形成关系链，平台统一提供货、仓、配及售后服务。（　　）

6. 社区团购社交电子商务以团长为基点，降低获客、运营及物流成本。（　　）

三、讨论题

拼多多 CEO 黄铮说："许多人将拼多多单纯地理解为社交电子商务和便宜，是对拼多多商业模式的深刻误解。"请你谈谈拼多多成功的秘诀究竟是什么。

一、社交电子商务的主要问题

媒体经常报道，社交电子商务中，有血本无归的、有大呼上当的，这是因为社交电子商务模式尚不成熟，存在一些问题。

1．商品质量控制

买家购物时，假货问题时常出现，其根源在于质量无法控制。

2．没有买家沉淀

社交电子商务是卖家通过朋友圈或朋友群把信息发布出去，不方便买家浏览和搜索，要买家"爬楼"，会导致买家放弃购买。

3．管理不系统

社交电子商务至今还是依靠比较简单的发布信息，买家和卖家达成意向就成交，其中的购买流程无法查看。例如，买家难以知道商品是否已发货，无法跟踪商品。

4．监管不完善

社交电子商务面广、量大，目前还没有十分合适的手段和方法来进行监管。

二、如何做好社交电子商务

社交电子商务的本质是以人为核心出发点，精准投放流量，以分享作为动力的电子商务模式。那么，如何做好社交电子商务？主要是要厘清社交电子商务的思维。

（一）社交电子商务的粉丝思维

传统电子商务注重流量，买家将商品从全国各地淘货回来，然后捕捉大流量，虽然流量相对精准，但是流量成本却非常高，流量引进后，卖家用一个暴利商品去转换，买家基本上不考虑二次购买、三次购买。而社交电子商务能创造精准用户，通过人和人的沟通产生信任，进而产生交易，同时依靠较高的商品流转率，买家主动分享传播商品以及消费体验，这不仅使传播做到自上而下，而且大大节省了时间、人力和推广方面的成本。

（二）社交电子商务的裂变思维

传统电子商务获取流量后，想办法从流量中挖掘出潜在买家，再将这些潜在买家转为真正的买家。经过这一过程，最后能真正转化的买家可能只有5%。社交电子商务获取流量后，是依托于人与人的社交关系，以信任为背书，当买家产生购买行为时，会自然而然地代为介绍，从1到10到100，形成裂变。社交电子商务运营模式是电子商务和社交媒体的融合，是做一群人的生意，买家是卖家自己的流量。

（三）社交电子商务的赋能思维

传统电子商务的运营思维本质是"交易"。卖家拉到新买家，想办法成交，然后再拉新买家，再想办法让新买家成交。社交电子商务重视赋能思维，把自己的精准流量、优势、核心技能和别人共享，让别人拥有相当的流量，最终目的是一起把品牌做好。

主题 5

畅想电商——电子商务新技术

本主题结构图见图 5-1。

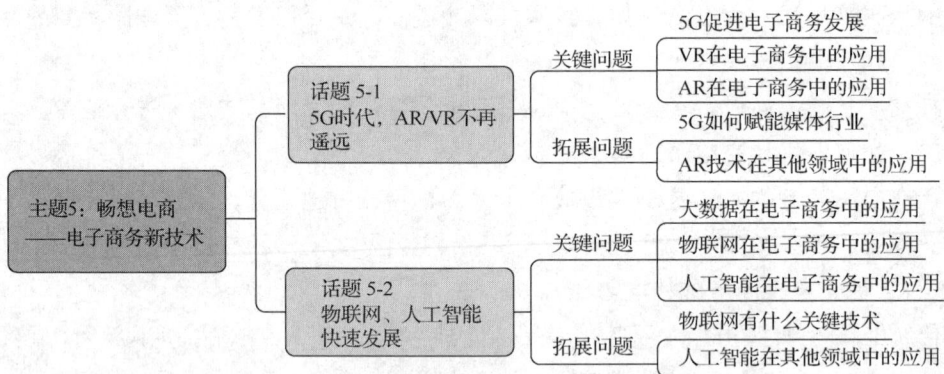

图 5-1　主题 5 结构图

话题 5-1　5G 时代，AR/VR 不再遥远

学习任务

5G 技术有望对企业电子商务产生影响的领域是正在蓬勃发展的增强现实（Augmented Reality，AR）和虚拟现实（Virtual Reality，VR）市场。科技市场预测者表示，AR/VR 长期以来一直与游戏玩家、宇航员、医生联系在一起，预计 AR/VR 将在房地产、零售和制造业等行业发挥越来越重要的作用。

但是，人们是否了解 AR/VR，是否知道 AR/VR 能改变电子商务体验，是否知道 AR/VR 的适用场景？带着这些问题，请你设计一套调查问卷，通过学习平台、问卷星等平台发布，并将链接上传至学习平台或其他渠道进行分享。

学习目标

1．学习 5G 技术的特点和优势，分析 5G 技术对电子商务产业的影响，对未来电子商务发展形成新认知。

2．积极拓展学习 5G 技术的相关知识，认识 5G 对有关领域发展的积极影响，能思考如何将其迁移至电子商务领域，为迎接"5G+电子商务"的到来储能。

3．分析 AR 和 VR 的异同，学习其应用于电子商务领域的积极作用，能预测其会对电子商务产生的影响。

4．理解 AR 和 VR 与电子商务结合的优势，能分析表达其提高转化率的原因和策略。

关键问题

▶▶▶ 一、5G 促进电子商务发展

2017 年，华为正式宣布与德国电信联合推出全球首个 5G 商用网络，中国移动、中国电信、中国联通三大通信运营商已经确定了第一批 5G 试点城市。5G 时代的到来将会对电子商务行业的发展产生深远影响。

（一）什么是 5G

为更好地理解 5G，首先一起来了解移动通信技术发展的五个阶段。

第一代移动通信技术（1G）诞生了移动通话，出现了只能通话的"大哥大"。

第二代移动通信技术（2G）实现了从模拟电路到数字电路的升级，由于采用了专用集成电路，单位能量传输和处理信息的能力提高了两个数量级。2G 时代，使用手机可以收发信息。

第三代移动通信技术（3G）实现了从语音通信到数据通信的飞跃。3G 时代，使用手机可以看图片、听音乐、浏览网页。

第四代移动通信技术（4G）实现了移动通信网络和传统电信网络的融合，将云计算等互联网技术用于移动通信，使得不同区域之间的流量能够动态平衡，大大地提高了带宽的使用率。例如，4G 手机不仅速度快，传输质量和清晰度还可以达到电视的水平。

第五代移动通信技术（5G）可实现万物互联，联网的设备数量保守估计也比 4G 时代增加 1～2 个数量级。网速最高可达 10Gbit/s，比 4G 网络快 100 倍。5G 有较低的网络延迟，也就是更快的响应时间，低于 1 毫秒，而 4G 为 30～70 毫秒。5G 时代，下载一部高清电影仅需几秒。智能家居、无人驾驶、虚拟现实、游戏、云计算、物联网等，这些技术在 5G 网络下将进一步发挥潜力。同时，5G 网络还有望让人们用上真正的无限流量，人们甚至将不再需要 Wi-Fi。

（二）5G 对电子商务有什么利好

5G 时代来临，更多的人会成为移动互联网的参与者，给电子商务带来新的发展机遇。

1．5G 时代，"流媒体"盛行

5G 让移动终端接入互联网的速度提升，流媒体将成为主流媒体，带有视频体系的应用也会更受欢迎。人们可能不必面对"冷冰冰"的数据，不必纠缠于单调乏味的图片，也不必阅读大段的文字。以买家购买衣服为例，只需要将自己置于虚拟环境中，扫描自己的形体或输入自己的身体数据，便可立即获得相应的衣服推荐。5G 技术将大大改善买家的购物体验感，提高成交率。

2．5G 时代，"人货场"发生转变

随着 5G 传输速度的提升，物联网将会落地。人们将能够直接与商品进行在线实时互动；仓储和物流分配过程更加有效，商品到达买家手中的速度将更快。

3．5G 时代，智能应用，化繁为简

智能体系大多是建立在大量数据储存和运算上的，而 5G 传输的速度为此奠定了基础。以前，买家需要从各种各样的电子商务购物平台，通过搜索跳转到店铺购物，非常不方便，这也是卖家引流的最大障碍。在 5G 网络的协助下，利用云和小程序，每个企业都可以成为一个独立的电子商务平台。

4．5G 时代，智能家居，无所不在

艾媒咨询数据显示，中国智能家居的市场规模大，增长迅速，2020 年市场规模预计将达到 1 820 亿元。随着 5G 和物联网的落地，中国智能家居市场发展有望提速。例如，小米智能家居生态链以米家 App 为控制中枢，除了连接小米自有的智能家居产品和其他自有的消费电子产品，也积极联通第三方厂商合作，已经与近 100 家智能硬件公司达成合作，大大提高了其兼容性。通过这种开放、可持续的生态链模式，小米建成了连接超过 2.13 亿台智能设备的物联网平台。

5．5G 时代，线下线上深度融合

5G 时代，传统线下实体卖家入驻电子商务平台，线上卖家纷纷开设线下店，进一步推进线上线下完全融合，促进线下商铺的再度繁荣，提高线上交易的综合服务便捷性，促进新零售行业的迅猛发展。

在 5G 的推动下，人工智能、物联网等技术将实现快速发展，它们之间的相互融合也注定了会开启新一轮科技革命，"5G+电子商务"的精彩未来才刚刚开始。

▶▶▶ 二、VR 在电子商务中的应用

2015 年，VR 概念在国内悄然渗透，2016 年爆发，资本和创业者跑步进场，跃跃欲试。VR 企业如雨后春笋般创立，VR 商品成批被开发出来。经过 3 年的高速发展，VR 已经像手机和网络一样完全融入人们的生活，渗透到社会经济的方方面面，包括电子商务领域。

（一）什么是 VR 技术

虚拟现实技术（Virtual Reality，VR）通过构建三维动态实景，让用户沉浸其中，给人一种"身临其境"的感觉，给人们带来视觉、感官的逼真体验。

这项技术是利用人的左右眼视差，让左右眼分别看到不同的图像，呈现虚拟现实效果。其基本原理是通过 VR 眼镜放大人眼看到的即时图像范围，一般图像视野可以达到 90°～120° 范围（见图 5-2），这样的视野范围与一个良好的三通道环幕投影系统产生的效果差不多。通过头部的陀螺仪，当人转动头部时，陀螺仪能够及时通知图像生成引擎，及时更新画面，使人感觉到自己是在看一个环绕的虚拟空间，从而产生 360° 的三维空间感。左右眼每一时刻看到的图像是不一样的，是两幅区别左右眼位置的不同图像，从而产生很强烈的立体纵深感。

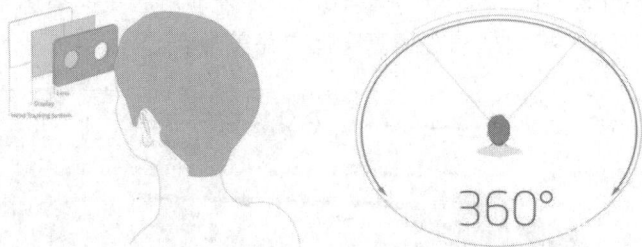

图 5-2　VR 视觉原理

（二）VR 在电子商务中如何用

2016 年 7 月，阿里巴巴平台开放了 VR 端口，淘宝推出了"淘宝 360° 宝贝"。随后，国内多家平台陆续开放了 VR 端口，例如，中国制造网的全景看厂、口碑平台的 VR 探店、携程的 VR 选酒店、贝壳的 VR 看房等，VR 行业已经深入各大平台，与线上电子商务经营完美结合。一批理念超前的电子商务卖家开始将 VR 技术引入商品的拍摄展示中，改变了传统多张商品图、正面、侧面、背面的展示方式，让买家看得更直观，对商品了解更详细，进而提高了商品的转化率。

▶▶▶ 三、AR 在电子商务中的应用

人们在布置新家时，难免遇到买回家的家具尺寸不合适、配色不合理等问题，导致最后自己家的装扮效果不够理想。有人推出了这样一款 App，买家用手机或平板电脑的摄像头对准新家空间，然后将一件件家具添加进去，就可以看到家具摆放在家里的实际效果，如图 5-3 所示，利用这款 App 不仅可以看到搭配效果，还可以知道家具的大小是否合适。这就是 AR 技术的应用，将虚拟的家具模型做到与现实中同等的大小，效果非常有参考意义。

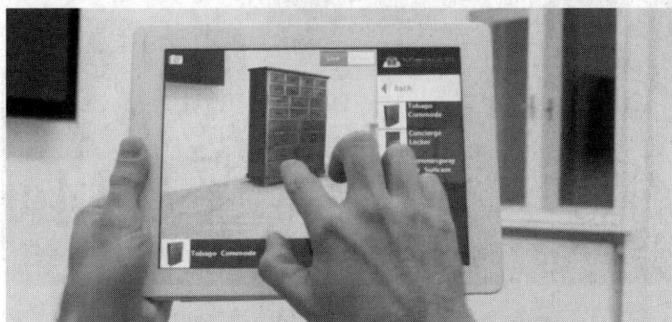

图 5-3　AR 家具摆放

（一）AR 与 VR 的区别

VR 技术，全称是虚拟现实技术，是一种新的人与机器的交流方式，人们可以通过 VR 眼镜看到一个立体的现实环境，但是看到的是虚拟世界，不是客观存在的。而增强现实（Augmented Reality，AR）技术（见图 5-4）是将现实和虚拟相结合，通过眼镜或屏幕呈现出来，以便人们观察事物。例如，当人们看到某个东西但是想不起名称的时候，可以用

AR 技术把名称信息和现实物品关联起来，问题便迎刃而解。可以看出，AR 技术是在现实的基础上增加虚拟信息，将虚拟信息和真实世界完美融合。

图 5-4　AR 技术

（二）AR 技术在电子商务中的应用

AR 技术能够解决很多实际问题，在电子商务中的应用也越来越广泛，例如通过 AR 技术把商品置于现实生活环境，构建酷炫有趣的情景，增加商品和买家的互动，提升买家购物体验。

前面介绍的 AR 虚拟摆放家具，已经被宜家电子商务平台应用。除此之外，还有很多在电子商务中应用 AR 技术的案例。

（1）AR 试衣。AR 试衣能够让买家直观地看到电子商务平台售卖的衣物穿在自己身上的样子，还能自如更换颜色，近距离观察材质。最特别的是，买家还能来回走动，全方位观看衣物的上身效果，如图 5-5 所示。

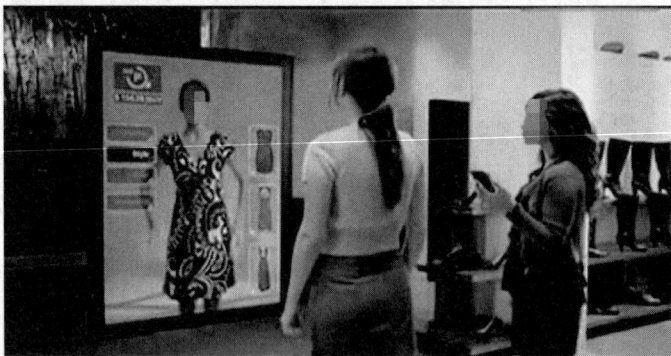

图 5-5　AR 试衣

（2）AR 试妆。美图有颜是一个美妆电子商务平台，所有商城妆品都可通过 AR 技术试妆后购买，如图 5-6 所示。这一功能对于电子商务平台而言，能够有效提高销售转化率；同时还能起到一定的导流作用；买家能更方便地挑选出适合自己的化妆品，解决了退换货、试妆的问题。

（3）AR 试戴眼镜。美国传奇眼镜电子商务平台 Warby Parker 推出了 AR 眼镜试戴功能，方便买家挑选合适的眼镜，如图 5-7 所示。

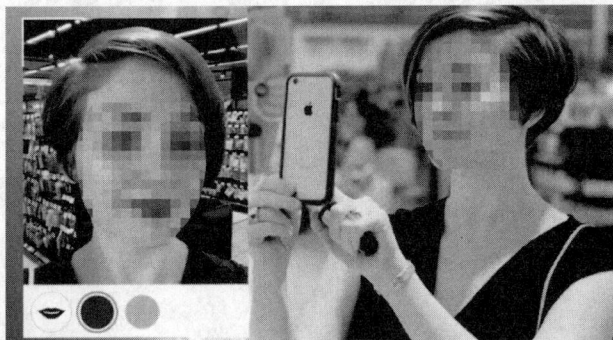

图 5-6　AR 试妆

图 5-7　AR 试戴眼镜

　　此外，艺术品运营商 Artsy 开发了艺术品的 AR 销售，提供给用户更高的艺术参与度；汽车、房产、珠宝等的营销中也已经广泛应用了 AR 技术；京东还将 AR 技术应用于仓储物流，让仓储人员更加直观便捷地进行仓容规划，仓储面积、容量一目了然，提升了物流效率。

在线测试

一、单选题

1. 5G 的传输速度最高可达 10Gbit/s，比 4G 网络快（　　）倍。

　　A. 2　　　　　　　B. 5　　　　　　　C. 10　　　　　　　D. 100

2. 5G 网络延迟低于（　　）。

　　A. 1 毫秒　　　　B. 10 毫秒　　　　C. 20 毫秒　　　　D. 50 毫秒

3. 5G 时代，每个企业都可以成为独立的电子商务平台，销售环节都由（　　）来完成。

　　A. 物联网　　　　B. 淘宝网　　　　C. 云计算　　　　D. 网络商城

4. 5G 时代，人们的生活越来越智能化，（　　）将成为重要指标之一。

　　A. 是否智能　　　B. 是否好看　　　C. 是否好玩　　　D. 是否便宜

5. VR，中文名"虚拟现实技术"，能带来（　　）体验。

　　A. 味觉享受　　　B. 感官逼真　　　C. 心情愉快　　　D. 快速到达

6．AR 和 VR 的主要区别是（　　　）。

    A．前者使用方便，后者使用不方便

    B．前者制作简单，后者制作复杂

    C．前者是现实和虚拟相结合，后者是纯粹的虚拟

    D．前者更能吸引用户，后者对于用户吸引不大

二、判断题

1．5G 网络有望实现不限流量。（　　　）

2．5G 有可能成为 Wi-Fi 终结者。（　　　）

3．5G 速度提升，但是流媒体并不能成为主流媒体。（　　　）

4．5G 时代，联网的设备数量最保守地估计也比 4G 时代增加一个数量级。（　　　）

5．5G 传输速度的提升，使物联网真正落地，"人货场"发生转变。（　　　）

6．VR 是 Virtual Reality 的缩写，中文名为"虚拟现实技术"。（　　　）

7．在商品的拍摄展示中应用 VR 技术，可以让买家看得更直观，对商品了解得更详细，提高商品转化率。（　　　）

三、讨论题

5G 大潮到来，电子商务行业将迎来哪些大的变化呢？

拓展问题 ●●●

一、5G 如何赋能媒体行业

5G 技术的发展围绕着图像分辨率、视场角、交互三条主线进行，将会促进媒体行业用户体验的进一步提升。其中，视频类媒体的图像分辨率由高清发展到 4K（超高清分辨率）、8K；视场角由单一平面视角向 VR 和自由视角发展，对通信网络带宽提出了更高的要求；交互类业务（如 AR）的发展对通信网络的时延提出了更高的要求。

（一）超高清视频

超高清视频是未来新媒体行业的基础业务，广电媒体和互联网媒体都在积极布局超高清视频业务。"信息视频化、视频超高清化"已经成为全球信息产业发展的大趋势。从增长规模来看，到 2022 年，超高清在视频直播的知识产权（Intellectual Property，IP）流量中的占比预计将高达 35％；从技术演进来看，视频图像分辨率已经从标清、高清进入 4K，即将进入 8K 时代。

高分辨率技术为影像提供了更丰富的画面层次和更精致的画面细节，使其呈现出场景的立体感和空间感。从全高清到 4K 超高清、8K 超高清，画面每帧分辨率从 1 920 像素×1 080 像素提升到 3 840 像素×2 160 像素、7 680 像素×4 320 像素。高帧率技术能够进一步提升影像的细腻度和流畅感，为观众带来更加舒适的观看体验。

日本 NHK 协会（日本的公共媒体机构）在 2016 年的里约奥运会进行 8K 广播测试，2018 年正式开始 8K 卫星电视广播，并在 2018 年底率先开通了全球首个 8K 卫星广播频道。在电视终端方面，LG 发布了世界最大的 8K 有机发光二极管（Organic Light Emitting Display，OLED）屏幕，实现了 8K 技术与 OLED 技术的首次结合；索尼研发了基于 8K 高动态范围图像（High-Dynamic Range，HDR）显示的高端画质图像处理引

擎；海信推出了激光电视和极致显示发光二极管（Ultra Light-Emitting Diode, ULED）电视；TCL专注于4K画质高动态渲染；夏普则率先推出了消费级8K电视。

5G时代的视频，无论是点播、直播，还是行业应用的视频业务，图像分辨率都将演进到4K、8K的分辨率，从而提升信息传播的速度和图像识别方面的用户体验。

（二）VR全景视频

VR主要分为两种业务。一种是360°全景视频类，如用户产生内容（User Generated Content, UGC）的360°视频直播，以及专业内容生成（Professional Generated Content, PGC）的360°赛事、音乐会、电影等。此类业务通过多个摄像头采集、拼接的手段，把平面的视频还原为全景，以流媒体形式在头显（头戴式显示设备）播放。另一种以计算机图形（Computer Graphics, CG）处理为关键技术，利用计算机生成模拟环境，是一种多源信息融合的、交互式的三维动态视景和实体行为的系统仿真，使用户沉浸到该环境中，也被称为CG类VR。CG类VR主要应用于虚拟教学、社交、游戏、资产销售等场景。随着5G技术的发展及5G网络的全面商用推进，视频业务将迎来全新的发展机遇。以VR全景视频业务为代表的新媒体形式，构成了未来"5G+VR视频"业务的核心。

（三）AR影像

相对于VR来说，AR更强调在真实场景下增加的信息。与VR的全封闭头盔设备不同，AR的观看设备主要有头戴透明显示、手机、手持投影等。目前，AR应用的主要领域是工业、商业以及游戏类，如AR导航。随着移动AR市场规模的不断扩大，用户对AR应用的体验要求日益提高：流畅展现、实时交互、持久运行。这对移动终端设备的计算能力、媒体处理能力等都提出了挑战。如何高效调用移动终端硬件能力，如何在不同业务执行环境中迅速识别和捕捉AR目标，如何实时叠加并流畅展现各种媒体类型的AR内容，这些都直接影响了用户体验。

二、AR技术在其他领域中的应用

AR技术发展的时间不长，但是发展速度很快，应用也越来越广泛。首先是应用在一些高端领域，例如，在工程设计中，远程完成精密仪器的制造和维修，如图5-8所示。

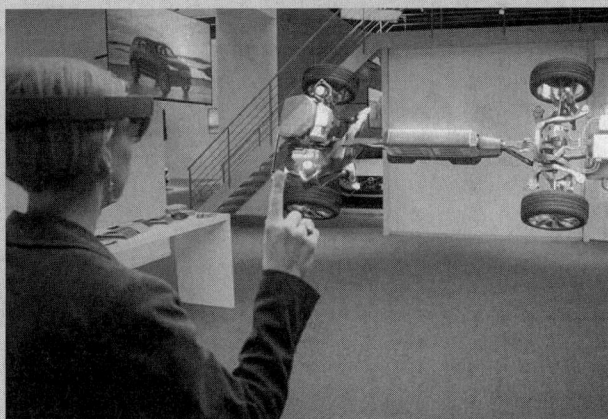

图5-8 AR应用工程设计

在医疗研究领域，医生可以通过虚拟的 X 光将病人的内脏器官投影到他们的皮肤上，如图 5-9 所示。

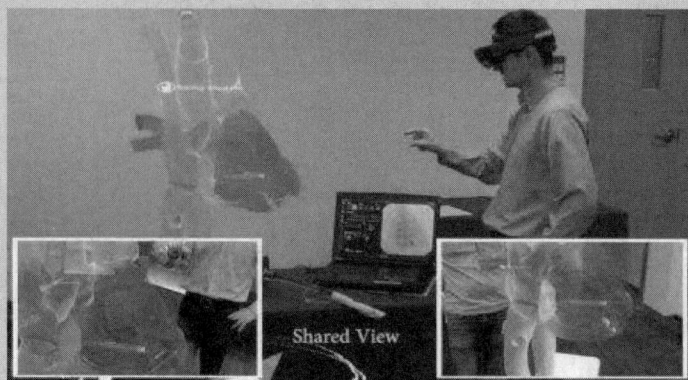

图 5-9　AR 应用医疗

在工程建设领域，通过 AR 技术可以进行市政规划建设，如图 5-10 所示。

图 5-10　AR 应用工程建设

在考古研究中，通过 AR 技术在古代遗迹上复原古迹本身的模样，还可以让博物馆的展示更加灵动鲜活，如图 5-11 所示。

图 5-11　AR 应用考古研究

在生活中，AR 技术可以让人们看书不再枯燥，尤其是一些儿童读物。灵动的卡通形象结合"真实"的场景，妙趣横生，如图 5-12 所示。

图 5-12　AR 应用儿童读物

话题 5-2　大数据、物联网、人工智能快速发展

学习任务

随着信息化时代的发展，许多新技术不断走入人们的生活。大数据、人工智能、物联网等技术为电子商务提供了更多的便利，提升了电子商务的运营水平，支撑了线上线下融合的快速发展。

请查阅有关资料，分析目前电子商务应当改进的地方，思考是否能够应用大数据、物联网、人工智能技术予以改善，将你的想法和建议以图文方式传至学习平台或其他渠道进行分享。

学习目标

1. 分析大数据的特点和优势，试判断大数据对电子商务发展的影响。

2. 分析物联网的特点和优势，试判断物联网对电子商务发展的影响。

3. 分析人工智能的特点和优势，试判断人工智能对电子商务发展的影响。

4. 针对大数据、物联网、人工智能在电子商务各个环节发挥的作用，能判断其主要解决的痛点，提出个人见解。

关键问题

▶▶▶ 一、大数据在电子商务中的应用

近年来，随着互联网的快速发展，音频、文字、图片、视频等半结构化、非结构化数据大量涌现，社交网络、物联网、云计算广泛应用，在电子商务领域，数据规模、数据种类正在以极快的速度增长，大数据时代已悄然降临。

（一）什么是大数据

大数据是一个较为抽象的概念，至今尚无确切、统一的定义。麦肯锡全球研究所给出的定义是：一种规模大到在获取、存储、管理、分析方面大大超出了传统数据库软件工具能力范围的数据集合，具有海量的数据规模、快速的数据流转、多样的数据类型和价值密度低四大特征。

（二）大数据的特点是什么

大数据与"海量数据"不同，后者只强调数据的量，而大数据有数据规模大（Volume）、数据种类多（Variety）、数据处理速度快（Veloctiy）、数据价值密度低（Value）四个特性，简称 4V 特性。

1. 数据规模大

数据规模大是大数据的基本属性。导致数据规模激增的原因有很多，首先是随着互联网的广泛应用，使用网络的人、企业、机构增多，数据获取、分享变得相对容易；其次是随着各种传感器数据获取能力的大幅提升，使得人们获取的数据越来越接近原始事物本身，描述同一事物的数据量大增。

2. 数据类型多

数据类型繁多，复杂多变是大数据的重要特性。以往的数据尽管数量庞大，但通常是事先定义好的结构化数据，而随着互联网络与传感器的飞速发展，非结构化数据大量涌现。比如人们上网不只是看看新闻，发送文字邮件，还会上传下载照片、视频等非结构化数据。

3. 数据处理速度快

要求数据的处理速度快，是大数据区别于传统海量数据处理的重要特性之一。数据呈爆炸式的快速增长，新数据不断涌现，快速增长的数据量要求数据处理的速度也要相应提升，才能使得大量的数据得到有效的利用，否则不断激增的数据不但不能为解决问题带来优势，反而成了快速解决问题的负担。同时，数据不是静止不动的，而是在互联网中不断流动，且通常数据的价值是随着时间的推移而迅速降低的，如果数据尚未得到有效的处理就失去了价值，大量的数据就没有意义了。此外，在许多应用中要求能够实时处理新增的大量数据，比如有大量在线交互的电子商务应用的数据，就具有很强的时效性，大数据以数据流的形式产生、快速流动、迅速消失，且数据流量通常不是平稳的，会在某些特定的时段突然激增，数据的涌现特征明显，而用户对于数据的响应时间通常非常敏感，研究证实，从用户体验的角度，3 秒钟是用户可以容忍的最大极限，对于大数据应用而言，很多情况下都必须要在 1 秒内或者瞬间形成结果，否则处理结果就是过时和无效的。

4. 数据价值密度低

数据价值密度低是大数据关注的非结构化数据的重要属性。大数据为了获取事物的全部细节，不对事物进行抽象、归纳等处理，直接采用原始的数据，保留了数据的原貌，且通常不对数据进行采样，直接采用全体数据，由于减少了采样和抽象，呈现所有数据和全部细节信息，可以分析更多的信息，但也引入了大量没有意义的信息，甚至是错误的信息，因此，大数据关注的非结构化数据的价值密度偏低。以当前广泛应用的监控视频为例，在连续不间断监视过程中，大量的视频数据被存储下来，许多数据可能是无用的，对于某一特定的应用，比如获取犯罪嫌疑人的体貌特征，有效的视频数据可能仅有一两秒，大量不相关的视频信息增加了获取这有效的一两秒数据的难度。

（三）大数据在电子商务中的应用

庞大的消费数据量为电子商务企业提供了把握买家消费模式的基础，电商企业通过大数据应用，可以进行个性化、精确化和智能化的广告推送服务，创立更为有趣和有效的服务。同时，电子商务企业也可以通过对大数据的把握，寻找更多更好的增加用户黏性、开发新产品和新服务、降低运营成本的方法和途径。具体表现可以分为以下五个方面。

1. 在物流模式方面

依据大数据技术发展云物流，可以高效整合物流资源、降低供应链各节点企业的物流成本、提升物流企业的增值服务水平。在大数据和云物流的引领下，一些新型物流模式如物流企业联盟、供应链物流一体化等被推广应用。

2. 在精准营销方面

利用大数据技术，卖家将海量的消费者信息进行收集、处理和存储分析，通过细分市场，对细分后的市场和消费者的需求和购物行为特征进行分析和定位，确定目标消费群，然后对其采取有针对性的产品和服务宣传，如此可大大提升买家的购买率，也能够有效地降低广告成本，提高电子商务广告精准度和命中率。

3. 在个性化推荐方面

各大电子商务平台网站如淘宝网、京东网，繁多的产品让人无从决策，买家能做的就是通过反复对比同类产品的优缺点、过往买家的评论来决定自己的选择，但是这对买家来说是极其痛苦的。大数据后台通过对海量的买家行为数据进行快速分析，推荐出买家阶段性最需要、最适合的产品，能极大地方便买家、促进销售。

4. 在规模化定制方面

通过大数据，制造类企业或服务类企业可以解决原来个性化需求和大规模制造之间的矛盾。在大规模定制的情况下，电子商务平台可以逐步成为所有制造类和服务类企业的整合者，也就是成为标准的制定者。三流的企业做产品，二流的企业做品牌，一流的企业做标准，电子商务平台通过大数据分析，能够预测产业的趋势和潮流，然后通过制定标准、设计研发，占据产业链高端位置。

5. 在产品与服务管理方面

通过大数据技术，卖家可以持续优化决策流程，自动微调产品库存和价格。例如，企业通过预测趋势为买家的提供季节性的物品，无论是圣诞节还是复活节，卖家都可以领先买家一步，并引导买家购买正在寻找的东西，既不会浪费买家的时间和精力，也提高了卖家的投资回报率。

同时，卖家可以由浅入深发现买家的深层需求，发掘商业隐形知识，识别潜在商业机会。例如，如果一位买家正在从其电子商务网站购买哑铃，根据一些其他方面的观察，卖家就可以发现这个买家是一个健身爱好者，可以给他推荐乳清蛋白，看看他是否购买，往往买家不会拒绝。

6. 在客户服务方面

借助大数据，卖家可以通过买家的浏览记录、在线搜索和模式等，绘制买家精准的用户画像，并为其制订个性化的买家服务体验。这又能反过来帮助卖家留住这些买家，并与他们建立长期的关系。

➤➤➤ 二、物联网在电子商务中的应用

物联网（The Internet of Things，IoT）即"万物相连的互联网"，是在互联网基础上的延伸和扩展，将各种信息传感设备与互联网结合起来而形成的一个巨大网络，实现了在任何时间、任何地点，人、机、物的互联互通，如图 5-13 所示。

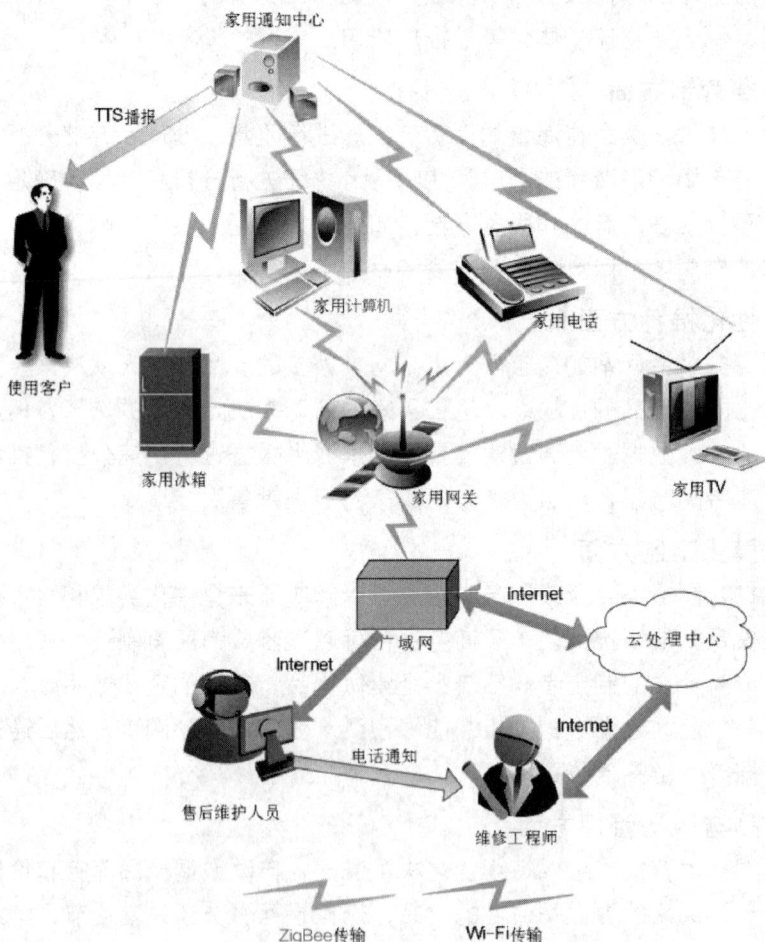

图 5-13　物联网结构图

（一）什么是物联网

物联网是利用智能装置和感知技术，对物理世界进行感知识别，通过无线射频技术、网络传输互联技术进行处理和计算，从而实现人与物、物与物的信息共享和无缝连接，达

到实时监控、精确管理和科学决策的目的的网络。

（二）物联网有什么特征

从通信对象和过程来看，物与物、人与物之间的信息交互是物联网的核心。物联网的基本特征可概括为整体感知、可靠传输和智能处理。整体感知指的是可以利用射频识别、二维码、智能传感器等感知设备和技术感知获取物体的各类信息。可靠传输指的是通过对互联网、无线网络的融合，将物体的信息实时、准确地传送，以便实现信息交流、分享。智能处理指的是使用各种智能技术，对感知和传送到的数据、信息进行分析处理，实现监测与控制的智能化。

（三）物联网在电子商务中的应用

物联网蕴含着巨大的创新空间和机遇，物联网技术应用在电子商务各环节后，形成物联网电子商务体系，大大提高了电子商务的运行效率、降低了运营成本、提升了客户体验。物联网在电子商务中的应用主要体现在六个方面。

1．在客户与市场分析方面

从物联网设备收集的数据中可以洞察买家的生活习惯和生活方式，让卖家能够精准地分析市场需求。同时，物联网还允许卖家根据买家的行为进行决策，让卖家能从竞争中脱颖而出。

2．在个性化推荐方面

物联网为电子商务企业带来了无限的可能，并为每个买家或一组买家提供个性化的方案。例如，如果买家在冬天打开加热器，该设备可以将此信息发送到网上商店，网上商店能够给买家发送耳罩、保暖毛衣、拖鞋等个性化商品的推荐。

3．在库存跟踪和管理方面

射频技术（Radio Frequency Identification，RFID）标签、物联网传感器和其他芯片技术等使实时库存管理成为现实，从而减少了库存的跟踪和监控所需的工时以及流程中可能出现的人为错误。同时，物联网芯片还能自动在系统中存储商品类型、失效日期、制造商名称和批次标识等信息，这有助于仓库员工找到正确的商品，跟踪和分析售出商品的数量，并预测未来的销售趋势。

4．在监控环境条件和设备维护方面

通过物联网传感器，可以控制仓库的环境条件，如最佳温度、湿度或噪音水平，这对易腐商品的监控非常重要，能够减少企业的损失。

5．在供应链与物流管理方面

物联网通过使用 GPS 和 RFID 技术跟踪运输途中的物品，确保货物移动时不会丢失。送货卡车可以安装传感器，在货物旅程的每个阶段跟踪驾驶员、天气、温度、位置等信息，让买家无须担心订单状态或错过收货。

6．在与买家保持联系方面

物联网可以帮助消耗品制造商在其商品的整个生命周期内与客户保持联系。例如，亚马逊提供的 Dash 按钮，可以贴在买家家中的任何地方，让买家在家庭用品用完之前能快速

订购。买家只需使用相关移动应用程序设置 Dash 按钮，并在需要商品时按下按钮，Dash 便会通过家庭 Wi-Fi 自动订购。

▶▶▶ 三、人工智能在电子商务中的应用

人工智能于 20 世纪 50 年代中期兴起，到现在只有近 60 年的历史，但其研究及应用领域却十分广阔，且发展快速、影响深远。

（一）什么是人工智能

人工智能（Artificial Intelligence，AI）有时也称作机器智能，是指由人工制造出来的系统所表现出来的智能。通常人工智能是指通过计算机实现的智能。

麻省理工学院的约翰·麦卡锡在 1956 年的达特矛斯会议上提出："人工智能就是要让机器的行为看起来就像是人所表现出的智能行为一样。"总体来讲，目前对人工智能的定义可解读为机器"像人一样思考""像人一样行动""理性地思考"和"理性地行动"。这里"行动"应广义地理解为采取行动，或制订行动的决策，而不是肢体动作。

（二）人工智能的原理是什么

人工智能的原理是计算机会通过传感器（或人工输入的方式）来收集关于某个情景的事实。计算机将此信息与已存储的信息进行比较，以确定它的含义。计算机会根据收集来的信息计算各种可能的动作，然后预测哪种动作的效果最好。但计算机只能解决程序允许解决的问题，不具备一般意义上的分析能力。

（三）人工智能在电子商务中的应用

伴随着科学技术的发展，人工智能技术越来越成熟，给人们的工作和生活方式带来了翻天覆地的变化。特别是在电子商务领域，人工智能技术已逐渐发展为助推商品销量增长和优化电子商务运营的强大工具。各电子商务巨头都在积极应用人工智能技术，阿里巴巴、京东以及亚马逊相继推出了智能客服机器人。在物流领域，各巨头也纷纷发力，推出了各自的智能产品。在推荐引擎方面，阿里巴巴有可视化人工智能平台"DT PAI"，京东则推出了图像信息平台"钟馗系统"和文字识别系统。通常认为，人工智能在电子商务中主要应用于智能客服机器人、推荐引擎、图片搜索、库存智能预测、智能机器人分拣、趋势预测、商品定价等方面。

1. 智能客服机器人

智能客服机器人是指应用机器学习、大数据、自然语言处理、语义分析和理解等多项人工智能技术，自动回复买家问题，买家可以通过文字、图片、语音与机器人进行交流，从而有效降低人工成本、优化用户体验、提升服务质量、最大程度挽回夜间流量，以及帮助客服解决重复咨询问题。据预测，到 2020 年，超过 80%的零售业买家互动都将由人工智能来完成。

2. 推荐引擎

推荐引擎（见图 5-14）利用人工智能算法实现海量数据集的深度学习，分析买家的行为，并且预测哪些商品可能会吸引买家，从而为他们推荐商品。这有效降低了买家的选择成本。

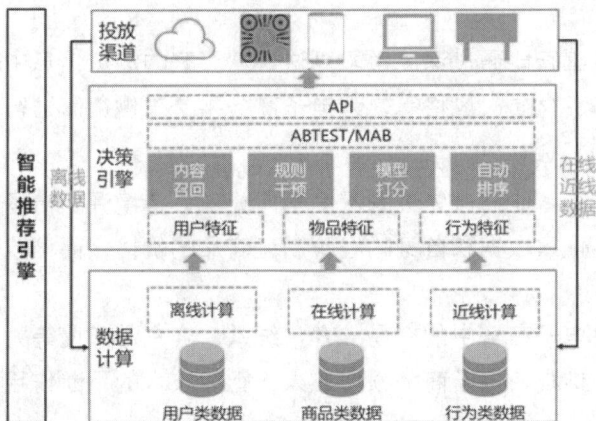

图 5-14　智能推荐引擎基本结构

3. 图片搜索

图片搜索应用计算机视觉和深度学习技术,买家只需将商品图片上传到电子商务平台,人工智能便能够理解商品的款式、规格、颜色、品牌及其他的特征,为买家提供同类型商品的销售入口,让买家轻松搜索到正在寻找的商品。这一技术解决了基于文字的搜索有时难以引导买家找到想要的商品的问题。

4. 库存智能预测

库存智能预测是人工智能和深度学习算法在订单周转预测中的应用,通过模型计算出各个因素对周转和库存的影响,解决库存不足给卖家带来的不良影响。

5. 智能机器人分拣

智能机器人分拣不仅灵活高效而且适用性很强,机器人对场地要求比较低,数量也能根据场地条件进行增减。与人工分拣相比,在相同分拣量的情况下,智能机器人分拣更及时、准确,分拣环节更少,货物搬运次数也相应减少,让货物更有安全保障,如图 5-15所示。

图 5-15　智能机器人分拣

6. 趋势预测

趋势预测是指人工智能通过深度学习算法，从买家的浏览信息中分析出某品类的流行趋势，如颜色、规格、材质、风格等，为电子商务平台与供货商进行谈判提供重要依据。

7. 商品定价

商品定价是指人工智能通过先进的深度学习算法，持续评估市场动态以解决商品定价问题。企业不再需要依靠数据和自身的经验制订商品的价格，而可以智能地随着市场的变动作出及时调整。

人工智能技术对电子商务中的交易、客户维系、客户满意度等方面正在产生越来越大的影响。随着时间的推移，电子商务领域在人工智能技术的不断作用下，会有更广阔的发展前景。

在线测试 ●●●

一、多选题

1. 大数据的特点包括（　　）。

    A. 数据规模大（Volume）　　　　　　B. 数据种类多（Variety）

    C. 数据要求处理速度快（Veloctiy）　　D. 数据价值密度低（Value）

2. 大数据在电子商务中的应用包括（　　）。

    A. 在物流模式方面　　　　　　　　　　B. 在精准营销方面

    C. 在个性化推荐方面　　　　　　　　　D. 在规模化定制方面

3. 物联网在电子商务中的应用包括（　　）。

    A. 在客户与市场分析方面　　　　　　　B. 在个性化推荐方面

    C. 在库存跟踪和管理方面　　　　　　　D. 在监控环境条件和设备维护方面

4. 物联网电子商务体系具有（　　）等优势。

    A. 大大提高运行效率　　　　　　　　　B. 降低运营成本

    C. 提升客户体验　　　　　　　　　　　D. 提高运营成本

5. 智能客服机器人应用了（　　）等多项人工智能技术。

    A. 机器学习　　　　　　　　　　　　　B. 大数据

    C. 自然语言处理　　　　　　　　　　　D. 语义分析和理解

6. 人工智能能够理解商品的（　　）等特征，可以为买家提供同类型商品的销售入口，让买家轻松搜索到正在寻找的商品。

    A. 款式　　　　　B. 规格　　　　　C. 颜色　　　　　D. 品牌

7. 人工智能在（　　）等方面发挥着重要作用。

    A. 智能客服　　　　　　　　　　　　　B. 智能推荐

    C. 库存智能预测和分拣　　　　　　　　D. 商品智能定价

二、判断题

1. IoT 是物联网的简称。（　　）

2. 物联网能实现人与物的无缝连接，但不能实现物与物的连接。（　　）

3．物联网设备能够收集人们生活习惯和生活方式的数据，让电子商务企业能够精准分析用户。（　　　）

4．物联网能够为每个客户或一组客户提供个性化的方法。（　　　）

5．目前，物联网还不能解决物流中货物移动时丢失的风险问题。（　　　）

6．物联网可以帮助制造商检测消耗品是否用完，从而反馈信息，让卖家与客户保持联系。（　　　）

7．物联网能影响消费，但是不能改变买家体验。（　　　）

8．人工智能技术被认为是第四次科技革命。（　　　）

9．零售业中，智能客服机器人可以与买家互动。（　　　）

10．人工智能技术应用有限，对于电子商务只是辅助。（　　　）

三、讨论题

请举例说明你在生活中遇到的大数据、物联网或人工智能的应用案例。

拓展问题

一、物联网有什么关键技术

（一）射频识别技术

射频识别技术（Radio Frequency Identification，RFID）是一种简单的无线系统，由一个询问器（或阅读器）和很多应答器（或标签）组成。标签（见图5-16）由耦合元件及芯片组成，每个标签具有扩展词条唯一的电子编码，附着在物体上标识目标对象，它通过天线将射频信息传递给阅读器（阅读器就是读取信息的设备）。RFID技术让物品能够"开口说话"。

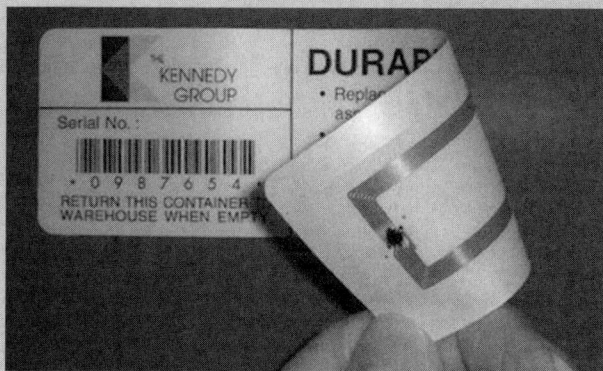

图 5-16　射频识别标签

（二）传感网

微机电系统（Micro-Electro-Mechanical Systems，MEMS）是由微传感器、微执行器、信号处理和控制电路、通信接口和电源等部件组成的一体化的微型器件系统，如图5-17所示。其目标是把信息的获取、处理和执行集成于系统中，从而大幅度地提高系统的自动化、智能化和可靠性水平。MEMS让物体有了数据传输通路、存储功能、操作系统和专门的应用程序，从而形成了一个庞大的传感网。

图 5-17   MEMS

（三）M2M 系统框架

机器与机器的对话（Machine-to-Machine/Man, M2M）是一种以机器终端智能交互为核心的、网络化的应用与服务。M2M 技术涉及 5 个重要的部分：机器、M2M 硬件、通信网络、中间件、应用。基于云计算平台和智能网络，M2M 可以依据传感器网络获取的数据进行决策，改变智能终端的行为，进行控制和反馈。以智能停车场为例，当车辆驶入或离开天线通信区时，天线以微波通信的方式与电子识别卡进行双向数据交换，从电子车卡上读取车辆的相关信息，在司机卡上读取司机的相关信息，自动识别电子车卡和司机卡，并判断电子车卡的有效性和司机卡的合法性，核对车道控制计算机将显示与该电子车卡和司机卡一一对应的车牌号码及驾驶员等资料信息，自动将通过时间、车辆和驾驶员的有关信息存入数据库中，并根据读到的数据判断是正常卡、未授权卡、无卡还是非法卡，据此做出相应的回应和提示。

（四）云计算

云计算旨在通过网络把多个成本相对较低的计算实体整合成一个具有强大计算能力的系统，并借助先进的商业模式让终端用户可以享受这些强大计算能力的服务。如果将计算能力比作发电能力，那么从古老的单机发电模式转向现代电厂集中供电的模式，就类似现在大家习惯的单机计算模式转向云计算模式，而"云"就好比发电厂，具有单机所不能比拟的强大计算能力。这意味着计算能力也可以作为一种商品进行流通，就像煤气、水、电一样，它取用方便、费用低廉，用户无须自己配备。与电力通过电网传输不同，计算能力是通过有线、无线网络传输的。因此，云计算的一个核心理念就是通过不断提高"云"的处理能力，减少用户终端的处理负担，最终使其简化成一个单纯的输入输出设备，并能按需享受"云"强大的计算处理能力。

物联网感知层获取大量数据信息，在经过网络层传输以后，放到一个标准平台上，再利用高性能的云计算对其进行处理，赋予这些数据"智能"，才能最终转换成对终端用户有用的信息。

二、人工智能在其他领域中的应用

人工智能算法、计算力与使用场景的深入融合，将引发人工智能应用的大范围扩展，从而改善生产关系、交易关系等，推动人工智能在商品零售、物流管理、出版传媒、交通运输、教育培训等诸多领域的应用。

（一）智慧零售

借助人工智能、深度学习、图像智能识别、大数据等技术，控制单元可以进行自主的判断和行动，实现在商品分拣、运输、出库等环节的自动化；通过人脸自动识别，帮助零售企业从性别、年龄、表情、滞留时长等维度建立到店客流画像，提升转化率。

（二）智能交通

智能交通基于物联网技术，通过智能硬件、软件系统、云平台等构成一套完整的智慧交通体系，对道路交通中的路基情况、交通情况、车辆流量、行车速度等信息进行采集和分析，通过后台分析模型和算法处理，实现对交通的智能监控和调度，对违法事件的取证分析，对道路的监控和智能维护，提升交通通行能力。

（三）智能教育

智能教育通过图像识别、语音识别等技术，对各类信息进行收集、处理和综合分析研判，可以实现机器批改试卷、识题答题等，可以用于纠正、改进发音，还可以利用人机交互实现在线答疑等。其一定程度上可以改善教育行业师资分布不均衡、培训费用高昂等问题，从工具层面给师生提供更有效率的教、学方式。

（四）智慧医疗

智慧医疗通过建立病理知识库、方法库、模型库和工具库，通过机器学习和知识创新，进行病理智能诊断，另外通过将自动分析与远程专家诊断、远程查体、VR/AR、大数据等技术有效结合，提升诊断效率、医疗管理能力和工作效率。

（五）智慧物流

智慧物流在运输、仓储、配送装卸等流程上进行自动化改造，基于智能搜索、推理规划、计算机视觉以及智能机器人等技术进行智能收集、加工、运算、分析、挖掘等处理，形成面向物资流通、存储、装卸、运输等环节的最优资源配置方案，实现商品的智能配送规划，便于物流供给、需求匹配、物流资源等过程的优化，提高物流效率。

参考文献

［1］贺关武 . 社交电商：裂变式增长［M］. 北京：电子工业出版社，2019.

［2］郑舒文，吴海端，柳枝 . 农村电商运营实战：农产品上行+电商下行+人才培训［M］. 北京：人民邮电出版社，2017.

［3］刘润 . 新零售：低价高效的数据赋能之路［M］. 北京：中信出版社，2018.

［4］龚铂洋，张敏，陈绿春 . 直播营销的场景革命［M］. 北京：清华大学出版社，2016.

［5］勾俊伟，张向南，刘勇 . 直播营销［M］. 北京：人民邮电出版社，2017.

［6］吴晓波频道 . 新零售，谁将被革命［M］. 北京：中国友谊出版社，2018.

［7］向登付 . 短视频：内容设计+营销推广+流量变现［M］. 北京：电子工业出版社，2018.

［8］陈涵 . 硅谷思维：互联网新人必修课［M］. 北京：电子工业出版社，2019.

［9］吴军 . 智能时代：大数据与智能革命重新定义未来［M］. 北京：中信出版社，2017.